Le Conseil en gestion de patrimoine

Tout savoir sur la méthode
de l'approche globale

William Dosik, family officer indépendant, est le conseiller de groupes familiaux fortunés. Auparavant il a été directeur en charge de l'ingénierie patrimoniale et financière chez Société Générale Private Banking France.

William Dosik

Le Conseil en gestion de patrimoine

Tout savoir sur la méthode de l'approche globale

CITY&YORK Patrimoine

Gualino
lextenso éditions

70, rue du Gouverneur Général Éboué
92131 Issy-les-Moulineaux cedex
ISBN 978 - 2 - 297 - 00581 - 4

Remerciements

Les clients, les élèves, les collègues avec lesquels j'ai travaillé m'ont beaucoup appris. Qu'ils en soient remerciés.

« Il était de ces gens prédestinés à tout souffrir,
parce que, ne sachant rien voir,
ils ne peuvent rien éviter : tout leur arrive. »

Balzac, Le curé de Tours

SOMMAIRE

2. LE CHAMP DES CONNAISSANCES

À QUI S'ADRESSE CE LIVRE ?

Le conseil patrimonial par la méthode de l'approche globale est une technique dont la logique est désormais bien admise par les professionnels et par la clientèle. Cependant, son application pratique fait encore l'objet de réticences ; les freins sont, en effet, doubles :

– la politique des grands établissements est encore peu axée sur ce type d'approche par crainte que cette démarche commerciale porte des fruits trop longs à mûrir ;

– c'est une méthode exigeante qui demande des connaissances importantes confortées par plusieurs années de pratique professionnelle.

Ce livre est une somme d'expériences. Il est destiné, en premier lieu, aux généralistes que sont les **Conseillers en Organisation et en Stratégie Patrimoniale**. Leur mission est difficile. Puissent-ils trouver ici une aide pratique et efficace dans leur activité professionnelle de tous les jours.

Pour les professionnels de la banque et de la finance, plus éloignés de la ligne métier du conseil patrimonial, cet ouvrage leur apportera des éléments de réflexion sur les enjeux techniques et commerciaux de l'exploitation des clients situés dans la cible **bonne gamme** et **haut de gamme**.

Grâce aux informations contenues dans ce livre, **les conseillers de clientèle**, en poste dans les établissements bancaires et financiers, pourront connaître plus concrètement les missions d'un conseiller patrimonial et les attentes de leurs propres clients. Ceci permettra d'améliorer la collaboration qui doit exister entre conseillers de clientèle et conseillers patrimoniaux.

Enfin, les **clients patrimoniaux** eux-mêmes y découvriront le processus vertueux qui doit participer à la bonne gestion de leur patrimoine.

Nous formons le vœux que tous puissent trouver des intérêts à cette lecture.

PARTIE 1
La méthode de travail

Chapitre 1

La méthodologie

Avant d'aborder dans le détail le contenu de la méthodologie de l'approche globale, il est utile de situer cette technique par rapport aux autres méthodes de traitement de la clientèle patrimoniale. Une réflexion profonde sur le métier est indispensable afin que le praticien puisse situer précisément son action. Dans le domaine de la finance, le conseil, le service, les produits à vendre sont virtuels, c'est la raison pour laquelle la qualité de la communication est primordiale. Le conseiller devra donc apprendre les mots à utiliser pour expliquer, rassurer et convaincre.

1. Différentes approches commerciales

Dans l'activité bancaire ou financière, il existe plusieurs méthodes pour effectuer l'approche commerciale de la clientèle :

– **l'approche produit** : je vends un produit sans me soucier des besoins de mon client ;

– **l'approche besoin** : à partir d'un besoin (ou d'un ensemble de besoins) je vends un produit (ou plusieurs produits) adapté au besoin ;

– **l'approche globale** : j'ai l'ambition d'effectuer la découverte complète de la situation de mon client pour lui apporter des solutions qui prennent en compte l'ensemble de sa situation et qui répondent à l'ensemble des objectifs validés à court et moyen terme.

Pour apporter un conseil patrimonial de qualité, l'approche globale est une méthode de travail incontournable. Comme pour toute activité, chacun peut adopter sa méthode, négliger, voire ignorer, celle du voisin. Agir selon le précepte « Il n'y a que le résultat qui compte » est mal agir. Pour ce qui concerne le conseil patrimonial, le résultat, pour compter, a besoin de temps. Il est difficile de juger dans l'immédiat de la qualité d'un conseil qui n'aura d'effets que plus tard.

Un compagnon qui monte un mur sans méthode s'apercevra rapidement que son mur n'est pas droit ou risque de s'écrouler. Il comprendra vite que sa méthode de travail n'est pas la bonne.

Dans le domaine du conseil patrimonial, un mur monté sans la bonne méthode est susceptible de mettre du temps à s'écrouler. C'est d'autant plus dangereux quand on compte sur lui pour soutenir une édification patrimoniale et familiale sur le long terme.

2. Le vrai métier

CONSEILLER en **GESTION** de **PATRIMOINE** est une appellation inexacte ; cette activité n'a pas, en effet, vocation à gérer, à assumer la gestion du patrimoine.

Celui qui gère le patrimoine, c'est l'**administrateur de biens** pour les biens immobiliers ; c'est le **gérant de portefeuille** pour les actifs financiers, c'est l'**agent immobilier** pour le conseil en investissement immobilier ; c'est le **conseiller artistique** pour les investissements en œuvre d'art.

Notre métier consiste à apporter du conseil en organisation, en stratégie patrimoniale et en planification de projet ; c'est un métier de consultation qui suit le cheminement logique de la découverte, de l'analyse et du diagnostic.

Pour exercer il faut bien percevoir les vraies finalités du métier, se forger des outils, apprendre à les manier. La méthodologie appliquée au conseil patrimonial devrait être aussi rigoureuse qu'un protocole chirurgical.

3. L'organisation du conseil

Dans les établissements bancaires le client est souvent suivi par deux conseillers différents :

– au moment des premiers contacts, et ensuite ponctuellement, le client est traité par un conseiller chargé d'apporter toute son expertise dans l'ingénierie patrimoniale et financière. Appelons ce conseiller : Conseiller en Organisation et en Stratégie Patrimoniale ou bien Ingénieur Patrimonial et Financier ou parfois plus simplement : Conseiller patrimonial ;

– au quotidien, le client est suivi par un conseiller qui a plutôt vocation a être l'interlocuteur principal du client chargé de coordonner l'offre globale de produits et de services pour répondre le mieux possible aux attentes du client. À l'appellation courante de « Conseiller de Clientèle », il y a lieu de préférer celle de « Directeur de clientèle » parce que dans ce titre s'entend une capacité d'influer sur les décisions du client.

C'est ce pouvoir d'influence, justifié par l'expérience, le sérieux et le professionnalisme du conseiller, qui est le fondement de l'attente de la clientèle.

Cette organisation répond à un souci de rationaliser la fonction conseil qui est délivrée gratuitement le plus souvent. En règle générale, les grandes banques commerciales et mutualistes, ainsi que les compagnies d'assurance, souhaitent concentrer la compétence, qui est une ressource chère et rare, pour l'utiliser ponctuellement en appui de conseillers de clientèle plus nombreux et de moindre compétence.

Pour servir et exploiter commercialement son client, la banque ou la compagnie d'assurance va doser le degré de compétence et d'expérience à mettre en ligne en proportion de l'intérêt de clientèle donc du niveau de fortune du client.

Dans les petits établissement dédiés essentiellement à la clientèle de fortune, cette adéquation tend à la perfection. Pour ce qui concerne les grands établissement, les choses ne sont pas encore parfaitement adaptées.

À coté des conseillers patrimoniaux salariés des établissements bancaires et financiers, il existe un grand nombre de conseillers patrimoniaux exerçant leur activité dans un cadre libéral. Plutôt que conseillers « indépendants », il faut préférer l'appellation conseillers libéraux.

4. L'indépendance du conseiller

Il arrive que des particuliers s'estiment déçus par les prestations de conseil et de gestion de leur patrimoine qui leur sont délivrées par leur banque ou par des conseillers libéraux.

Ils ont souvent une part de responsabilité dans ce fait.

Les clients qui se jugent, à leur échelle, riche d'un patrimoine à gérer et à sauvegarder sont le plus souvent anxieux de conserver ce patrimoine dans les meilleures conditions. Allié au fait qu'ils sont peu familiers de ce domaine, cette anxiété les pousse souvent à un certain désintérêt (une démission) pour l'organisation et la gestion de leurs avoirs. Ce phénomène est particulièrement sensible pour les personnes devenues récemment fortunées et qui n'ont pas de modèles d'expériences suffisants en la matière.

Ainsi ces personnes auront tendance à se décharger de la totalité des responsabilités auprès d'un conseiller qui saura leur inspirer confiance. Il s'agit d'une attitude dangereuse à tous égards.

Tout d'abord, il est indispensable de ne pas se laisser abuser par le seul discours d'un conseiller. La plupart des professionnels sont rompus à délivrer un discours très séduisant. N'oublions pas que les conseillers vendent des produits immatériels. Pour emporter l'adhésion de leurs clients, la qualité de leur communication est primordiale.

Certains conseillers patrimoniaux vendent l'idée à leur client qu'ils sont parfaitement indépendants.

Selon leurs propos, ils choisissent les produits en toute indépendance parmi les meilleurs offerts sur le marché (d'où leur appellation de « conseillers indépendants »). Leur rémunération est issue uniquement du conseil, affirment-ils. En outre, ils s'offrent à assurer le suivi de leur client et s'obligent à l'alerter sur les opérations de gestion et d'administration à effectuer selon la conjoncture du moment et l'évolution de la situation de l'intéressé. Souvent il s'avère qu'ils n'ont ni la compétence et/ou ni les moyens d'honorer ces promesses.

Il faut savoir qu'il est quasiment impossible de rentabiliser suffisamment une activité de pur conseil dans ce domaine. Un tel *business-model* n'est pas viable financièrement dans la grande majorité des cas. Le conseil patrimonial nécessite des moyens importants. Seuls certains clients très fortunés (patrimoine supérieur à 15 M€) peuvent rémunérer suffisamment un conseiller patrimonial pour que celui-ci puisse apporter des conseils qui ne dépendent pas d'une rémunération issue de commissions sur les produits vendus.

Sur ce point, on remarque que l'imagination commerciale des conseillers dits « indépendants » est fertile. Fleurissent des petites entités dont l'activité affichée est le seul conseil. La mise en place de ces structures permet de cacher le fait qu'elles ont, sous une forme ou sous une autre, une relation d'intérêts avec d'autres activités dans le courtage bancaire et financier. Il y a donc une collusion d'intérêt qui est parfois cachée au client.

Avancer ainsi masqué n'est pas une attitude digne d'un conseiller patrimonial qui souhaite obtenir la confiance de son client. Un bon professionnel n'hésitera pas à travailler sur des bases claires (exigence de transparence qui va dans le sens de l'évolution actuelle de la législation). Et puisque le seul conseil ne peut être payé à sa juste valeur, il n'est pas anormal que la rémunération provienne de commissions encaissées sur les produits vendus. Le conseiller aura à cœur de choisir les produits de qualités. Le plus souvent un bon produit est un produit adapté au besoin du client et non le meilleur produit du marché comme certains l'imaginent.

Ces remarques ne concernent pas seulement les conseillers indépendants. Les conseillers des banques et des compagnies d'assurance sont eux aussi assujettis aux contraintes de la vente de produits et de services.

Hormis sa compétence professionnelle, en général le gage de sérieux dépend de la volonté du conseiller patrimonial de pérenniser la relation client pendant de nombreuses années. On conçoit bien que tout conseiller aura à cœur de ne pas vendre n'importe quel produit s'il a le soucis de conserver la confiance de son client pour longtemps.

À cet égard, les grands établissements présentent une faiblesse dans la mesure où le *turn over* des conseillers y est important. C'est la raison pour laquelle ils doivent instituer une relation client basée plus sur la compétence du conseiller et sa méthode de travail que sur la seule qualité du relationnel.

5. Les différentes phases de la méthode

La méthode est composée de différentes phases qui s'enchaînent dans un ordre strict parce que logique :

A • Une phase de vente de la méthode

Avant d'appliquer une méthode de travail avec un client, il est indispensable de lui faire admettre sa manière de travailler. Faute de son adhésion, l'interlocuteur ne rentrera pas dans le jeu.

B • Une phase de découverte de la situation

Il s'agit de la découverte la plus complète possible de la situation du client :
- situation personnelle et familiale ;
- situation professionnelle ;
- situation du patrimoine ;
- situation budgétaire et fiscale ;
- objectifs et préoccupations.

C • Une phase d'analyse et de diagnostic

Cette phase comporte deux sous-parties :
- l'analyse des éléments de la découverte ;
- le diagnostic.

D • Une phase de propositions

Avec pour ambition d'émettre des suggestions qui répondent à la totalité des problématiques patrimoniales mises à jour.
Il faudra préciser les conséquences des suggestions au plan juridique, fiscal, financier et pratique.
Les règles de la déontologie obligent à indiquer les avantages des options proposées sans en cacher les inconvénients ou les contraintes.

E • Une phase de synthèse et de conclusion

Les propositions peuvent être nombreuses et complexes. Dans ce cas, il est nécessaire de résumer dans un tableau les principales préconisations. À ceci peut éventuellement s'ajouter une conclusion qui mettra en lumière l'adéquation entre la situation, les objectifs et les solutions.

F • Une phase de suivi et d'accompagnement

La situation et les objectifs du client vont se modifier dans le temps. L'environnement juridique, fiscal, social et économique va évoluer. Il est indispensable d'intégrer un travail de suivi dans le process global à appliquer.
L'approche globale ne se conçoit pas uniquement en terme de périmètre d'investigation mais également dans le temps.
La maintenance du conseil doit être assurée, c'est un élément de fidélisation du client qui s'inscrit dans une logique de rentabilisation de la relation commerciale.

6. Réflexion sur la méthode

Pour convaincre son interlocuteur des bienfaits de la méthode, il faut être convaincu soi-même. Connaître le processus dans le détail ne suffit pas. Il faut positionner cette méthode par rapport à d'autres méthodes existantes et bien appréhender les techniques commerciales alternatives à l'Approche Globale.
L'approche globale est une méthode de travail pour bâtir efficacement une stratégie patrimoniale et répondre avec pertinence à l'ensemble des problématiques patrimoniales d'un client.
L'objet de ce chapitre est de disséquer cette méthode afin de bien se l'approprier et améliorer ses prestations.
Mais l'approche globale, c'est également une technique commerciale. Elle n'est pas unique. Il est intéressant de la comparer à d'autres, en dégager ses avantages et ses contraintes.
Trois méthodes d'approches commerciales co-existent.

L'approche produit

« *Je vends un produit sans me préoccuper des besoins de mon client* ».

Beaucoup d'éléments expliquent et favorisent cette politique :

– dans le domaine de la banque et de l'assurance, la culture commerciale « approche produit » est très ancienne et très forte. La banque et l'assurance sont une industrie qui vend des produits impossibles à protéger par des brevets. Ainsi les produits, même les plus originaux et innovants, sont rapidement et facilement imités par les concurrents. En conséquence, la banque et l'assurance sont des activités condamnées à sans cesse fabriquer de nouveaux produits. Ajoutons que la législation et les règles de prudence brident la créativité. Cela oblige les établissements, qui souhaitent conserver une longueur d'avance, à innover sans cesse et à axer leur politique de développement sur une politique marketing orientée « produits ».

En outre, certains produits ne peuvent pas être souscrits concomitamment dans plusieurs établissements (PEA, PEL, par exemple) d'où la tentation pour les banques et les compagnies d'assurance d'occuper le terrain en vendant à outrance par une approche purement produit ;

– historiquement, la chaîne de commercialisation des établissements bancaires et financiers a été fortement influencée par cette politique produit ;

– la création d'un produit coûte cher en frais fixes de développement et en applicatifs informatiques. Il faut rentabiliser en vendant ces produits au plus grand nombre alors que certains produits ne sont adaptés qu'à un petit segment de clientèle. La dérive générale consiste à doter chaque client d'un maximum de produits ;

– la recherche de la fidélisation des clients joue également en faveur de l'approche produit. Le transfert du compte dans un autre établissement est rendu d'autant plus difficile que le client est détenteur d'un grand nombre de produits et de services.

Certains établissements l'ont bien compris puisque leurs génies marketing ont transformé un banal PEL en objet non transférable vers un autre établissement !

Cependant l'approche produit n'est pas une technique commerciale à proscrire totalement.

Cette approche n'est pas dénuée d'intérêt, pour les produits de base destinés au grand public (comptes sur livret, par exemple). C'est une politique qui s'adapte également bien pour vendre les produits dits stratégiques, c'est-à-dire les produits qui ne peuvent être souscrits qu'à un seul exemplaire par client (PEA, par exemple).

En outre, l'animation des équipes commerciales et l'évaluation de chaque vendeur est aisée dans le cadre d'une approche produit. Il est facile de fixer des objectifs de vente et d'établir des comparaisons de performance dans le cadre d'une politique essentiellement quantitative. Pourtant, ceci a le tort d'entraîner une certaine routine de la part des managers et une démotivation des vendeurs.

Mais l'approche produit, adoptée comme seule stratégie commerciale, génère des inconvénients majeurs :

– la vente produit fait appel à des qualités commerciales très pointues. Il faut parfaitement maîtriser les techniques de vente (argumentation, réfutation des objectifs, test de la vente...). Subir à longueur de journée le stress de la vente produit est difficile à supporter ;

– le vendeur doit bien connaître tous les aspects techniques des produits à commercialiser. Quand on sait qu'il existe des centaines de produits bancaires et financiers sophistiqués, on mesure l'étendue des connaissances à acquérir ;

– mettre en avant uniquement le produit a pour conséquence d'attirer en priorité l'attention de l'acheteur sur « l'étiquette du prix ». Ce qui entraîne une discussion féroce sur la tarification ;

– l'entretien de vente débouche souvent sur la vente d'un seul produit. C'est une activité peu productive. D'autant plus que les souscriptions de certains produits bancaires ou financiers ou de certains services sont ensuite résiliés parce qu'ils s'avèrent non adaptés aux vrais besoins du client. D'où beaucoup de temps commercial et administratif dépensé pour peu de profit ;

– la résiliation s'avère être encore un moindre mal. De plus en plus de clients ont tendance à demander des comptes aux établissements bancaires et financiers car ils s'estiment victimes d'un préjudice découlant d'un défaut de conseil. Situation souvent générée par la vente à outrance de produits et de services inadaptés effectuée sous la pression d'une politique d'approche produit ;

– la pure vente de produits, bien souvent identiques à ceux de la concurrence, n'est pas de nature à différencier un établissement par rapport à un autre ;

– dans un tel contexte, quand un client vient de signer l'achat d'un produit ou service, il a le sentiment d'avoir rendu service au vendeur alors qu'il devrait ressentir l'impression du contraire. Ceci n'est pas non plus de nature à satisfaire et à fidéliser le client ;

– l'approche produit se situe bien loin de la vente-conseil pour se cantonner dans la simple distribution de produits. Cela n'est propice ni à motiver les exploitants ni à attirer les meilleurs collaborateurs.

L'approche besoin

« *Je détecte un besoin (ou un ensemble de besoins) et je propose un ensemble de produits ou services qui répond à ce besoin* ».

Ce type d'approche procède d'une meilleure écoute de la situation et surtout des attentes du client. Elle permet de servir correctement un client. Elle peut être mise en œuvre relativement facilement à la condition de donner des supports commerciaux aux exploitants pour les aider dans leur démarche.

Par exemple, il faudrait mettre à la disposition des exploitants des outils pour les aider à faire exprimer au client ses attentes par famille de besoins (sécurité familiale, les projets à moyen terme, le fonctionnement du compte bancaire...).

Les packages ont été mis au point par les directions marketing dans cet esprit. Malheureusement, sur le terrain, l'utilisation commerciale de ces packages est souvent dévoyée. Les packages sont vendus comme un produit, par approche produit !

C'est dommage car l'approche besoin bien exécutée permet de vendre plusieurs produits ou services dans le cadre d'un seul entretien en respectant les objectifs du client. C'est le début de la bonne démarche commerciale pour permettre à un établissement de se démarquer de la concurrence et de mieux fidéliser sa clientèle.

Au plan didactique, l'approche besoin(s) est une étape intermédiaire très intéressante sur la route qui doit mener à la maîtrise de l'Approche Globale.

L'approche globale

« *J'ai l'ambition de découvrir la* ***totalité*** *de la situation, d'apporter des suggestions qui prennent en compte la* ***totalité*** *de cette situation et qui répondent à la* ***totalité*** *des objectifs identifiés* ».

La véritable Approche Globale est une démarche très ambitieuse. Elle nécessite une excellente technicité (commerciale, juridique, fiscale, bancaire, financière).

Parce que c'est un exercice exigeant, cette méthode ne peut être pratiquée que par un conseiller qui est convaincu lui-même de sa pertinence et qui est capable d'agir avec un grand professionnalisme pour inspirer confiance à son interlocuteur.

Entraîner un client dans l'approche globale, c'est l'entraîner sur un chemin difficile. C'est aborder avec lui des sujets qui le touchent profondément, générateurs d'échos parfois douloureux (son vécu familial ou son cursus professionnel par exemple). Pour qu'il accepte de suivre cette voie, il faut lui inspirer confiance et le guider fermement.

Fondamentalement, un client fortuné, ou qui a le souci de développer sa fortune, est une personne qui a besoin d'être rassurée sur la situation et le sort de son patrimoine. Il se pose de nombreuses questions :

- vais-je pouvoir conserver le patrimoine que j'ai acquis ?
- est-ce que je ne paie pas trop d'impôts ?
- vais-je choisir la meilleure solution, le meilleur placement ?
- mon conseiller est-il fiable, honnête, vraiment indépendant ?
- me conseille-t-il vraiment dans mon intérêt ?
- puis-je compter sur lui dans l'avenir ?

Tout l'art du conseiller patrimonial est de capter la confiance grâce à son honnêteté intellectuelle et son professionnalisme.

Il ne faut pas se lasser d'affirmer que l'approche globale est un exercice très difficile à mettre en pratique. C'est une technique qui nécessite de vastes connaissances techniques et d'excellentes qualités commerciales et psychologiques.

Convaincre le client

Il s'agit d'un préalable absolu.

On ne doit pratiquer la méthode par approche globale qu'avec un interlocuteur qui adhère en connaissance de cause à cette méthode.

Pour le convaincre, il faut lui expliquer avec des mots simples, concrets et compréhensibles ce en quoi consiste cette démarche et quels avantages il va en retirer personnellement. Il faut être attentif à axer l'argumentation dans le sens de l'intérêt de son interlocuteur. Celui-ci ne doit pas avoir l'impression que ces règles lui sont proposées dans le seul but d'améliorer le confort de travail du conseiller.

Pour cela, il faut se forger un discours pour mieux expliquer et convaincre.

Voici pour base les idées à s'approprier :

– voici *mes fonctions* au sein de l'établissement que je représente... ;

– *ma mission* est de rencontrer nos clients pour leur *apporter du conseil.* À ce titre, chaque année, je (ou mon équipe) rencontre (n) clients et nous établissons (n) études patrimoniales ;

– avant de vous apporter les conseils et les suggestions *adaptés* à votre cas j'ai besoin de connaître votre situation et *surtout d'écouter* vos projets et vos objectifs ;

– afin de *mériter votre confiance*, j'applique une *méthode de travail* rigoureuse ;

– cette méthode de travail est basée sur une approche complète de votre situation : personnelle, familiale, patrimoniale... et surtout sur la *découverte de vos objectifs et préoccupations* ;

– de la *précision de la découverte* effectuée, dépendra la *pertinence des suggestions* que je pourrai vous apporter à l'issue de notre entretien ;

– par exemple, il serait bon de travailler sur des montants précis afin que je puisse vous donner des *suggestions chiffrées*. Cela vous aidera mieux à conduire *votre propre réflexion* ;

– si vous en êtes d'accord, j'établirai pour vous une *étude de stratégie patrimoniale* ;

– cette étude est d'abord une *synthèse* des éléments que vous aurez accepté de me communiquer ;

– avec des suggestions qui prennent en compte *l'ensemble de votre situation* et qui répondent à *l'ensemble de vos objectifs* ;

– cette étude sera une *base de réflexion* pour vous ;

– cette étude pointera les grands *enjeux* qui vous concernent (fiscalité, placements, succession...) ;

– et vous apportera des éléments de réflexions pour *bâtir votre propre stratégie* face à ces enjeux ;

– je suis un *généraliste* qui travaille en complémentarité avec vos propres conseillers *spécialistes* (avocat, expert comptable, notaire) ;

– vos conseillers sont très *pointus* pour résoudre un problème particulier mais ne se soucient pas toujours des aspects situés en dehors de leur sphère de connaissances ;

– en tant que généraliste, je travaille en *transversalité* sur l'ensemble des sujets qui vous concernent ;

– la transversalité, c'est être capable de travailler en synthèse sur la famille, la fiscalité, l'immobilier, le financier et le crédit ;

– en fait, cette méthode permet de travailler sur l'ensemble du tableau patrimonial alors que les spécialistes se limitent à une parties seulement ;

– avoir une vision globale permet de prendre en compte les effets liés aux *interactions* qui se créent entre les différents éléments de votre situation ;

– tout ce qui sera dit au cours de notre entretien est protégé par le *secret professionnel* auquel je suis astreint ;

– qu'en pensez-vous ?... ;

– êtes-vous d'accord pour m'accorder (une heure, une heure et demi) d'entretien ?...

Dans certaines circonstances, il faudra user d'une autre méthode pour vaincre les réticences et dégager la voie vers le dialogue et l'échange patrimonial. Ces freins peuvent provenir du fait que le client a le souvenir d'une mauvaise expérience avec un conseiller qui lui a apporté une prestation décevante ou bien l'interlocuteur est blasé car il s'estime suffisamment informé et conseillé.

Dans ce cas, le discours doit être bref et percutant. Une solution pourrait consister à présenter les enjeux patrimoniaux auxquels l'interlocuteur peut être confronté. Il est nécessaire d'adapter la nature de ces enjeux au profil du client que l'on a en face de soi.

Par exemple :

– pour un chef d'entreprise susceptible de céder son entreprise

Dans votre cas, l'optimisation fiscale est l'enjeu primordial. Entre une situation non optimisée fiscalement et une situation totalement optimisée, la différence d'enrichissement peut aller du simple au double. Prenons l'exemple d'un chef d'entreprise qui a créé une richesse d'entreprise de 100. Après la cession de son entreprise, il valorise ses actifs pendant

10 ans qui sont ensuite transmis par succession à ses enfants. Ses enfants peuvent recevoir une somme nette de 60 ou 120 selon que le chef d'entreprise a subi ou maîtrisé la fiscalité.

– **pour un chef de famille**

Vous devez effectuer un audit de sécurité financière de votre famille. Si vous disparaissiez, il faut pouvoir répondre précisément aux questions suivantes : quel sera le budget familial ? Mes enfants auront-ils les ressources nécessaires pour continuer leurs études ? Quel sera le montant des droits de succession ? Comment précisément seront répartis mes biens entre mes héritiers ? La situation ainsi créée sera-t-elle satisfaisante pour chacun ?...

Il est possible de construire par avance ce type d'argumentation à partir de scénarios types adaptés à chaque grande typologie de clientèle.

Il n'est pas question d'emporter à toute force l'adhésion du client. Contraindre celui qui n'est pas prêt à cette démarche est contre-productif. Malgré la qualité des arguments, l'interlocuteur refuse parfois d'adhérer à la méthode de travail. Ce refus peut avoir plusieurs causes :

– **les causes conjoncturelles**

L'interlocuteur se trouve dans une situation qui lui donne le sentiment que ce n'est pas le moment de procéder à une étude patrimoniale globale. Par exemple, sans vouloir en informer, il peut être sur le point de décider de divorcer. Ou bien il s'investit dans un projet professionnel qui retient complètement son attention. Il suffira de revenir vers lui ultérieurement au moment opportun. Toutefois il sera judicieux de bien vérifier si le projet qui occupe son esprit n'est pas susceptible d'avoir des incidences patrimoniales qui justifieraient une étude patrimoniale.

– **les causes fondamentales**

Un petit nombre de clients cultive le secret et la méfiance. C'est la raison pour laquelle une démarche globale va fondamentalement à l'encontre de leur stratégie.

D'autres ne souhaitent pas sortir d'une démarche produit. Ils recherchent en permanence la meilleure recette, le meilleur produit ou service, les meilleures conditions. Leurs opérations patrimoniales sont éclatées entre plusieurs établissements. On arrive au paradoxe suivant : ce type de client, bien que fortuné, ne peut pas se considérer vraiment bon client d'un établissement.

Il est difficile de traiter ce genre de client par Approche Globale. Quand bien même il accepterait de jouer le jeu, il n'est pas certain qu'on puisse obtenir sa fidélité assortie d'un regroupement de ses opérations.

Savoir se valoriser

Dés les premières minutes de l'entretien, il est nécessaire de capter la confiance de son interlocuteur. Il faut donc le convaincre de son sérieux et de sa compétence. C'est un résultat difficile à obtenir d'emblée. Éventuellement le prestige de l'établissement dont fait partie le conseiller peut créer un *a priori* favorable. C'est pendant l'entretien qu'il est possible de faire ses preuves, mais aussi faut-il que l'interlocuteur accepte de rentrer dans cet entretien. Toutefois il est possible de donner une première impression positive. Voici trois techniques qui peuvent être utilisées.

A • Adopter la bonne attitude professionnelle

« *On n'a pas deux fois l'occasion de faire une bonne première impression* ».
Le premier contact est l'occasion unique d'exposer son professionnalisme. Les messages ne passent pas uniquement par la parole. L'attitude, l'habillement, le regard, la poignée de main peuvent affirmer ses qualités. Il faut travailler ces points sans hésiter à se remettre en cause :

– se tenir droit sans rigidité – s'asseoir sans s'avachir ;
– des vêtements sobres et soignés, le costume cravate (pour les hommes) une tenue classique (pour les femmes) sont incontournables dans nos métiers ;
– pas de regard fuyant – pas de visage trop sévère ou triste ;
– une poignée de main ferme sans excès.

B • Se présenter avec professionnalisme

Présenter l'établissement, les fonctions et l'objet du rendez-vous sont des actes qui affirment un bon professionnalisme quand ils sont bien exécutés.

Voici quelques conseils sur la forme :

– niveau de voix ni trop fort ni trop bas – soigner l'intonation sans tomber dans la déclamation ;

– utiliser un pilote de présentation appris par cœur permet d'éviter les balbutiements, les mots inappropriés, les redites. Cela facilite la fluidité du débit et aide à vaincre la timidité, les hésitations de début d'entretien;
– plus ce pilote sera su par cœur plus il sera possible de s'en éloigner pour l'adapter à son interlocuteur ou aux circonstances et plus le discours paraîtra naturel et professionnel;
– le regard doit capter celui de son interlocuteur, gage de son attention.

C • Dire du bien de soi

Bien entendu il n'est pas question de dire du bien de soi directement. Ce serait maladroit et irait à l'encontre du but recherché.
Mais il y a un moyen de dire du bien de soi sans le dire. Au début de l'entretien le conseiller doit présenter son propre environnement professionnel. Il est judicieux de mettre au point deux ou trois phrases ayant trait aux personnes qui travaillent avec soi. Il est recommandé de valoriser l'entourage professionnel. Cela peut se faire de la façon suivante (à chacun d'adapter à son cas et/ou de trouver d'autres arguments) :
– le service que je représente est composé de dix conseillers. Ce service est dirigé par M. X qui est un spécialiste reconnu dans le domaine du conseil patrimonial;
– dans ce service il y a des conseillers qui ont plusieurs années d'expérience et qui nous ont rejoint en apportant leur expérience acquise dans des banques de gestion privée renommées;
– aujourd'hui je suis votre seul interlocuteur, mais sachez qu'avec moi il y a une équipe dont certains conseillers travaillent sur le sujet depuis plus de 10 ans. C'est cette masse d'expériences dont je peux vous faire profiter;
– au cours des trois dernières années nous avons effectué l'audit de plus de 1 000 situations patrimoniales ce qui nous donne une vrai légitimité dans le domaine du Conseil Patrimonial.
Dire du bien de son proche entourage professionnel est une manière habile de se valoriser aux yeux de son interlocuteur.

Une méthode commerciale efficace

L'approche globale est plus qu'une méthode de travail, c'est une technique commerciale pour vendre mieux et gagner plus.

A • Vendre mieux

Avec une approche produit, le vendeur va vers l'acheteur pour le solliciter. Le vendeur est donc dans une situation de « s'il vous plaît » :
– Achetez mon produit (s'il vous plaît).
– Oui mais quel est le prix, pourquoi...
Dans l'approche globale, en validant la problématique énoncée par le conseiller, le client va vers le conseiller pour lui acheter une solution.
Le sens de l'échange s'est inversé en faveur du conseiller :
– Je vous ai bien écouté. Voici mon diagnostic : votre problématique c'est ça... Si je vous trouve la solution adaptée, êtes-vous prêt à adopter cette solution ?
– Oui, tout à fait.
En appliquant correctement la méthode, le conseiller ne vend pas de produit ; c'est le client qui doit lui acheter des solutions. Produit est un mot qui devrait être banni du vocabulaire du conseiller patrimonial. Le seul produit à vendre c'est la méthode régissant l'entretien patrimonial. Ensuite tout le jeu consiste à faire adhérer naturellement le client aux solutions (à base de produits et de services) qui répondent à ses besoins et qui prennent en compte sa situation.

B • Vendre plus

La masse d'informations recueillie par Approche Globale permet de bénéficier de plus d'opportunités de vendre pour aujourd'hui et pour demain. Par exemple, cette approche permettra d'apprendre que le client va bénéficier l'année prochaine d'une donation de la part de ses parents, que son épouse est mécontente de sa banque actuelle, qu'il projette de changer de voiture au printemps. Informations qui auraient échappé au conseiller avec une autre méthode de travail.

C • Gagner plus

L'approche globale est une démarche susceptible de se démarquer des autres établissements et donc d'attirer et de fidéliser les clients.

Contrairement à la pure approche produit, le risque de vendre un produit ou un service inadapté est faible, d'où une meilleure satisfaction du client et une faible annulation des contrats, toutes choses qui sont de nature à améliorer la rentabilité de l'acte commercial.

En outre, parce que cette méthode donne plus de satisfaction à la clientèle, elle est susceptible d'apporter plus d'actes de parrainage de sa part.

7. La phase de découverte

Cette phase consiste à découvrir le plus complètement possible la situation du client.

Une idée pourrait consister à établir un questionnaire très exhaustif et demander à l'intéressé de répondre seul par écrit à ce questionnaire. Un programme informatique enregistrerait les réponses, les analyserait et éditerait automatiquement des préconisations.

Quand bien même les progrès de l'informatique permettent de se diriger dans cette voie, il n'est pas souhaitable d'utiliser cette facilité.

Dans la phase de découverte, c'est l'échange en vis-à-vis des questions et des réponses qui va permettre au praticien de cerner le profil psychologique de son interlocuteur, de comprendre son mode de fonctionnement patrimonial (par exemple son degré de générosité en faveur de ses enfants, ses rejets de certaines classes d'actifs, ou de certains schémas...), de bien valider certains chiffres ou certaines configurations d'ordre patrimonial. Une réponse de sa part va permettre de rebondir et de poser une nouvelle question pour enrichir la connaissance de la situation et capter toutes les nuances et tous les indices qui vont concourir à l'élaboration d'un diagnostic de qualité.

En effet, il y a des éléments objectifs à recueillir et il y a des informations subjectives à percevoir. La combinaison de plusieurs informations va permettre une analyse pertinente. Apporter une réelle valeur ajoutée à l'entretien patrimonial dépend donc du savoir-faire du professionnel et non d'un quelconque questionnaire automatisé.

À partir de ces échanges va se former une véritable alchimie qui va générer l'or de la future étude patrimoniale.

Préparation de l'entretien

A • Bien structurer l'entretien

Il faut structurer de façon logique et claire la phase de découverte, ceci pour deux raisons :
– le fait d'adopter un ordre logique (et non passer du « coq à l'âne » dans les questionnements) donnera l'impression au client qu'il se trouve en face d'un bon professionnel qui sait où il va. Devant cette conduite claire et logique il sera rassuré et mieux disposé à collaborer ;
– l'ordre de découverte proposé ci-dessous permet de capter au fur et à mesure les éléments nécessaires pour poser les bonnes question suivantes et interpréter les réponses correctement.
Par exemple : si on ignore l'âge de l'épouse et le fait qu'elle soit sans profession, on ne pourra pas aborder de façon pertinente le domaine de la sécurité familiale.

Parfois les circonstances de l'entretien amèneront à ne pas strictement respecter cet ordre rationnel. Le client fera une digression, ou bien un sujet entraînera un autre sujet s'éloignant du chemin logique. Il n'en demeure pas moins qu'il sera préférable de revenir dès que possible au schéma initial.

B • Les questions indiscrètes ou déplacées

Certains conseillers s'autocensurent et s'interdisent de poser certaines questions ou d'aborder certains sujets.

D'autres commencent des phrases de questionnement par des formules du style :
– Je vais peut-être vous poser une question indiscrète...
– Pardonnez-moi d'être indiscret...

Le sujet est d'importance et il faut y répondre pour évacuer tout trouble ou réticence.

Le repère sur lequel on doit caler son esprit est le suivant : si on reste strictement dans son rôle de conseiller patrimonial, jamais on ne commettra d'indiscrétion dans ses relations avec un client. Chaque « interrogateur professionnel » qui pratique le consulting (médecin, avocat...) doit demeurer dans les limites strictes du cadre de sa sphère professionnelle.

Pour rester dans ce rôle, et ne pas franchir la ligne par inadvertance, il est nécessaire de faire porter son attention sur la nature de sa mission et de ses responsabilités en tant que conseiller. C'est en partie l'objet de ce livre.

Toutes les questions à poser, tous les sujets à aborder avec le client doivent rester dans le périmètre du conseil patrimonial.

Tant qu'on reste dans la bonne sphère, il n'y a pas de question tabou. Le conseiller est lié par un devoir de réserve et par le secret professionnel. Rien, en principe, n'empêche un client de se confier pleinement sur les sujets d'ordre patrimonial.

L'interlocuteur le comprendra d'autant mieux qu'on aura pris la précaution, en amont de la phase de découverte, d'expliquer ce qu'est le métier, la méthode de travail et les bénéfices qui pourront être retirés de l'entretien.

Une fois réglé le problème des questions sensées être indiscrètes, il faut parler d'une autre attitude qui pourrait être vraiment indiscrète. Il s'agit de l'attitude intrusive. Certains problèmes abordés dans la phase de découverte peuvent toucher à l'intime, par exemple : « Avez-vous une compagne ? » ; « Connaissez-vous une personne que vous souhaitez protéger particulièrement ? » ; « Vivez-vous avec la mère de votre enfant ? ».

Ces questions ne sont ni indiscrètes ni intrusives quand les réponses sont indispensables à l'analyse, aux calculs et représentent un fondement important du diagnostic.

Être intrusif, c'est poser inutilement des questions qui touchent à l'intimité. Ce danger existe particulièrement quand on aborde le budget familial. C'est un des domaines d'analyse les plus importants parce que le plus riche d'enseignements. Il est donc nécessaire d'être le plus précis possible. Mais certaines lignes du budget ne doivent pas être inventoriées dans le détail. Cela serait intrusif, et s'éloignerait du cadre de la mission.

À ce sujet, voici les bornes à ne pas dépasser quand on aborde le budget : pour travailler en analyse sur le budget, l'important est d'avoir un chiffre global par catégorie assez précis mais sans plus. Il faut bien se comprendre avec le client sur les éléments qui composent ce « tiroir » (nourriture, vêtements, transports, loisirs, culture par exemple).

Mais il est inutile d'aller dans le détail. Il suffit de savoir que le train de vie annuel du client est de 50 k€ sans chercher à connaître sa décomposition exacte (montant du budget vêtement ou du budget loisirs). Il est indispensable de savoir le montant des revenus du client, comment ses revenus sont ventilés par grandes catégories de dépenses (train de vie, loyer, impôts...) mais il est vain d'entrer dans le détail du train de vie poste par poste, car c'est une attitude intrusive et déplacée.

Les questions sur les projets sont également concernées par ce problème ; par exemple : il est important de déterminer le budget prévu pour l'acquisition d'une résidence secondaire. Chercher à connaître la composition, l'utilisation, la localisation exacte de cette maison n'est pas indispensable. Ce qui précède ne vaut pas si c'est le client lui-même qui dévoile le sujet spontanément.

Autre exemple : la découverte du ou des bénéficiaires d'un testament ou d'un contrat d'assurance-vie. Il est important d'inventorier les bénéficiaires et de savoir si ces bénéficiaires sont parents ou non du client. Pour les bénéficiaires étrangers à la famille, il n'est pas toujours utile de connaître la nature exacte des relations entretenues avec eux par le client. Il restera au conseiller à déterminer si le contexte oblige à poser la question ou non.

Ces exemples prouvent que les limites ne sont pas toujours tracées de façon claire. Ce sera l'expérience et le bon sens qui serviront de guide dans ce domaine très sensible.

C • Le rapport au client

Le sujet du précédent paragraphe amène à évoquer la nature des rapports entre le client et son conseiller patrimonial.

Certains conseillers n'assurent pas vraiment le suivi constant de leurs clients. Ils apportent un conseil ponctuel à des moments importants de la « vie patrimoniale » de leur interlocuteur. Sauf exception, c'est l'aspect technique qui prime dans ce type de relation.

D'autres conseillers, au contraire, entretiennent une relation étroite de long voire de très long terme avec leurs clients. Bien que la technicité du conseiller soit un élément important, l'aspect relationnel est alors déterminant. Au fil des années, la nature de la relation conseiller/client est susceptible de passer de la sphère de la relation professionnelle au domaine de l'affect.

Souvent il s'agit plus d'une apparence d'amitié (une illusion, un faux semblant) que d'une réalité. L'une des parties peut avoir intérêt à circonscrire la relation dans cette ambiguïté. Des conseillers privilégient le relationnel comme arme d'efficacité dans leur activité professionnelle. Des clients pensent mieux obtenir l'impartialité, voire le désintéressement d'un conseiller en manageant leur relation sur le thème de l'amitié.

On peut penser qu'il est préférable de ne pas trop s'éloigner de la ligne du rapport professionnel normal qui consiste à assurer des prestations techniques de bon niveau dans le cadre de relations humaines de qualité. Plus les années passent et plus l'aspect relationnel risque de prendre le pas sur la technicité jusqu'à l'étouffer, entraînant une dérive pouvant être préjudiciable aux intérêts patrimoniaux du client. N'est ce pas du domaine de la responsabilité professionnelle du conseiller de gérer sans arrière pensée cet équilibre dans l'intérêt de son client ?

Les champs de la découverte

A • La situation personnelle et familiale

– Nom, prénom, date de naissance, adresse personnelle
– Situation familiale
– Date de naissance de l'épouse, des enfants
– Nationalité des membres de la famille
– Notion de résidence fiscale
– Dispositions matrimoniales (régime matrimonial, donation entre époux, testament, donation déjà effectuée)
– Informations sur les ascendants, la fratrie
– Informations sur « l'ambiance relationnelle » au sein de la famille

B • La situation professionnelle

– Profession/occupation de Monsieur, de Madame, des enfants et des membres du groupe familial élargi.
– Contexte professionnel :
  - Niveau d'étude et de diplôme
  - Ancienneté dans le poste
  - Évolution professionnel prévisible
  - Information sur l'entreprise
  - Autres responsabilités (association, syndicat professionnel)

C • La situation budgétaire et fiscale

– Ressources du foyer fiscal par nature de revenus
– Imposition des revenus

- Situation fiscale latente (moins-values, déficits, contentieux)
- Imposition du patrimoine
- Charges de remboursement des prêts
- Pension(s) à payer
- Autres charges
- Train de vie (nourriture, loyer(s), habillement, loisir, culture, transport)

D • La situation patrimoniale

1) Les actifs

- Le patrimoine immobilier d'usage
- Le patrimoine immobilier de rapport
- Le patrimoine professionnel
- Les dépôts bancaires
- Les actifs financiers
- L'épargne salariale
- Les créances sur des tierces personnes
- Les assurances-vie et les bons de capitalisation
- Les créances latentes

2) Les passifs

- Les crédits de trésorerie
- Les dettes envers des tierces personnes
- Les prêts d'investissement
- Les dettes privées
- Les dettes latentes

3) Le hors bilan

- Les droits à retraite ou à rentes viagères (ou certaines)
- Les cautions données aux tiers
- Les litiges en cours
- Les contrats comportant des clauses suspensives ou résolutoires
- La prévoyance (maladie, décès, invalidité)
- Les stocks-options et bons de souscription

E • Les objectifs et préoccupations

- Un projet professionnel
- Un investissement privé ou professionnel précis

– La protection financière de la famille
– La construction et le développement du patrimoine
– La restructuration du patrimoine
– L'optimisation des revenus et/ou du patrimoine
– La transmission du patrimoine
– La délocalisation vers l'étranger

F • Les appétences/les réticences

– Sécurité/risque/volatilité
– La volonté de transmettre
– L'immobilier de rapport ou d'usage
– Les placements boursiers
– L'endettement
– La fiscalité

8. La phase d'analyse et de diagnostic

Cette phase consiste à sélectionner les éléments utiles et importants, parmi la masse d'informations recueillie, pour les analyser et poser un diagnostic. Cette phase comporte deux sous-parties : l'analyse et le diagnostic.

L'analyse

La phase de découverte a permis de relever un certain nombre d'informations et d'indices. Il peut s'agir d'indices objectifs (la date de naissance) mais aussi d'éléments subjectifs (l'aversion au risque).

L'inventaire et l'ordonnancement des indices ne suffisent pas. Il est nécessaire d'aller plus loin et de « faire parler ces indices ».

Par exemple : il ne suffit pas de relever le montant de l'impôt supporté par un client mais analyser ce chiffre en valeur relative en calculant le niveau de la tranche marginale, le taux d'imposition moyen.

Des indices pourront s'exprimer d'eux-mêmes, certains, pour être parlant, devront être reliés à d'autres, ou bien être l'objet de calculs et de chiffrages comparatifs.

Le diagnostic

La suite logique de l'analyse des éléments découverts dans la situation est le diagnostic.

Il s'agit de donner son avis de praticien sur la situation telle qu'elle est analysée, de valider ou non les objectifs après les avoir hiérarchisé et mis en perspective. Les objectifs doivent donc être classés par ordre logique et/ou d'urgence.

Il peut s'avérer que certains objectifs exprimés par le client sont à abandonner, d'autres objectifs méritent d'apparaître.

Sous une forme synthétique, il faut exprimer la ou les véritable(s) problématique(s) patrimoniale(s) en les justifiant.

Le diagnostic est un exercice difficile, mais qui est le cœur de l'étude patrimoniale.

9. La phase des suggestions

Les suggestions (ou les voies à explorer) sont destinées à répondre à l'ensemble des problématiques du client. Pour que ces solutions ne soient pas de simples recettes, elles doivent prendre en compte la situation globale du client.

Il serait absurde de proposer une solution nécessitant une capacité d'épargne importante alors que la découverte de la situation fait apparaître un budget tout juste à l'équilibre. Pourtant, le conseiller qui n'applique pas parfaitement les techniques de découverte par approche globale risque de commettre ce genre d'erreur faute de ne pas tenir compte d'un élément de situation par méconnaissance ou négligence.

Une suggestion ne doit pas seulement répondre à un problème identifié, elle doit être compatible avec la situation globale et ne pas bouleverser un autre élément contigu. Il faut insister sur ce point fondamental qui fait la valeur de la méthode par rapport à des approches plus fragmentaires.

Chacune des solutions devra inclure les éléments suivants :

- la description précise et chiffrée de l'opération à mettre en œuvre ;
- les conséquences des suggestions au plan :

- juridique,
- fiscal,
- financier,
- pratique (harmonie familiale, simplification...) ;

– les avantages et les inconvénients et/ou contraintes.

Dans certains cas, le contexte ne permet pas de fournir autant de précision : au cours de la phase de découverte le client n'a pas eu la possibilité ou n'a pas souhaité apporter tous les éléments précis utiles. Il est alors souhaitable d'exposer des suggestions sous la forme et dans l'esprit de « voies à explorer ».

10. La phase de synthèse/Conclusion

Dans un tableau synthétique, il s'agit de résumer les suggestions contenues dans l'étude.

Opérations à effectuer	Objectifs poursuivis	Capitaux concernés et/ou observations

Pour terminer l'étude, de façon synthétique, il serait judicieux de mettre en évidence l'adéquation des suggestions aux objectifs. Ce peut être également l'occasion, sous forme d'un tableau, de chiffrer les économies réalisées grâce aux suggestions par rapport à une situation de départ ou une situation non optimisée.

11. La phase des annexes

Les fiches techniques

Ces fiches sont destinées à développer certains des points juridiques et fiscaux évoqués dans le corps de l'étude.

Les fiches produits

Elles contiennent des informations sur les produits bancaires, financiers, d'assurance ou immobiliers préconisés par l'étude.

Les simulations

Elles englobent les tableaux de simulations dans le cas où il est nécessaire d'établir une planification financière d'un ou plusieurs projets.

12. La phase de suivi

Le conseil par Approche Globale s'inscrit au sein d'une « chaîne de commercialisation » dont la solidité dépend de celle de chacun des maillons qui la composent. Les maillons faibles sont souvent ceux du suivi et de l'accompagnement de la clientèle, activité qui est parfois négligée. Pourtant, la nature du métier et les attentes des clients exigent une forte implication dans cette dernière phase. C'est un moyen unique de mieux fidéliser la clientèle et de contribuer à prolonger la phase de découverte en bénéficiant d'encore plus d'opportunité pour réaliser de nouvelles opérations commerciales.

Un client classé « bonne gamme » ou « haut de gamme » devrait pouvoir bénéficier au moins d'un suivi annuel de la part de son conseiller. Ce suivi devrait se traduire par un ré-examen de sa situation au cours d'un rendez-vous en vis-à-vis. Pour ce qui concerne un client de niveau de fortune plus modeste, un contact téléphonique annuel est un minimum.

Pour ce qui concerne les groupes familiaux « très haut de gamme » qui sont habituellement clients d'entités de Private Banking, la coordination du suivi, au sein de l'établissement, doit être effectuée par un Comité Patrimonial constitué par le conseiller qui suit les clients au quotidien, un ingénieur patrimonial, un spécialiste juridique et fiscal ainsi que le gérant dédié qui pilote la gestion des actifs financiers. Il peut être opportun d'y inviter certains conseillers spécialisés des clients (avocat, expert-comptable, notaire, administrateur de biens...). Le comité patrimonial devrait siéger 2 à 4 fois par an. Ce type de clientèle a besoin d'un suivi très pro-actif. C'est la raison pour laquelle un contact, à l'initiative du conseiller, doit être réalisé environ 6 à 10 fois par an, voire à cadence plus accélérée dans certains cas particuliers...

Après cette vue générale des champs abordés par la méthode d'approche globale, chaque point va être repris afin d'apporter un maximum de renseignements et de conseils pratiques.

Chapitre 2

Les techniques de découverte

Le conseiller patrimonial ne doit omettre aucune interrogation dont la réponse s'avèrerait primordiale. C'est la raison pour laquelle il est indispensable de passer en revue l'ensemble des questions pouvant être posées et bien appréhender l'intérêt que peuvent représenter les réponses.

Un guide d'entretien peut être utilisé par le conseiller (voir modèle en annexe).

1. Découverte de la situation personnelle et familiale

- L'âge a une importance dans différents domaines patrimoniaux :
  - combien reste-t-il d'années avant la retraite ;
  - le calcul des démembrements de propriété ;
  - la cotation d'une rente viagère ;
  - le calcul des droits de donation ;
  - le calcul des primes d'assurance-décès ;
  - les durées possibles d'un endettement de long terme ;
  - parfois il induit des projets ou des absences de projets.

– La situation familiale actuelle, la présence d'enfants (vivants ou décédés), de petits-enfants, le régime matrimonial et l'existence d'une éventuelle donation entre époux :

• les époux ont-il la même résidence fiscale ;

• nationalité des membres de la famille ;

• en cas de rupture des liens du mariage (décès ou divorce) la répartition (dévolution) du patrimoine est déterminée en partie par ces renseignements.

– Les situations familiales antérieures :

• mariage(s) antérieur(s) ;

• enfants issus d'autres lits reconnus ou non.

– Donation antérieure ou future aux enfants et petits-enfants :

• sujet à aborder pour tester la volonté de donner ;

• permet de calculer le coût de futures donations ;

• permet de repérer des actifs détenus déjà en démembrement de propriété ;

• selon la date des actes de donation antérieurs, les effets relatifs à d'éventuelles cessions futures sont différents au plan de la fiscalité des plus-values.

– Existence d'ascendants, de collatéraux ou autres :

• afin de déterminer la consistance d'éventuelle futures donations ou successions ;

• permet de repérer des actifs en démembrement de propriété ;

• en l'absence d'enfant permet de repérer des héritiers réservataires.

2. Découverte de la situation professionnelle

La découverte de la situation professionnelle est une mine de renseignements.

– D'autodidacte à grandes écoles françaises ou étrangères.

– Cursus professionnel.

– Taille de l'entreprise, nature de l'environnement professionnel.

– Nature de l'activité : administrative, technique, scientifique ou commerciale.

– Salarié, professionnel indépendant, dans le cadre d'une profession réglementée, dirigeant d'entreprise, artiste.

– Source(s) et niveau des revenus. Partie fixe et partie variable. Quelle fiscalité applicable.
– Les perspectives d'évolution de carrière et de rémunération.
– Date de cessation d'activité professionnelle.
– Activités para-professionnelle ou autres :
  - syndicat ou organisme professionnel ;
  - association ;
  - politique.

La situation budgétaire et fiscale

Le travail sur les budgets est souvent considéré comme ingrat voire inutile. Au contraire, c'est un passage obligé dans la découverte pour conduire une analyse pertinente.

Détail des rubriques des budgets :
– chiffrer les différents budgets permet d'apprendre beaucoup sur les projets et le mode de fonctionnement financier du client ;
– il est indispensable de détailler certains postes (voir tableau ci-dessous) ;

Charges	Ressources
Impôts sur les revenus	Revenus professionnels
ISF	Revenus du patrimoine immobilier
Impôts fonciers	Revenus du patrimoine financier
Remboursement de prêt	Revenus exceptionnels
Loyers	Pensions, retraites et rentes
Charges immobilières	
Pensions à payer	
Train de vie	
Excédent ou déficits budgétaires	

Il faut également reconstituer les budgets selon différents scénarios :
– budget actuel ;
– budget à la suite d'un événement patrimonial important (promotion professionnelle, gain important au loto, cession d'entreprise...) ;
– budget au moment des études supérieures des enfants ;
– budget au moment de la cessation d'activité ;
– budget en cas de décès d'un des conjoints.

Comment chiffrer un budget

La recherche des éléments chiffrés composant le budget ne doit pas prendre trop de temps.

Certains éléments sont faciles à cerner : impôts, ISF, charges de remboursement, charges immobilières, pensions, revenus.

D'autres sont parfois plus difficiles à appréhender :

– le train de vie ;
– la capacité d'épargne.

Différentes techniques peuvent être employées :

– **la méthode soustractive :** on connaît le train de vie ou la capacité d'épargne, on obtient l'élément manquant par soustraction ;

– **la méthode du 20 % :** des revenus on soustrait tous les éléments de charges (on ignore le train de vie et la capacité d'épargne). Le résultat regroupe donc les deux éléments manquants. On évalue la capacité d'épargne à 20 % (ou 15 % ou 25 %) du résultat. On indique le chiffre au client pour lui demander de valider ou d'affiner ce chiffre. Cette méthode permet de débloquer la situation et de faire réagir le client.

Bien préciser au client qu'il est recherché des ordres de grandeur et non pas l'extrême précision. Parfois les revenus peuvent fortement fluctuer d'une année à l'autre. Dans ce cas il est peut-être judicieux d'établir deux budgets selon deux hypothèses de revenus.

En abordant le chiffrage du train de vie, il faut veiller à ne pas devenir intrusif, donc indiscret. Il suffit de chiffrer le montant global du train de vie sans le détailler.

Toutefois, pour éviter un chiffrage erroné, il est indispensable de bien être en accord avec son interlocuteur sur la nature des composantes du train de vie (nourriture-charges domestiques courantes, habillement, santé-beauté, loisirs-culture, transport-automobile). Afin de bien analyser les choses, sans être intrusif, il est conseillé de différencier à part certains éléments tels que le loyer, les charges liées à l'immobilier, le sur-coût entraîné par les études supérieures des enfants. En effet, ce sont des éléments sur lesquels il est possible d'agir dans le cadre de la redéfinition d'une stratégie patrimoniale.

Par exemple : le client paie un loyer au titre de sa résidence principale. Il est important de connaître le montant annuel du loyer car, dans la stratégie suggérée, on peut éventuellement proposer l'acquisition d'une résidence principale. Un budget tenant compte de cette stratégie sera à établir et à comparer au budget initial.

Remarque : tout au long de l'entretien de découverte c'est le conseiller qui est le guide. Toutefois le client doit valider les éléments chiffrés exprimés dans le cadre de cette phase.

La situation patrimoniale

Le patrimoine peut être de nature privée ou professionnelle. C'est une notion qui a une incidence au plan de la fiscalité. Mais selon les principes du Code civil, une personne physique ne possède qu'un seul et unique patrimoine.

En conséquence, pour chaque personne physique, on peut établir un bilan de ses actifs (bancaires, financiers, mobiliers, immobiliers), de ses passifs (dettes) et des éléments hors bilan (couverture maladie – invalidité – décès, droits à retraite, caution, droits ou servitudes patrimoniales).

Face à chacun des éléments du patrimoine, il faut se poser plusieurs questions :

– Quand, de quelle façon et à quelle valeur le bien est-il entré dans le patrimoine ?

Cela aura une incidence sur le calcul d'une éventuelle plus-value en cas de cession ou de transmission future.

– Au plan juridique, à qui appartient le bien ?

Cela dépend du régime matrimonial, des donations déjà reçues ou effectuées et de leurs modalités, des dévolutions successorales, de l'origine des fonds ayant servi à acquérir le bien ou à rembourser le crédit de financement.

– Le droit de propriété est-il partagé ou démembré ?

Le bien peut être détenu en pleine propriété, en indivision, en usufruit viager ou temporaire, en quasi-usufruit ou en nue propriété.

– Quel est le mode de détention de ce bien ?

– Quel est son mode de gestion ? (Gestion directe ou bien gestion sous mandat par un gestionnaire de portefeuille de titres ou par un administrateur de biens pour l'immobilier).

Directement par la personne physique, à l'intérieur d'enveloppes juridiques et fiscales particulières (FCPR, ASSURANCE VIE ou PEA par exemple), *via* des structures sociétales (SARL, SCI, SCPI), au sein d'un trust ou une fondation.

– S'il s'agit d'un bien de rapport quels sont ses performances (revenus, plus value), et ses charges ?
– S'il s'agit d'un bien d'usage : quelle est la qualité d'usage qu'il procure (pratique, affectif...) et quelles sont les charges qu'il supporte ?
– Quelles sont les incidences fiscales induites par la nature des ces biens au plan de la fiscalité de la détention, des revenus et des mutations.
Au plan de la fiscalité il existe deux natures de patrimoine :

• **le patrimoine professionnel** : il s'agit du patrimoine détenu en direct ou *via* une société de personnes non opaque fiscalement. Cela englobe tous les éléments d'actif affectés à l'exercice de l'activité professionnelle principale du détenteur.
Par exemple : le fonds de commerce détenu et exploité par un commerçant exerçant en entreprise individuelle, l'appartement à usage professionnel utilisé par le médecin comme cabinet de consultation ;

• **le patrimoine privé** : il s'agit de tous les autres biens y compris les biens nécessaires à l'activité professionnelle logés à l'intérieur d'une société opaque fiscalement.
Par exemple : une résidence principale, un portefeuille de titres cotés en bourse, des actions d'une société anonyme non cotées représentant l'outil de travail du client.
Nota : au plan de l'ISF la notion de biens professionnels est élargie.
Par exemple : la détention d'actions de société dont l'activité est considérée comme l'activité professionnelle principale de l'intéressé.
La découverte de la situation patrimoniale doit être l'occasion de dresser une carte précise du patrimoine détenu par chacun des membres de la famille au sens large (ascendants, descendants voire collatéraux si cela a une incidence sur la problématique de l'interlocuteur).
Dans les développements qui suivent ces principes ne seront plus rappelés.

3. État des actifs

Patrimoine immobilier

Le patrimoine immobilier se décompose en deux grande parties :

– l'immobilier ou foncier d'usage (résidence principale ou secondaire, bien mis gracieusement à la disposition d'un membre de la famille ou d'un tiers) ;
– l'immobilier ou foncier de rapport. Ce sont les biens immobiliers qui produisent un revenu (appartement locatif, terre agricole, forêt exploitée).
Il faut être attentif au fait que certains biens peuvent prendre beaucoup de valeur dans un avenir plus ou moins proche.
Par exemple : un terrain susceptible de devenir constructible.

A • Immobilier d'usage

– Mode d'utilisation (résidence principale, secondaire, mis à disposition d'un tiers) – localisation.
– Évaluation (valeur vénale – valeur ISF – valeur affective – potentiel de future plus value).
– Date et prix d'acquisition.
– Charges immobilières liées.
– Prêt en cours et modalités (encours – conditions – échéance finale – garantie(s) concédée(s) – assurance-décès invalidité).
– État des hypothèques ou assimilé (engagement de ne pas aliéner un bien en vertu d'une promesse d'hypothèque par exemple).
– Actes de gestion (travaux) ou de disposition (cession) prévus.

B • Propriétés foncières et forestières. Immobilier de rapport, terres agricoles, Carrières

– Consistance (localisation – composition – surface).
– Évaluation (valeur vénale – valeur ISF – valeur affective – potentiel de future plus value).
– Date et prix d'acquisition – historique et montant des travaux.
– Identité et qualité des locataires – modalités des baux – montant des loyers...
– Régime fiscal des revenus.
– Charges immobilières liées.
– Prêt en cours et modalités (encours – conditions – échéance finale – garantie(e) liée(s) – assurance-décès invalidité).
– État des hypothèques et assimilé (engagement de ne pas aliéner un bien en vertu d'une promesse d'hypothèque par exemple).

– Situation vis à vis de l'ISF
– Actes de gestion (travaux) ou de disposition (cession) prévus

Patrimoine mobilier

A • Dépôts bancaires

– Localisation des dépôts (France ou étranger)
– Nom des établissements dépositaires
– Nature des dépôts
– Structure fiscale particulière (HOLDING, FCP, PEA...)
– Montant – conditions – degré de disponibilité
– États d'éventuels nantissements

B • Valeurs mobilières

– Recenser les différente natures de titres :
  • obligations françaises et internationales cotées ;
  • actions cotées ou non cotées ;
  • titres au nominatif pur (déposé dans les livres des sociétés concernées) ;
  • obligations privées ;
  • bons de souscription d'actions - warrants ;
  • produits structurés ;
  • les plans d'épargne d'entreprises.
– Localisation des actifs (France ou étranger – nom des dépositaires)
– Structure fiscale particulière (HOLDING, FCP, PEA...)
– Prix de revient – Évaluation – performances brutes et nettes d'impôt
– État des plus ou moins-values fiscales latentes
– État des éventuels nantissements
– Mode de gestion (directe ou sous mandat)

C • Meubles anciens et œuvres d'art

– Structure – nature
– Prix de revient – Valeur vénale – valeur affective – valeur d'assurance

D • Divers

– Or placement – bijoux
– Automobile – bateau – aéronef

E • Assurance-vie et bon de capitalisation

– Références des compagnies d'assurances
– Date de souscription des contrats (voir tableau en annexe)
– Calendrier et montant des éventuels versements, rachats ou avances
– Nationalité des contrats
– Nom des souscripteurs et des bénéficiaires
– Valeur de rachat
– Les contrats sont-ils standards ou sur mesure
– Règles de fonctionnement et des clauses bénéficiaires
– Composition des actifs – Références des gestionnaires – performances

Créances diverses

Bien repérer les diverses créances exigibles ou potentielles que le client pourrait détenir à l'encontre de tiers :
– prêt accordé à des membres de la famille ou à des tiers ;
– héritage et donation en cours ou à venir ;
– plus-values potentielles liées aux stocks-options ou à des bons de souscription d'actions ;
– litiges en cours devant les tribunaux ;
– moins-values ou déficits fiscaux non encore imputés.

Outil professionnel

L'outil professionnel peut revêtir différentes formes :
– dans le cadre d'une entreprise individuelle, il est inscrit dans un bilan avec un compte de résultat, ou bien, pour les professions libérales soumises au BNC, il est inclus dans une liste d'actifs professionnels.
– l'activité peut être exercée *via* une société de personnes ou une société de capitaux qui aura un bilan et un compte de résultat.
Éléments composant l'outil professionnel :

Actifs	Passifs
Immobilisations – **Incorporelles :** • Fonds de commerce • Droit de clientèle • Droit au bail • Brevets • Participations – **Corporelles** : • Foncier • Immobilier • Machines et matériels • Stocks • Créances sur clients • Titres de placement • Disponibilités et trésoreries	– Capital – Réserves/report à nouveau – Résultat – Provisions – Dettes à long et moyen terme – Dettes à court terme – Comptes courants d'associés – Dettes aux fournisseurs – Dettes fiscales

Il arrive que des bilans de société contiennent à la fois des actifs professionnels et des actifs non professionnels. Il s'agit souvent d'une trésorerie qui n'a pas été distribuée mais utilisée dans des placements à plus ou moins long terme (immobilier de rapport, sicav obligataires ou de trésorerie...).

4. État des passifs

Chacun des actifs répertoriés ci-dessus peut être lié à un endettement.

En outre il est nécessaire de repérer les passifs exigibles ou potentiels non liés à un actif :

– engagement de pensions ou de rentes à verser suite à un divorce par exemple ;

– crédits de trésoreries divers ;

– litiges en cours devant les tribunaux ;

Un inventaire précis est à dresser à ce sujet :

- références du créancier et objet de la dette ;
- effet fiscal de la dette :

- déductibilité de l'encours sur l'assiette taxable à l'ISF,
- déductibilité fiscale des intérêts sur les revenus ;

- nature de la dette (privée ou professionnelle) et modalités :

- montant à l'origine – encours,
- taux,
- modalités et tableau des amortissements,
- assurance,
- date de l'échéance finale,
- garanties concédées.

– les opérations conditionnelles : engagement par contrat comportant des clauses suspensives ou résolutoires. Opérations mettant en jeu des options de vente ou d'achat :

• modalités;
• montants en jeu;
• échéances.

5. Le hors bilan

Il s'agit de tous les éléments susceptibles, à court, moyen ou long terme, d'augmenter ou de diminuer la valeur du patrimoine ou des revenus...

Voici une liste qui peut servir d'aide-mémoire mais qui n'a pas la prétention d'être exhaustive :

– litiges (fiscaux – pénaux – civils ou administratifs en cours devant les tribunaux :

• nature, montant et sens du litige (espoir d'un flux positif ou crainte d'un flux négatif),
• échéance probable;

– cautions accordées ou reçues :

• nature de la caution et sens de l'opération (caution accordée ou reçue),
• montant en jeu et date d'extinction,
• conséquence fiscale,
• nature de l'éventuelle garantie réelle offerte en adossement de la caution;

– droits à pension, à rentes ou à retraite :

• nature et sens de l'opération (au débit ou au débit),
• montant en jeu,
• régime fiscal,
• modalités des versements et échéance;

– couverture par assurance complémentaire maladie, décès et/ou invalidité :

- nature des opérations de prévoyance,
- montant en jeu (prime, capitaux couverts),
- modalités (tête(s) assurée(s), bénéficiaire(s)...),
- éventuel lien avec une opération patrimoniale spécifique,
- régime fiscal des primes et des capitaux;

– contrats comportant des clauses suspensives ou résolutoires : (par exemple des clauses de earn-out, des golden parachutes, des contrats passés dans le cadre des marchés d'options d'achats ou de ventes) :

- nature et objet des contrats,
- modalités et montant en jeu,
- régime fiscal;

– stocks-options ou bons de souscription :

- nature et objet des contrats,
- modalités,
- régime fiscal;

– donation/succession/bénéfice d'assurance prévues :

- modalités et échéances,
- montant,
- fiscalité.

6. Objectifs, préoccupations, enjeux

Une distinction est à faire entre ces trois notions :

– **un objectif** est un projet à réaliser clairement identifié par le client *Par exemple* : le client souhaite acquérir une résidence secondaire dans 2 ans pour un budget de 300 000 euros environ;

– **une préoccupation** est une problématique à résoudre perçue par le client, sans que celui-ci réussisse bien à en cerner les détails, le chiffrage et les conséquences.

Par exemple : l'interlocuteur perçoit une problématique de sécurité familiale, mais il ne peut exprimer son besoin de façon claire ou précise;

– **un enjeu** est une (ou plusieurs) problématique importante à résoudre, découlant d'une situation ou d'un événement.

Par exemple : un client détient un patrimoine dont la structure est fortement déséquilibrée. Un enfant s'engage dans des études supérieures longues et coûteuses. Un chef d'entreprise va vendre sa société.

Le poids et l'importance des enjeux se mesurent souvent à l'aune de conséquences fiscales et/ou financières. C'est la raison pour laquelle il est indispensable d'avoir en tête des chiffres clés. Cela est aisé pour certains sujet (le poids de l'impôt de plus-value sur valeur mobilière par exemple). C'est plus difficile quand les valeurs changent selon les situations (montants en jeu, composition de la famille, barème d'imposition à taux progressif...).

Pour avoir en mémoire une échelle de valeur de ces enjeux, il est conseillé de fabriquer ses propres tableaux (voir quelques modèles en annexe).

La phase de découverte des objectifs et préoccupations est très importante. C'est le moment où le client juge si le conseiller est à son écoute. Déjà, en amont, certains objectifs ou préoccupations ont pu être exprimés.

Le conseiller doit aider à l'expression des besoins et des projets. Pour cela il sera nécessaire de « tendre la perche » à son interlocuteur en l'interrogeant sur les différents objectifs ou préoccupations qui peuvent communément se poser à lui. Voici quelques exemples :

– actes de gestion ou de disposition sur son patrimoine :
  • changement de résidence principale ou secondaire ou travaux importants,
  • mise en gestion d'un portefeuille de titres,
  • arbitrages entres actifs,
  • cession d'un actif patrimonial (immobilier, entreprise, participation...),
  • donations ;
– investissements :
  • investissements en immobilier locatif,
  • souscription de produits financiers,
  • acquisition de meuble, d'œuvre d'art, d'automobile, de bateau... ;
– au plan professionnel :
  • cessation d'activité,
  • cession d'entreprise ou projet touchant au haut de bilan,
  • changement d'emploi.

Il est nécessaire de tester si le projet est déjà bien défini ou si ce n'est qu'une vague éventualité. Dans ce but quelques questions permettent d'en juger :

– la date de l'événement est-elle déterminée ?
– le budget est-il chiffré ?
– les modalités du projet sont-elles définies avec assez de précision ?

Afin de guider le client dans la détermination de ses propres problématiques patrimoniales, il est nécessaire de connaître par avance l'ensemble des problématiques qui se pose communément aux particuliers. Pour y aider voici les principaux objectifs classés par grande catégories (certains objectifs se recoupent).

Un objectif de base : constituer et optimiser un patrimoine

A • Bâtir un patrimoine

C'est l'objectif de base de tous les clients à profil « patrimonial ».

Le sujet semble banal. Pourtant c'est sur cet objectif (qui n'en est pas un en soi) qu'il faudra apporter toute une valeur ajoutée.

Épargner n'a rien d'exaltant et bon nombre de personnes préfèreraient consommer intégralement leurs revenus réguliers et exceptionnels (y compris pour certains la part des impôts !). Il est donc nécessaire de s'interroger sur les véritables buts justifiant cet effort d'épargne.

B • Développer un patrimoine

La nuance entre bâtir et développer est la suivante :

– **bâtir un patrimoine** consiste, année après année, à placer son épargne en bénéficiant d'un effet d'accumulation valorisé par le rendement de ses placements. Il s'agit d'une opération de construction de patrimoine qui ne comporte pas ou peu d'effet de levier en dehors des revenus et plus-values espérés. Dans ce cas, le mur d'épargne se construit brique après brique.

Par exemple : constituer un capital grâce à des versements réguliers sur un Plan d'Épargne Logement.

On conçoit qu'il est souhaitable de bénéficier de solutions de construction du patrimoine qui permettent d'aller plus vite grâce à l'utilisation de leviers qui s'ajoutent au levier offert par le rendement. Mais il est des cas

où la situation du client ne rend pas possible ou souhaitable l'utilisation de ces techniques ;
– le fait de **développer un patrimoine** induit une notion d'effet de levier qui va permettre de construire le mur deux ou trois briques par deux ou trois briques.
Par exemple : épargner en utilisant un « Plan d'Épargne Logement à l'envers », ce qui consiste à souscrire un crédit immobilier pour acquérir de l'immobilier locatif.

Pour construire un patrimoine plus rapidement, trois leviers sont à notre disposition :
– le rendement de l'investissement (revenus et plus values) ;
– le crédit ;
– la fiscalité.

Ces trois éléments de développement du patrimoine seront étudiés de façon plus détaillée au chapitre : « Les leviers pour développer », page 219.

C • Restructurer son patrimoine

Bien souvent, le patrimoine a été constitué au fil du temps au gré des opportunités diverses ou selon les sollicitations des « vendeurs » de produits d'épargne. Il est souhaitable de faire le point sur l'état du patrimoine afin de contrôler si sa répartition par classe d'actifs, et sa nature même, correspondent toujours aux objectifs patrimoniaux et à la situation du client.

Ce point important mérite une analyse pour nourrir le diagnostic. Voici quelques éléments de réflexion à ce sujet :
– détenir une multitude de produits de dépôts bancaires de faible montant, dont certains ne répondent pas vraiment aux objectifs, ne paraît pas très préjudiciable. L'inconvénient majeur est la masse de papier générée par tous ces petits comptes. Il est peut être judicieux de conserver certains produits à fiscalité privilégiée pour « prendre date », ils pourront être utiles dans l'avenir. Mais souvent il serait judicieux de clore et/ou regrouper ces produits dans un même établissement pour simplifier ;
– souvent le patrimoine immobilier nécessite des restructurations. Cessions à des tiers, revente ou apports à des SCI familiales, ré-endettement, donation... En outre, une analyse doit être effectuée pour repérer les lots immobiliers grevés de charges importantes. Il y a une importante ingénierie à réaliser dans ce domaine. C'est un sujet qui sera développé au chapitre « L'ingénierie patrimoniale immobilière » ;

– les lignes de titres cotés ou d'OPCVM doivent faire l'objet en permanence de restructurations. Le conseiller patrimonial, en liaison avec le gestionnaire d'actifs financiers doit agir dans ce sens en veillant à offrir les meilleures solutions alors qu'il existe une constante innovation dans les supports financiers ;
– prévoir le « patrimoine de la vieillesse », est un sujet ouvrant sur des propositions de restructuration dans le sens de la simplification et de la rationalisation des actifs ;
– le patrimoine professionnel peut être l'objet de propositions de restructuration dans un but d'optimisation patrimoniale ;
– mais restructurer un patrimoine se conçoit également sous l'angle de la modification de la répartition de la propriété des différents actifs patrimoniaux entre les membres du groupe familial. « N'est-il pas opportun de doter mon conjoint qui actuellement ne possède pas de patrimoine ? », « Aujourd'hui, je suis suffisamment riche, désormais n'est-il pas judicieux, à partir de mon propre patrimoine, de développer un patrimoine dont mes enfants seraient immédiatement propriétaires ? ».

Pour répondre à des objectifs plus spécifiques

A • Un objectif primordial : assurer la sécurité financière de sa famille

La sécurité financière de la famille est le point d'entrée majeur du conseil patrimonial. C'est un sujet qui concerne la presque totalité des personnes concernées par le thème patrimonial, ceci selon deux aspects :
– pallier financièrement les éventuels déficits budgétaires :
 • événements prévisibles : surcoût entraîné par les études supérieures des enfants – baisse des revenus au moment de la cessation d'activité – brusque augmentation du montant de l'ISF,
 • ou événements inopinés : divorce – perte d'emploi – maladie, décès d'un conjoint ;
– transmettre le patrimoine dans les meilleures conditions :
 • prévoir la transmission,
 • optimiser fiscalement,
 • assurer la pérennité et la transmission d'un bien en particulier,
 • préserver l'harmonie familiale.

Ainsi, que l'on soit peu, moyennement ou très fortuné, la problématique de la sécurité financière de la famille concerne le plus grand nombre.

B • Un objectif crucial : transmettre ou céder son entreprise

Dans ce domaine, le chef d'entreprise propriétaire de son entreprise est un cas particulier. Il a des difficultés à appréhender les multiples implications d'un tel événement qui revêt une importance particulière parce qu'une entreprise est un bien patrimonial très spécifique. Ses conseils habituels ne lui apportent pas toutes les clartés dont il a besoin.
C'est la raison pour laquelle, en pratique, il faut faire porter une grande attention à la découverte de cette problématique.

C • Un objectif lancinant : réduire les impôts

L'optimisation fiscale ne devrait pas être un objectif en soi. Pourtant c'est un objectif très souvent mis en avant par les clients.
L'optimisation fiscale est un moyen et non une fin, c'est parfois un outil, un levier de développement patrimonial attrayant.
Toutefois il est des cas où la fiscalité pèse si lourdement qu'elle peut ruiner une stratégie de constitution et de pérennisation du patrimoine. Ceci concerne les cas où, de par l'importance des actifs, le cumul des impôts sur le revenu, sur le capital et sur les mutations peut rendre la pression fiscale intolérable. Dans cette situation, l'optimisation fiscale, sans être l'objectif unique, devient une composante essentielle de la stratégie patrimoniale à mettre en place parce qu'elle devient un enjeu majeur. En effet, il est dérisoire de mettre en place une stratégie de placements sans se préoccuper des effets de la fiscalité qui, dans certains cas, sont susceptibles d'amputer le patrimoine de 50 à 60 %.

1) Une bonne question : combien coûtent réellement 100 € ?

Le coût d'un objet, d'un investissement, d'une charge ne doit pas uniquement s'évaluer par son prix nominal. Aller au-delà des apparences permet d'apporter de la valeur ajoutée dans l'activité de conseil patrimonial. Pour cela, il faut prendre en compte le coût fiscal de la ressource utilisée pour financer une opération.
Par exemple : le coût d'un objet, dont l'étiquette est de 100, n'est pas le même si cet objet est payé au moyen d'un gain au Loto ou d'un revenu foncier fortement fiscalisé.

Il faut toujours déterminer l'origine des fonds utilisés afin de mesurer le poids de la fiscalité subie. Cela permet d'opter en connaissance de cause pour des stratégies patrimoniales plus judicieuses que d'autres.

Par exemple : dans le cadre d'un investissement locatif immobilier, mieux vaut opter pour un schéma qui permet d'alléger le plus possible les besoins d'apports en trésorerie au cours de l'investissement car souvent ces apports sont issus de revenus ayant subi une fiscalité lourde (salaires). Quitte à payer, au moment de la cession, un supplément de fiscalité avec des ressources fiscalement moins onéreuses (plus value immobilière sur une assiette faiblement imposée par exemple).

Autre exemple : des parents donnent à leurs enfants une partie des SICAV monétaires qu'ils détiennent et sur lesquelles ils constatent une plus-value imposable très importante. Si les parents prennent en charge les droits de donation, ils devront assurer ce paiement avec des ressources issues d'une cession de SICAV supplémentaires générant un impôt de plus-value. Si le taux moyen des droits de donation est inférieur au coût de l'impôt de plus value, il est peut être préférable de donner plus de SICAV aux enfants afin qu'il puissent payer eux-mêmes les droits de donation.

Autre exemple : il peut être avantageux de générer des ressources pour assurer le train de vie grâce à des avances bancaires dont le coût (intérêts demandés par la banque) peut s'avérer très inférieur au coût fiscal des retraits sur des placements capitalisés (impôt sur le revenu plus incidence d'un éventuel déplafonnement de l'ISF).

L'optimisation fiscale ne consiste pas uniquement à rechercher des économies d'impôt mais également à utiliser, quand cela est possible, les ressources les moins chargées en fiscalité.

2) Un tableau pour aide-mémoire

Pour aider dans cette analyse et afin que l'interlocuteur perçoive les enjeux liés à sa situation présente ou future, il est utile d'avoir toujours à disposition un tableau des différentes pressions fiscales subies selon la nature des revenus et du patrimoine.

Les taux d'imposition sont souvent modifiés, mais il paraît utile de présenter un exemple qui devra être mis à jour en fonction de l'actualité fiscale :

Tableau des pressions fiscales nettes subies par un contribuable (tableau à mettre à jour périodiquement)	
Revenus fonciers (voir détail du calcul ci-dessous)	60,50 %
Plus-values immobilières du particulier	34,50 %

Revenus de salaire (non compris les charges sociales)	45 %
Dividendes (voir détail du calcul ci-dessous)	42,50 %
Impôt sur les sociétés au taux plein	33,33 %
Impôt sur les plus-values de cession de participations (régime de l'IS en tenant compte de la quote part pour frais et charges)	4 %
Retraits sur enveloppe de capitalisation (taux moyen pour des retraits annuels étalés sur une période de 30 ans)	7 % à 10 % selon le rendement de l'épargne
Droits de donation et de succession (selon l'âge du donateur et le montant donné) – taux moyen = coût des droits par rapport au montant transmis	0 % à 60 %
ISF – Impôt annuel de solidarité sur la fortune	Jusqu'à 1,50 % du patrimoine net imposable
IR + ISF + taxes sociales par rapport aux revenus fiscaux (régime du plafonnement)	75 %

Il est judicieux de construire une série de tableaux afin de pré-déterminer le poids des conséquences fiscales ou financières au plan patrimonial (voir exemples de tableaux en annexe).

Ceci permettra d'avoir toujours en mémoire les grands enjeux patrimoniaux qui se posent habituellement aux clients selon le niveau de leurs revenus et de leur fortune.

Exemple de calcul pour les revenus fonciers et les dividendes soumis à la plus haute tranche d'imposition (tableau à mettre à jour périodiquement)	
Revenus fonciers imposables	100
Tranche marginale d'imposition	45 %
Impôt à payer	(45)
Taxes sociales	(15,50)
Total des charges fiscales	(60,50)
Nota : une partie de la CSG est déductible des revenus de l'année n+1	
Bénéfices AVANT impôt sur les sociétés	150
Impôt sur les sociétés	(50)
Dividendes distribués à l'associé	100
Base taxable (abattement de 40 %)	60
Impôts sur le revenu à la TMI de 40 %	(27)
Taxes sociales	(15,50)
Total des charges fiscales	(42,50)
Nota : une partie de la CSG est déductible des revenus de l'année n+1	

Un sujet négligé : le patrimoine de la vieillesse

Dès l'âge de 60 ans, dans une idée prospective, il est nécessaire de s'interroger sur la structure idéale de son patrimoine et de sa composition au moment de la vieillesse. La notion de « temps de la vieillesse » est subjective. Dans le domaine de la gestion de son patrimoine, c'est le temps où la baisse des capacités intellectuelles (voire physiques) rend difficile, voire impossible, la bonne gestion d'un patrimoine. On concevra qu'en prévision de ces problèmes, il sera judicieux d'adopter une stratégie visant à modifier la structure et la nature de son patrimoine afin de le rendre plus simple à gérer.

Par exemple : un patrimoine immobilier locatif peut être facile à gérer par un homme de 60 ans. Mais quand cet homme aura 75 ans, aura-t-il toujours les facultés intellectuelles nécessaires ? Conservera-t-il même de l'intérêt pour gérer ? En cas de disparition du conjoint concerné par cette gestion, le conjoint survivant saura-t-il administrer cet immobilier ?

Sauf dans le cas de familles très fortunées dont le patrimoine est souvent administré par des professionnels au niveau du groupe familial, le fait que tout ou partie du patrimoine soit pris en charge par des gérants professionnels n'est pas toujours une solution à ce problème.

Aussi est-il préférable d'envisager au bon moment une stratégie pour simplifier le patrimoine : pas ou peu d'immobilier, un nombre limité de comptes et de produits bancaires ou d'assurance-vie. Souvent cette stratégie peut tout à fait s'harmoniser avec une stratégie de transmission du patrimoine.

Au-delà de 75 ans, le patrimoine idéal serait le suivant :

- un seul compte en banque commun aux époux (ceux-ci ayant adopté opportunément un régime matrimonial communautaire) ;
- peu de produits de dépôt bancaire et regroupés dans le même établissement ;
- un contrat d'assurance-vie commun ou au nom de chacun des époux ;
- à titre de diversification, l'immobilier devrait être détenu sous forme d'unités de comptes au sein du contrat d'assurance-vie ;
- aucune participation dans des sociétés non cotées ;
- une résidence principale voire une résidence secondaire.

Au plan de l'activité commerciale du conseiller, cet objectif lui apporte des arguments forts pour inciter les clients à constituer et/ou regrouper des avoirs chez son propre établissement.

Un nombre de plus en plus élevé de personnes âgées ne peuvent plus gérer elles-mêmes leur affaires d'argent et de patrimoine. On remarque que les enfants, pour des raisons diverses (éloignement, manque d'intérêt ou de compétence, crainte de conflit avec la fratrie), n'aident pas leurs parents dans ce domaine. Les demandes de mise en curatelle sont de plus en plus fréquentes. Le fait de simplifier la structure du patrimoine est de nature à limiter ce type de problème. Cette simplification permettra également de faciliter les opérations successorales.

7. Les appétences et les rejets

Pendant la découverte de la situation et des objectifs, il est indispensable de tester auprès de son interlocuteur les voies vers lesquelles seront dirigées les suggestions. L'entretien patrimonial est l'occasion parfaite de pratiquer cet exercice.

En effet, on ne doit apporter que des solutions acceptables par le client. Il serait contre-productif d'émettre des propositions qui se heurteraient à des refus.

Les solutions suggérées comportent des schémas juridiques et fiscaux et des « produits patrimoniaux ». Afin d'éviter les impairs, il est utile de réfléchir sur les raisons qui font qu'un client s'oppose à certaines options.

L'incompréhension

Pour être acceptée, une solution doit être comprise par le client. « *Ce qui se conçoit bien s'énonce clairement* ». Le conseiller doit parfaitement maîtriser les schémas et les produits qu'il est susceptible de proposer. Il doit être doté d'un grand talent didactique. À l'oral d'examen du Mastère de Gestion de Patrimoine, très peu de candidats sont capables de convaincre le jury en quelques phrases des avantages du prêt à remboursement *in fine* du capital. Mais l'interlocuteur peut aussi ne pas comprendre un schéma du fait de son faible niveau de connaissances de certains mécanismes financiers ou économiques. Un client qui ne comprend pas les propositions ne l'avouera pas toujours, dans le doute il s'abstiendra. C'est la raison pour laquelle un conseiller doit être didactique et s'adapter au niveau de son client.

Une bonne manière d'expliquer et de convaincre est d'établir par simulation les chiffrages comparatifs des options suggérées. C'est un exercice qui aide le client à mesurer et à comprendre les avantages des solutions proposées.

L'aversion au risque et à la contrainte

Un client refusera un schéma ou un produit parce que, dans sa pensée, il y associera un risque ou une contrainte inacceptable :

– risque de dissension familiale : une donation partage comprenant des lots inégaux ;

– risque de contentieux juridique ou fiscal : l'investissement en immobilier locatif ;

– risque de perte en capital ou en rendement : placements boursiers ;

– risque de subir la volatilité : placements boursiers ;

– risque de non liquidité : investissement en actions de sociétés non cotées, en actifs immobiliers ;

– contrainte liée aux formalités, à la gestion : opération de loueur en meublé professionnel ;

– manque de liberté ou de souplesse lié aux contreparties d'un avantage : bénéfice d'une disposition fiscale de type investissement immobilier SCELIER.

Peu d'opérations patrimoniales sont exemptes totalement de risques ou de contraintes. Cela peut correspondre à un risque négligeable – les fonds déposés sur un compte bancaire peuvent être perdus en cas de dépôt de bilan de la banque – ou bien être sujet à un risque élevé – placer des fonds importants sur une seule valeur boursière. Il en est de même pour les schémas juridiques et fiscaux.

Le rôle du conseiller n'est pas de faire prendre des risques affirmés à son client. Mais certains peuvent être rétifs à un risque ou une contrainte considérée comme acceptable par un autre client.

À l'expérience on vérifie que cette notion est également sélective selon la nature du risque en question. Tel client préfèrera la sécurité à l'espoir de gain (un 3 % garanti plutôt qu'un 10 % aléatoire). Alors que le même acceptera de prendre un risque dans le domaine fiscal par exemple.

Souvent l'aversion du client se traduira par un rejet d'une classe d'actifs en particulier (immobilier, valeur boursière...). Il est de la responsabilité du Conseiller patrimonial de détecter les vraies raisons de ces réticences et d'apporter des solutions alternatives acceptables.

Par exemple : si le client ne veut pas effectuer un investissement immobilier locatif, il est peut-être possible de lui offrir une solution résolvant les problèmes de gestion, si c'est ce problème qui est la véritable raison de son opposition.

8. Le profil de risque

Pour établir le degré de risque acceptable par l'investisseur, il sera nécessaire de s'appuyer sur certains indices à relever dans la phase de découverte.

- âge – nature et échéance des projets ;
- importance et structure du patrimoine existant ;
- nature et historique des investissements passés ;
- niveau d'endettement ;
- niveau et stabilité des revenus et de la capacité d'épargne ;
- durée probable des placements ;
- degré de culture financière et économique.

Il faudra également poser des questions spécifiques :

- quel degré de volatilité l'investisseur est-il prêt à accepter ;
- quelles sont ses expériences passées en matière d'investissements boursiers ou immobilier par exemple.

L'exercice peut aller plus loin. Beaucoup de gestionnaires de portefeuilles de valeurs mobilières font subir un véritable test à leurs clients afin de déterminer avec le plus de précision possible leurs réactions face à différents scénarios d'évolution des placements boursiers.

Par exemple : « votre portefeuille titres a augmenté (ou baissé) de 25 %, que décidez-vous ? ».

9. La fin de l'entretien de découverte

A • Ouvrir des voies à explorer

Les éléments de la découverte étant collectés, c'est le moment de passer à la phase d'analyse.

En pratique dans les cas relativement simples, il est possible d'effectuer une analyse et un diagnostic complet en temps réel à l'issue du premier entretien de découverte. Dans les situations patrimoniales plus complexes, cette analyse s'effectuera en base arrière dans un deuxième temps.

Mais quelle que soit la complexité du sujet, à l'issue du premier entretien, il faut effectuer une analyse et un premier diagnostic immédiat.

C'est ce diagnostic, même succinct, même incomplet, qui va permettre de valider des directions, ouvrir des voies et sonder le client sur des solutions acceptables par lui.

Cela demande une certaine habitude. À l'expérience, l'exercice n'est pas si difficile si on a procédé correctement à la découverte de la situation et des objectifs. Les grands enjeux patrimoniaux et leurs solutions ne sont pas si nombreux. Cet ouvrage doit aider à les appréhender dans leur ensemble et à les relier entre eux de façon quasi-automatique. Il faut s'élever au-dessus de la masse d'informations recueillie pour prendre du champ et repérer une (ou deux) problématique essentielle sur laquelle travailler.

C'est l'expérience qui aidera à aller à l'essentiel et, par exemple, permettra de dire au client :

« Je vous ai bien écoutés, votre problématique c'est..., l'enjeux c'est... Pour y répondre il faut envisager ces solutions ».

À l'issu du questionnement de découverte, il n'est pas acceptable de refermer son cahier et de dire au client que son cas sera étudié plus tard. L'interlocuteur attend un premier avis. C'est la contrepartie à la confiance attendue de sa part. L'interlocuteur, qui a accepté de jouer le jeu de la découverte, serait frustré si l'entretien tournait court.

De plus, il faut éviter de revenir vers lui avec une solution ne répondant pas parfaitement à sa problématique ou bien inacceptable pour des raisons qui n'auraient pas été détectées.

B • La conclusion du premier entretien

Ne pas oublier que l'approche globale est un acte commercial. Il est de la plus haute importance de conserver une ambiance positive à la fin du rendez-vous. Ne jamais quitter son client sans :

– le remercier chaleureusement :

- Je vous remercie du temps que vous avez bien voulu m'accorder.
- Je vous remercie de votre confiance.

– le féliciter et le rassurer :

- Vous avez construit un beau patrimoine.
- Vous avez raison de céder votre entreprise.
- Vos objectifs sont tout à fait réalisables.

– vérifier que l'entretien a répondu aux premières attentes de l'interlocuteur :

- Est-ce que l'entretien, tel qu'il s'est déroulé, vous a satisfait ?
- Voyez-vous d'autres sujets que vous souhaitez aborder ?

– tendre la perche au client pour qu'il s'exprime positivement :

- Pensez-vous qu'on a bien travaillé ensemble ?
- Pensez-vous que nous avons suivi la bonne méthode pour trouver les solutions adaptées à votre cas ?

– ouvrir sur de nouvelles opportunités de développement commercial :

- Pensez-vous qu'une personne de votre entourage (ou de votre famille) puisse être intéressée par un entretien de ce type ?

– exprimer de façon concrète comment les choses vont se dérouler :

- J'ai les éléments pour rédiger votre étude. Je vous adresserai tel document (ou telle étude) avant telle date (indiquer les points essentiels abordés au cours de l'entretien). Ensuite nous pourrions nous rencontrer. Je vous propose telle date.

La découverte globale étant réalisée, une deuxième phase, tout aussi importante, est à mener à bien : la phase d'analyse et de diagnostic.

Document de découverte

Voici un exemple de document pour faciliter l'entretien de découverte.

• Recto du triptyque :

<table>
<tr>
<td>A - Budget en k€ :
<table>
<tr><td>Rubriques</td><td>Montants en trésorerie et imposables
Situation actuelle et situations prévisionnelles</td></tr>
<tr><td colspan="2">Capacité d'épargne</td></tr>
</table>
Commentaires sur les budgets :</td>
<td>B - Commentaires et informations complémentaires :</td>
<td>C - Entretien patrimonial
Nom du client :
Référence bancaires :
Recommandé par :
Date de la consultation :
Date prévue de remise de l'étude :
Nom du conseiller :

Observations et synthèse :</td>
</tr>
</table>

• Verso du triptyque :

D - Situation familiale Identité Situation de famille Enfants Régime matrimonial Donation/testament **E - Situation professionnelle**	**F - Patrimoine financier** Dépôts et produits bancaire Valeurs mobilières et assimilées. Assurance-vie et épargne salariale Produits de prévoyance	**G - Patrimoine immobilier** D'usage De rapport **H - Patrimoine professionnel** **I - Endettement** **J - Éléments hors bilan**

Chapitre 3

Les techniques d'analyse

À partir des nombreuses informations relevées au cours de la phase de découverte le conseiller patrimonial va pouvoir procéder à une analyse afin de poser son propre diagnostic.

Découverte, analyse et diagnostic représentent une vraie et importante plus-value. La faiblesse d'un élément met en cause la qualité de l'ensemble.

Plus la découverte aura été précise et complète, plus l'analyse et le diagnostic seront pertinents et plus les suggestions seront riches et adaptées.

1. Les points à analyser

Il s'agit de faire le tri à travers la masse d'informations recueillies et d'en extraire les points les plus importants.

Chaque point doit être traité comme un indice apte à faire progresser vers la découverte des problématiques et de leur résolution.

Selon les situations, certains indices seront plus importants que d'autres. Certains éléments seront parfois difficiles à analyser. C'est l'expérience qui donnera la clairvoyance au cours de cette étape.

Classés par rubrique, voici, en général, les éléments importants sur lesquels doit s'appuyer l'analyse :

Situation personnelle et familiale

– Une différence d'âge significative entre les époux
– L'état de concubinage
– La présence d'enfants de plusieurs lits
– Une différence d'âge importante entre enfants
– Des enfants en âge scolaire ou étudiants
– Des enfants adultes dont la formation ou l'activité peut laisser supposer une continuité d'activité parents-enfants
– La nature et les dispositions du régime matrimonial
– Les dispositions testamentaires ou des donations
– Une éventuelle donation entre époux
– L'absence d'enfant, la présence d'ascendants
– Une modification prévisible de ces éléments
– L'état de « l'ambiance relationnelle » dans la famille

Situation professionnelle

– Le niveau d'étude, le cursus professionnel
– Le degré de solidité de la position professionnelle
– Le statut fiscal et social (salarié, profession libérale, TNS...)
– La nature de l'activité (financière, commerciale, administrative, technique, scientifique...)
– Le détail de la carrière passée (reconstitution de carrière)
– Le nombre d'années avant la cessation d'activité
– Une modification prévisible de ces éléments

Situation patrimoniale

– Le niveau de valeur du patrimoine
– La politique patrimoniale suivie antérieurement
– Les éléments hors bilan (caution, assurance-décès, droit à retraite)
– Le degré d'endettement, le détail des crédits et des garanties liées
– La répartition du patrimoine entre les conjoints et l'importance du différentiel de montant entre eux

– L'existence de patrimoine chez les enfants et éventuellement chez les ascendants
– La nature des éléments composant ce patrimoine
– La structure de ce patrimoine en terme de classes d'actifs, de degré de risque
– L'importance des revenus et des charges ventilées actif par actif
– L'importance du poids de la fiscalité lié spécifiquement à certains éléments du patrimoine
– Pour ce qui concerne les sociétés détenant des actifs patrimoniaux ou professionnels, il sera utile de faire porter l'analyse sur les points suivants :
 • architecture de la détention (organigramme) ;
 • architecture des revenus issus de ce patrimoine ;
 • l'endettement ;
 • le niveau des profits, des cash-flow et le détail des circuits de remontée de ces flux.

Situation budgétaire

– Le différentiel de revenus entre les conjoints
– L'existence de revenus propres aux enfants
– La diversité et la nature des revenus (professionnels, patrimoniaux...) et des charges
– L'importance du poids de la fiscalité, des charges de remboursement d'emprunt, de la capacité d'épargne
– Les plus ou moins-values latentes
– Les déficits fiscaux reportables

Les objectifs

– Les véritables buts poursuivis par les objectifs exprimés par le client
– Les délais, les valeurs et budgets annoncés
– Les probabilités de réalisation de ces objectifs
– L'adéquation des objectifs (selon la situation, les moyens financiers...)
– La détection des préoccupations
– Les préférences, les appétences, les aversions et leurs raisons

2. L'analyse proprement dite

Pour conforter l'analyse, il ne faut pas s'arrêter aux données brutes. Il est nécessaire de pratiquer un certain nombre de calculs et de liaisons à partir des éléments sélectionnés.

Par exemple : il ne suffit pas seulement de constater que le client paie 26 000 € d'impôts sur le revenu. Il faut établir des ratios afin de pouvoir juger de l'importance relative de ce montant.

Si le client paie 26 000 € d'impôts, cela le situe fiscalement dans la tranche marginale d'imposition la plus élevée et représente un taux moyen de pression fiscale de l'ordre de 25 %.

Ce n'est pas le montant en valeur absolue de l'impôt qui va autoriser à affirmer que le client est fortement imposé, c'est le fait que les impôts représentent 25 % de ses revenus et atteignent la TMI la plus élevée.

Il faut également intégrer dans l'analyse les conséquences fiscales ou financières d'événements récents ou qui vont avoir lieu. Par exemple :

- cession ou acquisition d'un bien ;
- bénéfice d'un héritage ;
- fin du remboursement d'un prêt important ;
- cessation d'activité ;
- mariage, divorce, décès ;
- etc.

Calculs d'analyse concernant la fiscalité des revenus

Le calcul de la Tranche Marginale d'Imposition atteinte par le niveau global des revenus et le calcul du taux moyen d'imposition (Impôts sur revenus globaux/100) permettront de juger si le niveau d'imposition est élevé ou non.

Cette information globale ne suffit pas. Il faut parfois analyser plus finement les revenus en raisonnant en poids d'impôt marginal. Cette analyse complémentaire est opportune quand le client dispose de plusieurs sources de revenus. Par exemple des revenus salariaux et des revenus fonciers significatifs.

Par exemple :
Voici, présenté en tableau, l'analyse de la situation fiscale d'une personne qui a deux sources de revenus (en K€) :

Revenus	en trésorerie	Imposable	Impôts prélèvements sociaux	Taux moyen d'imposition	Net trésorerie
Salaires	150	157	34	23 %	116
Revenus fonciers	100	100	52	52 %	48
Total	250	257	86	34 %	164

Suite à cet exercice, deux points peuvent être dégagés :
– en calculant isolément le poids marginal de l'impôt généré par les revenus fonciers on constate que ces revenus sont fortement imposés. Cette analyse permet d'enrichir le futur diagnostic qui pointera le fait qu'optimiser cette part de revenu est un enjeu important ;
– dans cet exemple, l'analyse de la seule troisième ligne ne peut pas permettre une analyse pertinente. Si on s'arrête au taux moyen global de pression fiscale, on passe à coté d'une opportunité d'enrichir le diagnostic.

Calculs d'analyse concernant la fiscalité du patrimoine

La fiscalité du patrimoine se compose de l'ISF et des droits de mutations (succession, donation, cession ou apports).

Bien qu'on classe habituellement la fiscalité des plus-values dans la catégorie des revenus exceptionnels, pour l'analyse, il est bon de tenir compte de l'incidence des plus-values dans la rubrique patrimoine. Ces calculs permettent d'analyser les potentialités et les conséquences de la restructuration du patrimoine.

– Au plan de l'ISF l'analyse doit porter sur cinq éléments :

• l'analyse des biens qui entrent dans l'assiette taxable de l'ISF et l'évolution prévisible de la situation ;

• le taux marginal d'imposition de l'ISF et le taux moyen (ISF sur patrimoine taxable/100) ;

• le niveau actuel et futur des revenus au sens fiscal ;

• la situation ISF des enfants s'ils sont détachés du foyer fiscal ou majeurs ;

• l'intérêt et la possibilité d'engager une stratégie de plafonnement de l'ISF et l'opportunité de bénéficier des effets du bouclier fiscal.

– Au plan de la fiscalité des transmissions l'analyse abordera les points suivants :

• le coût de la transmission par succession et par donation des biens ;

• la possibilité ou non de scinder les éléments d'actifs en lots distincts et indépendants ;

• l'importance des revenus générés éventuellement pas les biens et la stabilité de ces revenus dans le temps.

– Au plan des charges fiscales liées à d'éventuelles mutations :

• calcul de la plus-value taxable en cas de cession ou d'apport des biens ;

• chiffrage des droits de mutation en cas de cession ou d'apport dans un cadre intra-familial.

Calculs d'analyse concernant les équilibres budgétaires

Dans la phase de découverte, le travail d'investigation sur les éléments budgétaires offre une somme très importante de connaissances sur le profil et le mode de fonctionnement patrimonial du client et des membres de sa famille.

Au plan patrimonial, le travail d'analyse sur les budgets est une source de diagnostic extrêmement riche d'enseignements. De manière générale, faire parler les budgets c'est détecter et chiffrer les éventuels risques de déficits selon différents scénarios. Chiffrer ces déficits va permettre d'évaluer les enjeux et d'apporter des solutions chiffrées et cohérentes.

Se contenter de dire à son client : « en cas de votre décès, votre épouse subira un déficit budgétaire », sans apporter d'autres précisions, ne peut déboucher sur une solution construite et donc n'apporte aucune valeur ajoutée.

A • Le budget actuel

Il faut établir les grandes masses du budget qui est d'actualité au jour de l'étude patrimoniale en tenant compte d'évolutions prévues à court ou moyen terme de façon certaine (modification en valeur de certains postes du budget – par exemple : augmentation de revenus significative, pension à verser à des parents...).

Charges	Ressources
Impôts sur les revenus	Revenus professionnels
ISF	Revenus du patrimoine immobilier
Impôts fonciers	Revenus du patrimoine financier
Remboursement de prêt	Revenus exceptionnels
Loyers	Pensions, retraites et rentes
Charges immobilières	Possibilités de retraits de comptes courants ou sur structure de capitalisation.
Pension à payer	
Train de vie	
Excédents ou déficits budgétaires	

L'analyse doit porter sur les points suivants :

– structure des revenus :
  • équilibre des revenus entre époux,
  • nature des revenus,
  • régularité et pérennité des revenus. À relier avec la nature de l'activité professionnelle ou la nature du bien patrimonial générant ce revenu ;

– fiscalité (voir plus haut l'analyse fine touchant les revenus) ;

– charges de remboursement d'emprunt(s) :
  • objet des emprunts,
  • modalités des crédits (taux - mode de remboursement, durée, montants des échéances, conditions de remboursement par anticipation...),
  • incidences de l'endettement en fiscalité et en trésorerie ;

– loyers :
  • objet des loyers payés,
  • montant ;

– charges immobilières :
  • à relier aux biens concernés,
  • montant, importance relative ;

– pensions à payer :
 • objet – montant – durée ;
– capacité d'épargne :
 • montant (tenir compte des charges de remboursement de crédit qui représentent une capacité d'épargne utilisée),
 • degré de stabilité dans le temps,
 • à relier avec la solidité des sources de revenus.

À partir du budget de base, divers scénarios budgétaires seront à analyser en fonction d'événements prévisibles ou inopinés :
– en cas de décès d'un ou des deux conjoints ;
– en cas de cessation d'activité ;
– en cas d'études supérieures des enfants ;
– selon tout autre éventualité spécifique liée au devenir du client (expatriation ou impatriation, divorce, augmentation brutale du montant de l'ISF...).

B • Le budget en cas de décès d'un des conjoints

En cas de décès d'un conjoint, il faudra déterminer le coût de la dévolution successorale et la nouvelle répartition du patrimoine en fonction du régime matrimonial et des dispositions entre époux ou d'ordre testamentaire.

Il y a lieu également d'étudier et de calculer les incidences d'éventuels contrats d'assurance-vie ou décès souscrits sur la tête du défunt ou de la défunte. Ensuite mesurer les conséquences du décès au plan des sources des revenus, des charges d'emprunt et d'autres charges telles que les impôts et les pensions à verser.

La disparition d'un des conjoints va avoir pour effet de diminuer le poste « train de vie ». Mais il n'est pas logique de le diminuer strictement au prorata du nombre de membres de la famille dans la mesure où ce poste comporte certaines charges dont le montant n'est pas proportionnel au nombre de personnes composant le foyer familial. Selon le nombre d'enfants à charge, on peut considérer que le décès d'un conjoint diminuera le montant du train de vie de 20 à 30 %.

C • Le budget en cas de cessation d'activité professionnelle

Il s'agit de simuler des budgets pour prévoir les conséquences financières des événements suivants :
- perte d'emploi ;
- invalidité temporaire empêchant l'activité professionnelle ;
- cessation d'activité due au départ à la retraite.

D • Le budget en cas d'études supérieures des enfants

Ces charges peuvent s'avérer importantes et il faut en tenir compte dans le cadre d'une planification d'épargne sur le long terme. On s'aperçoit souvent que la capacité d'épargne annuelle, existant au moment où les enfants sont jeunes, est absorbée par les surcoûts engendrés par les études supérieures.

E • Budget et rente viagère

Le recours à la rente viagère est un moyen de compenser un déséquilibre budgétaire. Au moment où se pose ce problème, il est possible de convertir instantanément un capital existant en rente viagère.

Parfois, le client patrimonial peut être amené à prévoir longtemps à l'avance la constitution d'une épargne dont la sortie est prévue obligatoirement en rente viagère. Bien souvent, ce type d'opération présente des avantages fiscaux « à l'entrée » (des réductions fiscales au moment des versements d'épargne sur des produits de type PERP, PREFON, Loi Madelin par exemple).

En tout état de cause, il est utile de s'interroger sur l'utilité de créer une rente viagère qui a pour avantage d'assurer un revenu pendant toute la vie du bénéficiaire, mais qui a l'inconvénient d'aliéner le capital au profit d'une compagnie d'assurance.

La réponse pourrait être la suivante : tous les besoins du train de vie considérés comme essentiels doivent être assurés par des revenus viagers. En cas d'insuffisance du montant de retraite, une rente viagère complémentaire est une solution judicieuse. Pour les autres besoins de train de vie, il est possible de compter sur des revenus issus de capitaux restant la propriété de l'intéressé.

Exemple : au moment de la retraite de Monsieur X, il faut prévoir un complément de revenus annuels de 30 k€.

Quel montant en capital est nécessaire pour procurer ce complément de revenu jusqu'au décès de Monsieur X?

Raisonnement :

Ce complément peut être issu de la décapitalisation d'un placement (en assurance-vie par exemple). Il suffit de savoir pendant combien d'années il faudra servir ce complément de revenus et à quel taux sera placé le capital initial ?

Si l'espérance de vie de Monsieur X est de 40 ans au moment où il a besoin de ce complément de revenus et si le rendement du placement est de 2 % après incidence de la dépréciation monétaire (le placement rapporte 4 % quand l'inflation est à 2 % et 10 % quand l'inflation est à 8 %), le montant du capital initial nécessaire est de 820 k€.

Nota : raisonner en rémunération corrigée de l'inflation permet de prévoir la revalorisation des retraits en tenant compte d'une éventuelle dépréciation monétaire.

Calculs d'analyse concernant le patrimoine

L'analyse du patrimoine doit porter sur les éléments suivants :

A • Répartition du patrimoine entre les propriétaires

Le tableau de synthèse des patrimoines devra déterminer avec exactitude qui est réellement propriétaire des biens :

- Madame, Monsieur ou la communauté ou l'indivision ;
- les enfants ;
- les ascendants ;
- une structure interposée (Société Civile par exemple) ;

Et quels droits chaque personne physique possède sur cette structure :

- pleine propriété ;
- usufruit (viager ou temporaire) ou nue propriété ;
- droit d'usage ;
- quasi usufruit.

B • Répartition du patrimoine selon sa nature et ses caractéristiques

L'analyse critique devra porter sur la structure du patrimoine selon différentes approches :

– nature des classes d'actifs :
  - immobilier (d'usage ou de rapport),
  - mobilier :
  - financier,
  - meubles/œuvres d'art,
  - dépôts bancaires/disponibilités,
  - brevets, fonds de commerce et biens assimilés ;
– ventilation entre patrimoine professionnel ou privé ;
– degré d'exposition aux risques :
  - risque de dépréciation ou de volatilité des valorisations ;
  - risque de liquidité ;
  - risque de fluctuation des revenus ;
– espoir de plus-value ;
– degrés de mobilité des actifs ;
– cessibilité ou transmissibilité aisée ou difficile ;
– degrés d'exposition à la fiscalité ;
– caractéristiques fiscales de certains éléments (assurance-vie, biens immobiliers ayant un statut fiscal particulier…) ;
– rentabilité nette après les charges liées (impôt et autres charges) ;
– difficulté de gestion de ces éléments de patrimoine ;
– degré d'utilité de certains actifs ;
– évaluation de la part d'affectivité dans la détention de certains actifs.

L'analyse des objectifs

Après avoir écouté les objectifs et perçu les préoccupations du client, il reste à procéder à leur analyse critique en prenant en compte la situation du client.

A • L'objectif est-il pertinent ?

Un objectif exprimé n'est pas obligatoirement un objectif pertinent.
Par exemple : la donation d'un actif patrimonial de rapport pourrait être remplacée plus judicieusement par la cession de ce bien.
A contrario, certains objectifs qui concernent vraiment le client peuvent lui échapper. Par exemple : l'intérêt de modifier son régime matrimonial pour améliorer la sécurité financière du conjoint...
Dans ces exemples, le diagnostic à valeur ajoutée est possible parce que les besoins budgétaires selon différents scénarios probables ont été chiffrés dans la phase de l'analyse...

B • L'objectif est-il réaliste ?

La mission du conseiller patrimonial est de conserver un jugement critique sur les besoins exprimés par son client.
Chiffrer, planifier, simuler des projets sont les moyens de déterminer si l'objectif exprimé par l'interlocuteur est réalisable selon des hypothèses réalistes.
Certains établissent des projets sur des bases erronées. Cela se rencontre souvent dans le domaine des hypothèses de taux de rendement annuels des actifs patrimoniaux. Il faut savoir qu'un rendement annuel moyen de 1,50 % à 3 % (hors effet de la dépréciation monétaire) est une très bonne performance sur le long terme. Certains clients ont parfois tendance à s'illusionner. Faire admettre à ses interlocuteurs les réalités économiques et financières c'est faire la preuve de son professionnalisme.

C • L'objectif est-il raisonnable ?

La réalisation d'un objectif peut mobiliser des moyens disproportionnés par rapport au potentiel patrimonial du client (endettement trop lourd, donation aux enfants inopportune...). L'objectif peut également avoir pour effet de déséquilibrer la structure d'un patrimoine. L'analyse patrimoniale doit attirer l'attention du client sur ces aspects.

3. Le diagnostic

Le diagnostic exprime les points suivants :
- procéder à la synthèse de l'analyse critique ;
- expliquer pourquoi certains objectifs ne sont pas opportuns ;
- exprimer et hiérarchiser les objectifs valides ;
- pointer les grand enjeux.

Il s'agit d'une synthèse argumentée qui puise ses justifications dans le corps même de l'analyse.

En d'autres termes, c'est la validation ou non des objectifs du client grâce à la valeur ajoutée apportée en amont dans l'activité de découverte et d'analyse. C'est la raison pour laquelle la rédaction de ce diagnostic doit être particulièrement soignée au plan de la concision et de la clarté des idées exprimées.

Une étude devrait pouvoir être comprise par le client uniquement en se référant au diagnostic et à la synthèse des préconisations.

Voici des exemples de formulation :

A • Établir les enjeux

– La cession de votre outil de travail va générer des actifs privés importants qui deviendront taxables à l'ISF.

L'ENJEU : optimiser votre situation au plan de l'ISF.

– Après la cession de votre entreprise, la nature et la consistance de vos ressources seront sensiblement modifiées.

L'ENJEU : reconstituer vos revenus dans les meilleures conditions fiscales.

– Vous détenez un important patrimoine immobilier locatif très exposé à la fiscalité et composé de nombreux lots.

Les ENJEUX :
- restructurer et développer votre patrimoine ;
- optimiser la fiscalité des revenus ;
- limiter l'ISF ;
- préparer la transmission en faveur de vos enfants.

B • Exprimer une problématique

En cas de votre décès, la situation financière de votre épouse deviendra fragile, elle ne disposera pas de ressources suffisantes pour assurer son train de vie.

Avec une situation familiale délicate et un patrimoine composé essentiellement d'un seul actif difficilement mobilisable et divisible, vous devez préparer la transmission de votre patrimoine en mettant tout en œuvre pour privilégier l'harmonie familiale.

Vos revenus fonciers vont générer une charge fiscale qui va s'alourdir très rapidement au fil du temps.

C • Critiquer un projet

Le poids des charges de remboursement de vos emprunts obèrent totalement votre capacité d'épargne. En conséquence, actuellement vous n'avez pas les ressources nécessaires pour alimenter un PEA.

Au moment de votre cessation d'activité professionnelle, il est à craindre que le montant de votre patrimoine ne permette pas d'assurer une source de revenus complémentaires suffisante. En conséquence il n'est pas opportun (prudent) aujourd'hui de vous dessaisir d'actifs par donation en faveur de vos enfants, même en conservant l'usufruit.

De par son importance relative, votre projet d'investissement immobilier locatif présente un risque pour l'équilibre de votre trésorerie future.

D • Introduire de futures suggestions

97 % de vos actifs sont composés en biens immobiliers fiscalement très exposés ; situation ne correspondant pas à votre souhait de diversifier et d'optimiser votre patrimoine.

Votre portefeuille de titres est peu diversifié et vous n'avez pas le loisir de vous préoccuper de sa gestion.

E • Exprimer les objectifs qui sont validés

Votre objectif principal est de mettre en œuvre une stratégie afin de développer votre patrimoine en utilisant le levier du crédit et de la fiscalité.

Il serait judicieux d'optimiser la gestion et la fiscalité de votre portefeuille de titres.

Vous devez rechercher les solutions les plus judicieuses pour transmettre votre entreprise à votre fille tout en sauvegardant les intérêts patrimoniaux de votre fils.
Il est nécessaire de vous interroger sur les moyens de transmettre vos actifs à vos enfants et petits-enfants tout en les laissant patrimonialement indépendants entre eux.

F • Hiérarchiser les objectifs...

Il est primordial de réfléchir à la restructuration de votre patrimoine professionnel avant de mettre en œuvre une politique de transmission ou de cession.
Il est souhaitable de mettre en œuvre une donation-partage à vos enfants avant de modifier votre contrat de mariage.

G •... et les mettre en perspective

Développer un patrimoine déconnecté de vos affaires commerciales va vous permettre d'augmenter le niveau de sécurité financière de votre famille afin d'être plus serein face aux risques pris au plan professionnel...
En déterminant en amont les conséquences fiscales et patrimoniales de la cession de votre entreprise, vous négocierez en toute connaissance les conditions de cette vente.

Chapitre 4

Les suggestions

Les suggestions devront répondre aux objectifs exprimés et validés par le diagnostic tout en tenant compte du degré de risque ou de complexité acceptable par le client.

Pour chacune des préconisations seront indiquées leurs conséquences juridiques, fiscales, financières et pratiques. Souvent les suggestions devront être l'objet de tableaux de planification financière.

Les suggestions ne doivent pas être présentées comme des « diktats » à appliquer strictement. L'étude n'est qu'une base utile à la réflexion du client pour lui permettre de construire sa propre stratégie patrimoniale.

Parfois il ne sera pas possible de dérouler des suggestions en s'appuyant sur des données chiffrées précises. Les suggestions peuvent alors être présentées comme des « voies à explorer » sur lesquelles le client va cheminer avec l'aide de ses conseillers spécialisés (notaire, avocat-fiscaliste, expert comptable...) ainsi que le conseiller patrimonial dans les domaines où il est spécialisé (placements financiers et bancaires par exemple).

Ce livre, orienté sur la méthodologie de la découverte et de l'analyse, n'a pas l'ambition de détailler toutes les solutions d'ingénierie patrimoniale. C'est l'expérience et la pratique qui aideront à choisir les bons schémas de résolution des problématique. Dans ce domaine la créativité et l'imagination s'expriment dans un grand nombre d'ouvrages. Pour apporter quelques idées, voici quelques voies pouvant être explorées.

A • Bâtir un patrimoine

– Investir au fil du temps une épargne sur des supports bancaires ou financiers ou immobiliers
– Mettre en lumière les éventuels conséquences ou avantages fiscaux
– Exprimer les avantages et les contraintes des supports proposés
– Joindre éventuellement des simulations et des analyses :
• sur l'évolution de l'épargne dans le temps selon des hypothèses de rendement;
• les supports proposés doivent être classés :
- par degré de risque,
- par maturité fiscale ou par échéance;
• une synthèse globale ventilée par degré de risque et de disponibilité doit être présentée (voir le chapitre planification financière pour plus de détail à ce sujet).

B • Développer un patrimoine

– Grâce au levier du crédit et/ou de la fiscalité :
• acquérir un actif de rendement à crédit (immobilier locatif par exemple);
• ré-endetter un patrimoine immobilier.

Des outils de simulation sont indispensables pour établir, année par année, les résultats en fiscalité et en trésorerie des préconisations. La comparaison s'effectue entre une situation de base et une situation issue des préconisations.

– Investir dans des opérations présentant des avantages fiscaux (LMP, Immobilier SCELIER, FCPI par exemple).

Des exemples plus développés sont indiqués au chapitre « Les leviers pour développer ».

C • Restructurer un patrimoine

Cela consiste à effectuer des arbitrages touchant des actifs immobiliers ou mobiliers.

Il faudra justifier les préconisations :
– volonté du client lui-même;
– bien ne correspondant plus à la situation ou aux objectifs;

– bien pouvant être arbitré pour un autre bien plus rentable ou mieux adapté ;
– accès à une meilleure diversification et/ou une meilleure performance ;
– simplification de l'administration du patrimoine ;
– meilleure répartition des actifs entre les membres du groupe familial.

D • Assurer la sécurité financière de la famille

« *Au plan financier on meurt trop tôt ou trop tard mais jamais au bon moment!* ». Cette remarque pointe de façon abrupte la problématique patrimoniale liée à l'aléa de la durée de vie. Quand on meurt trop tôt, on risque de laisser des proches dans le besoin ; quand on meurt trop tard (c'est-à-dire très vieux), on risque de manquer de ressources pour assurer son train de vie. La réponse à cette problématique est trouvée dans les produits d'assurance : assurance en cas de décès (trop tôt), assurance en cas de vie et rente viagère (trop tard).

À côté de ces excellents outils, il existe d'autres solutions qui permettent de couvrir les deux grands objectifs de la sécurité familiale :

– prévenir et compenser d'éventuels déficits budgétaires :
  • en modifiant le régime matrimonial,
  • en effectuant une donation à son conjoint séparé de bien,
  • grâce à l'assurance prévoyance,
  • par la constitution d'actifs financiers et/ou immobiliers,
  • par la constitution de droits à retraite ou à rente viagère ;
– préparer et optimiser la transmission du patrimoine :
  • en modifiant le régime matrimonial,
  • grâce à des donations ou à un testament,
  • en effectuant des démembrements de propriété,
  • grâce à l'assurance-décès et à l'assurance-vie,
  • en organisant le patrimoine en lots distincts et indépendants,
  • en vendant certains biens de rapport à ses enfants.

E • Optimiser fiscalement

Les dispositions fiscales de 2011 ont apporté plusieurs moins-values fiscales relatives aux donations, à l'imposition des plus-values immobilières, etc. En conséquence, les schémas d'optimisation fiscale en sont entravés.

Il n'en demeure pas moins que le conseiller doit rester attentif aux voies qui pourraient permettre d'alléger le poids de la fiscalité, à la condition que la stratégie patrimoniale reste adaptée et cohérente :

– effectuer des opérations offrant un avantage fiscal légal :
  • déductions des revenus imposables,
  • réductions d'impôts,
  • réduction d'assiettes de taxation (donation, plus-value immobilière) ;
– choisir un statut fiscal avantageux :
  • lois de type Robien, loueur en meublé…,
  • régime de l'impôt sur les sociétés,
  • enveloppe de capitalisation (assurance-vie et contrat de capitalisation, PEA, PEE…) ;
– adopter une stratégie d'optimisation fiscale :
  • réduction de l'ISF ou minoration de l'assiette taxable,
  • ré-endettement d'actifs de rapport,
  • cession ou donation d'usufruit temporaire,
  • création de comptes courants utilisables pour l'avenir ;
– utiliser des ressources faiblement fiscalisées :
  • retraits issus de comptes courants ou de contrats de capitalisation,
  • cession d'un bien non générateur de plus-value imposable afin d'utiliser le produit de la cession (immobilier détenu depuis plus de 30 ans par exemple) ;
– modifier les structures de détentions des actifs :
  • créer par cession, apport, fusion ou scission des structures adéquates,
  • arbitrer la fiscalité IR en faveur de la fiscalité IS ou de type assurance-vie.

Chapitre 5

Le cas du chef d'entreprise

Un domaine spécifique du conseil patrimonial s'adresse à la personne qui a des fonctions de dirigeant dans une entreprise dont il détient la majorité des parts. Une ingénierie patrimoniale particulière trouve à s'appliquer quand l'entreprise représente une valeur minimum (3 à 4 000k€) tout en étant capable de générer des revenus significatifs (somme des salaires du dirigeant et des dividendes égale ou supérieure à 200k€ par an). Il existe en France une très grande quantité de PME à capitaux familiaux qui entrent dans ce cadre. Cela représente un champ d'activité important pour le conseil patrimonial.

Ce marché ne se limite pas aux entreprises commerciales, industrielles ou agricoles mais touche également les investisseurs qui détiennent des patrimoines immobiliers importants. Certains sont à la tête de lots immobiliers de rapport d'une valeur très significative ce qui les assimile à de véritables entreprises avec des problématiques d'entrepreneurs.

À ces deux cibles il faut ajouter les cadres salariés détenteurs d'encours de stocks-options importants. Ces derniers sont susceptibles, au moment de la levée de leurs options, de bénéficier de capitaux très élevés et donc de se heurter à des problématiques identiques aux dirigeants au moment de la cession de leur entreprise.

Des problématiques spécifiques

À côté des problématiques patrimoniales courantes, les dirigeants propriétaires de leur entreprise ont des problématiques spécifiques. L'analyse de leur cas et les solutions à mettre en œuvre sont plus complexes pour les raisons suivantes :

– les chefs d'entreprise doivent gérer deux natures de patrimoine différentes : privé et professionnel. Ces patrimoines n'ont pas les mêmes contraintes de gestion, ne représentent pas les mêmes risques et leur degré de liquidité et de volatilité est différent ;

– ayant la maîtrise de la gestion des flux de leurs revenus, un grand choix de schémas patrimoniaux s'offre aux dirigeants ;

– il existe des interactions complexes entre patrimoine privé et professionnel. Leur stratégie d'entreprise a des effets sur leur stratégie patrimoniale et inversement ;

– souvent les enjeux fiscaux et financiers sont importants voire très importants (à la mesure de la valeur créée par l'entreprise) ;

– ce niveau important de création de valeur ouvre la voie à des opérations financières complexes à haut effet de levier.

Il s'agit d'une clientèle très courtisée par les conseillers patrimoniaux et les établissements financiers au moment où la valeur de leur entreprise s'affirme et surtout à l'approche de la cession ou de la transmission.

Souvent le chef d'entreprise privilégie la stratégie commerciale et financière de son entreprise au détriment de sa stratégie patrimoniale personnelle. Ce n'est qu'au moment où il ressent la nécessité d'effectuer une opération relative à son « haut de bilan » qu'il commence à se préoccuper des incidences de ce type d'opération sur son patrimoine personnel.

La vie patrimoniale d'une entreprise

Il est utile de rappeler très schématiquement les grandes étapes de la vie d'une entreprise familiale :

– le chef d'entreprise crée son entreprise, bien souvent avec des capitaux faibles. Ou bien il hérite d'une entreprise créée par ses parents ;

– parfois cette activité professionnelle débute en entreprise individuelle ;

– ce n'est que plus tard, en croissant, que l'entreprise devient une société ;

– les premiers temps pour des raisons de sécurité, le chef d'entreprise est contraint de privilégier le développement des fonds propres à l'intérieur de son entreprise. En conséquence il va tirer le minimum de revenus de sa société ;

– pour le bon développement de l'entreprise, le dirigeant peut recourir à de nouveaux associés au plan commercial ou industriel ou bien au plan financier. Ce qui a pour conséquence de diluer sa part dans le capital;
– il a l'opportunité de développer son entreprise par croissance externe en achetant d'autres sociétés. Ceci rendra, peut être, plus complexe l'organigramme de ses participations;
– mature, l'entreprise a des capacités de distribution de bénéfices plus généreuses;
– en vue de la cession ou de la transmission dans les meilleures conditions, le dirigeant recherche peut-être à désintéresser des actionnaires minoritaires;
– au moment choisi par le dirigeant, ou selon une opportunité, l'entreprise est cédée à des tiers ou transmise à ses enfants.

La création ou la reprise d'une entreprise

Au moment de la création (ou de la reprise d'une activité déjà existante), le chef d'entreprise devra exercer une multitude de choix :
– nature juridique de l'entité choisie pour développer le projet :
- entreprise individuelle,
- société de personne translucide fiscalement (SCP, SNC, SARL de famille par exemple) ou ayant opté pour l'impôt sur les sociétés,
- société de capitaux opaque fiscalement (SARL ou SA par exemple);

– mode de fonctionnement de l'entreprise dans le respect de la législation gouvernant les sociétés :
- modalité des statuts :
  - étendue des pouvoirs des dirigeants,
  - règles de préemption en cas de sortie d'un associé par exemple,
- établissement éventuellement d'un pacte d'actionnaires;

– régime fiscal qui dépendra à la fois de la nature juridique de l'entité choisie et de la nature même de l'activité :
- activité libérale soumise aux BNC,
- activité artisanale, commerciale ou industrielle soumise aux BIC,
- activité agricole soumise aux BA,

• avec la possibilité d'inclure ses activités au sein d'entité soumise à l'impôt sur les sociétés (IS) ;

– régime social qui également dépendra à la fois de la nature juridique de l'entité choisie et de la nature même de l'activité :

• professionnel indépendant régit par les dispositions spécifiques à la nature de sa profession (artisan, commerçant, architecte, avocat, notaire...),

• salarié cadre,

• travailleur non salarié ;

– composition des ressources nécessaires à l'activité (investissement et fonds de roulement) :

• capitaux propres : par apport en espèces ou en nature,

• apport en compte courant,

• crédits bancaires et/ou subvention ;

– inclure ou non certains biens en statut fiscal professionnel ;

– structuration de l'ensemble des actifs utiles à l'exploitation :

• utilisation d'une holding coiffant la société d'exploitation,

• brevet inclus dans l'entité ou conservé en nom propre ou dans une autre structure,

• immobilier d'entreprise inscrit au bilan de la société d'exploitation ou détenue à part en direct ou via une SCI ;

– structuration de la détention du capital :

• répartition entre les associés actifs dans l'entreprise et/ou entre les membres de la famille du dirigeant,

• constitution de bons de souscription d'actions ou de stocks-option ;

– institution d'avantages en faveur du dirigeant ou de ses collaborateurs :

• Plan Épargne Entreprise,

• régimes de prévoyance (loi Madelin, articles 82, 83, assurance décès/invalidité),

• complémentaire maladie, assurance décès, complémentaire retraite ;

– mise en place de contrat d'assurance particulier :

• assurance décès/invalidité homme clé (afin de compenser les coûts financiers entraînés par le décès d'un collaborateur ou d'un dirigeant essentiel à la marche de l'entreprise),

• contrat d'assurance-décès croisé entre associés (en cas de décès d'un associé, pour permettre aux autres associés de racheter les parts du défunt à ses ayants droits).

Le chef d'entreprise s'appuiera sur l'expertise de conseillers spécialisés (assureur, avocat et expert-comptable). Mais le conseiller patrimonial peut émettre des avis qui éclaireront son client sur les conséquences de certaines options sur sa stratégie patrimoniale globale.

Par exemple : apporter des fonds en capital ou en compte-courant dans la société n'est pas un choix indifférent au plan patrimonial. L'apport en compte-courant pourrait permettre au chef d'entreprise de bénéficier dans l'avenir de ressources qui faciliteraient une stratégie d'optimisation fiscale.

Autre exemple : opter pour une fiscalité de type IR ou IS peut entraîner des incidences importantes sur l'ensemble de la situation fiscale du client.

Autre exemple : dès la création de l'entreprise, choisir d'inscrire ses enfants pour une part significative au capital peut aller à l'encontre d'une future stratégie d'optimisation de la cession de l'entreprise à des tiers.

Les opérations dites de « haut de bilan »

La nécessité et, plus rarement on l'espère, le hasard entraîneront différentes opérations concernant le capital de l'entreprise. Dans ce domaine, la créativité des établissements financiers est sans limite, il n'est pas question d'être exhaustif. Les opérations qui peuvent avoir une incidence sur la stratégie patrimoniale du dirigeant sont les suivantes :

A • L'entrée d'un partenaire financier ou industriel

Un investisseur (fonds de *private equity*, filiale de banque, opérateur commercial ou industriel...) va participer au capital de l'entreprise par apport de capitaux frais, généralement pour une part modeste (10 à 30 %).

L'opération peut s'effectuer soit au moyen d'une augmentation de capital pour financer les projets de développement de la société, ou améliorer la structure du bilan en substituant des fonds propres à une dette existante, soit par achat d'une partie des actions détenues par les dirigeants. Cette dernière solution permet au dirigeant de rendre liquide une partie des actions qu'il détient. Ces deux manières de procéder peuvent être combinées.

Ces opérations peuvent également être effectuées par une introduction en bourse mixte cession d'actions couplée à une augmentation de capital. L'apport de fonds étant fait par un ou plusieurs actionnaires individuels en lieu et place de financiers professionnels.

B • Une opération de LBO

Le schéma de l'opération est le suivant : tout ou partie des actions de l'entreprise est cédée à une société holding (New Co). Cette nouvelle structure aura peut être encore pour associés les anciens propriétaires de la société cible (ou leurs enfants) mais également éventuellement des établissements bancaires ou financiers qui souhaitent bénéficier à terme de plus-values dégagées par la valorisation de l'entreprise. Une dette plus ou moins importante (recherche de l'effet de levier) sera souscrite par la holding pour financer l'opération d'acquisition des actions de la société d'exploitation cible. Si cette opération correspond à une transmission intra-familiale, le crédit bancaire peut être remplacé en tout ou partie par un crédit des vendeurs sous forme de comptes-courants dans la holding. Ainsi le remboursement de la dette sera assuré, avec un très faible frottement fiscal, par les remontées de dividendes en provenance de la fille.

C • Les apports

Un apport (à titre pur et simple) d'actions de la société d'exploitation peut être effectué en faveur de la holding. L'opération d'apport peut être mixée à une cession. L'apport étant rémunéré par des titres de la holding, un crédit n'a pas lieu d'exister. Par conséquent, ce n'est pas l'effet de levier qui est visé. L'apport peut avoir plusieurs buts :

– diriger tout ou partie des dividendes vers une structure soumise à l'IS plutôt que directement dans le foyer fiscal des actionnaires (personnes physiques) de la société d'exploitation. L'objectif est d'utiliser la holding comme un vecteur de capitalisation et de développement patrimonial ;

– aider, par un flux accru de dividendes, au remboursement d'une dette ayant financé une cession d'action à la holding (opération mixte : cession/apport).

D • Les opérations de retrait de la cote

Dans le cas où une entreprise a été antérieurement introduite en bourse, il peut s'avérer que l'opération initiale ne réponde plus aux objectifs actuels. Les contraintes l'emportent alors sur les avantages d'une présence sur un marché coté. Il peut être décidé un retrait de la cote. C'est l'occasion pour les actionnaires principaux de racheter le flottant et de sortir la société du marché boursier. Une banque ou un acteur du « Private Equity » peuvent intervenir pour financer ou porter le rachat des actions.

Les objectifs patrimoniaux en cours d'activité

Outre l'intérêt propre de l'entreprise, les opérations évoquées succinctement plus haut offrent des opportunités pour optimiser et développer le patrimoine global du dirigeant d'entreprise. Le chef d'entreprise ne doit pas négliger ses intérêts patrimoniaux personnels. Quatre grandes problématiques se posent à lui.

A • Optimiser sa situation fiscale au plan de l'ISF

Au plan de l'ISF, le chef d'entreprise devra veiller à bien configurer l'architecture de détention de son outil de travail et des revenus issus de cette activité professionnelle. Il est étonnant de rencontrer encore des situations mal organisées où le chef d'entreprise prend le risque de voir la valeur de son outil de travail taxable à l'ISF à la suite d'une contestation de l'administration fiscale.

Il faut être conscient que le fisc ne se préoccupe pas de l'esprit mais contrôle à la lettre si les règles d'exonération prévues par la loi sont bien respectées. Il arrive que le chef d'entreprise subisse un redressement fiscal alors que, dans l'esprit, la nature de bien professionnel représentée par son entreprise ne fasse aucun doute.

B • Optimiser sa situation fiscale au plan des revenus

À la différence d'un simple salarié, le chef d'entreprise est susceptible de pouvoir maîtriser l'organisation des flux de ses revenus.

Bien entendu, il doit percevoir une rémunération d'un niveau correspondant au niveau de ses responsabilités professionnelles. Ces revenus subissent alors la ponction des charges sociales et de l'impôt sur le revenu au barème progressif.

Il est également possible de créer des flux soumis à une imposition plus favorable : retraits de comptes courants, ressources provenant de plus-values non ou faiblement imposables, distribution de dividendes.

Pour les suppléments de ressources qui ont vocation à être épargnés, il peut être judicieux d'organiser les flux afin d'alimenter un schéma de développement patrimonial en minorant les frottements fiscaux (capitalisation au sein d'une structure soumise à l'IS, immobilier locatif loué par l'entreprise par exemple).

C • Prévoir des revenus pour la retraite

Le chef d'entreprise ne doit pas uniquement compter sur les ressources procurées par son entreprise ou le produit de sa cession dans 10 à 30 ans. Le sort d'une entreprise souffre de trop d'aléas. Il est indispensable de se constituer de futurs revenus en prévision du temps de la cessation d'activité. La solution est, pour une part, de cotiser auprès d'une caisse de retraite, de constituer des rentes complémentaires, mais aussi de se créer des actifs patrimoniaux personnels complètement déconnectés du sort de son entreprise.

Par exemple : constituer des contrats d'assurance-vie ou des comptes courants dans des structures indépendantes des aléas liés à son activité professionnelle. Dans le futur, ces structures pourront générer des revenus réguliers et faiblement fiscalisés.

Développer un patrimoine immobilier personnel dont la valeur est totalement liée à la bonne santé de son entreprise n'offre pas toute la sécurité souhaitée. La qualité intrinsèque de ce bien ne doit pas dépendre de la seule entreprise. Le bien immobilier doit donc être louable à toute autre entreprise solvable.

D • Diversifier son patrimoine

Au fil des ans, certains chefs d'entreprise puisent un minimum de revenus de leur entreprise et capitalisent à l'intérieur de la société qui devient à la fois une société d'exploitation et à la fois une « tirelire ». Ainsi le dirigeant développe peu de patrimoine personnel. Un patrimoine composé de plus de 85 % par la valeur de sa seule entreprise n'est pas une situation patrimoniale satisfaisante. L'entreprise de taille moyenne non cotée est une valeur fragile et volatile très dépendante de la conjoncture et de la qualité d'un ou deux managers. Une erreur de gestion, sans grands effets dans une grande entreprise cotée, peut être fatale à une entreprise familiale.

Dans la mesure du possible (cela dépend de la bonne santé de l'entreprise et de sa capacité bénéficiaire donc distributive), il serait bon d'adopter une stratégie de développement d'un patrimoine personnel déconnecté du patrimoine professionnel.

Investir à titre personnel dans des biens immobiliers loués à l'entreprise n'est pas la solution idéale car ce patrimoine dépend encore de la bonne santé de l'entreprise sauf si le bien immobilier en question a une vraie valeur patrimoniale propre (un immeuble sur les Champs Elysées est préférable à des murs d'usine en zone peu urbanisée et loués à l'entreprise).

Par contre, au moment possible et opportun il est judicieux de rendre liquide une partie de la valeur de l'entreprise en vendant des actions à un tiers ou à son propre holding familial. Dans ce dernier cas, les dividendes peuvent assumer les annuités de remboursement du crédit d'acquisition des actions. De son coté le vendeur bénéficie immédiatement de cash qu'il peut investir à titre personnel.

Il est intéressant, pour un dirigeant d'entreprise, de posséder une base d'actif personnel. Outre la diversification du patrimoine, donc la diversification de son risque global, cela ouvre l'opportunité d'y adosser en garantie des crédits de développement de patrimoine ou bien de garantir un crédit finançant le paiement de droit de donation au moment où surviendra la mise en œuvre d'une stratégie de transmission inter-générations ou d'optimisation de la cession de l'entreprise. Dans le cas d'une stratégie de cession future à un tiers, ces actifs patrimoniaux personnels peuvent également être utilisés pour racheter les actions détenues par des minoritaires peu avant la cession totale de l'entreprise. En outre, en cas de décès prématuré, ces actifs peuvent contribuer au paiement des droits de succession.

Le temps venu de la cession ou de la transmission

Au moment de la cession ou de la transmission de l'entreprise d'autres enjeux vont apparaître, d'autant plus faciles à relever que le dirigeant aura pris le soin d'agir en permanence selon une stratégie globale et cohérente dans une optique à moyen et long terme.

Dans le cadre d'une cession, ce n'est pas le jour de la signature du protocole de cession qu'il faut commencer à envisager une stratégie. La transmission à ses enfants de son entreprise ne se fait pas en quelques mois et il faut parfois 10 à 15 ans pour finaliser un tel projet.

Voici les enjeux de la fin d'activité d'un chef d'entreprise :

A • Céder l'entreprise à un tiers

Mener à bien la session d'une entreprise est un parcours délicat. Sauf cas exceptionnel, le dirigeant devra faire appel à des conseils et des intermédiaires pour trouver l'acquéreur, négocier le contrat de cession (prix, conditions, garantie de passif...) et rédiger les actes juridiques.

En amont devra être établie une stratégie patrimoniale pour répondre aux points suivants :

– Y a-t-il lieu de rationaliser l'organigramme des participations afin de céder dans de meilleurs conditions ?

– Est-ce opportun de faire sortir des actionnaires minoritaires en rachetant leurs actions ?

– Comment alléger le poids de la plus value de cession ?

– Est-ce opportun de transmettre une partie des actifs aux enfants, dans quelle proportion et de quelle façon ?

– Comment contrôler les fonds qui vont éventuellement devenir la propriété des enfants ?

– Comment reconstituer les revenus pour assurer le train de vie ?

– Comment alléger le poids de la fiscalité induite par la situation post-cession ?

– Comment et dans quelle(s) structure(s) gérer le produit de la cession ?

– Comment continuer à développer le patrimoine du groupe familial ?

L'analyse globale va permettre de déterminer toutes les incidences (familiales, fiscales, financières) de la cession. C'est donc un moyen de détecter les points essentiels sur lesquels peser dans la négociation de la cession afin d'éviter d'accepter des dispositions qui pourraient s'avérer pénalisantes au plan patrimonial.

B • Transmettre l'entreprise à ses enfants

Dans le passé, un grand nombre de chefs d'entreprise souhaitaient à toute force transmettre le flambeau aux générations suivantes. Aujourd'hui ils sont plus lucides et pragmatiques. Ils mettent moins d'affect dans leur projet et beaucoup choisissent de céder à un tiers plutôt que prendre le risque de transmettre à leurs descendants.

Si le chef d'entreprise choisit de transmettre à certains de ses enfants, les enjeux sont importants :

– Comment répartir le patrimoine afin d'éviter les conflits familiaux. Le ou les enfants qui vont s'impliquer dans la conduite de l'entreprise doivent être libres dans leur gestion sans risquer un conflit avec ceux qui se tiendront à l'écart. Ces derniers ne doivent pas se trouver « piégés » en tant qu'actionnaires minoritaires dans une société sur laquelle il n'ont pas de prise.

– Comment choisir entre les différents moyens de transmission selon sa situation et ses objectifs ?

– Comment transmettre au moindre coût fiscal ?

– Comment maintenir son train de vie après cette transmission ?

– Comment mettre tous les atouts pour réussir le passage du témoin en toute sécurité ?

Dans l'idéal, à compter du moment où la société a été transmise et prise en gestion par certains enfants, les parents (et les enfants non impliqués dans l'entreprise) ne devraient plus dépendre financièrement de la bonne santé de l'entreprise. Ainsi les ressources des personnes, désormais étrangères à la marche des affaires, ne doivent pas provenir encore de revenus d'immobiliers loués par l'entreprise, de dividendes générés par la société ou de retraits sur comptes-courants.

Selon l'âge des parents et des enfants, ces opérations seront étalées peut-être sur plusieurs années. Mais au final, ces objectifs d'indépendance et de séparation des intérêts de chacun doivent être atteints (voir le cas concret numéro 5 : situation de Monsieur Grand).

Chapitre 6

Des situations concrètes

1. Situation 1 : sécurité familiale

Madame Claire Daniant est âgée de 33 ans. Célibataire, elle élève seule Nicolas, son fils de 8 ans.

Mme Daniant est diplômée de SUP DE CO PARIS et d'un MBA d'une grande université américaine. Après avoir travaillé pendant 5 ans au sein d'un grand cabinet d'audit, elle est actuellement directrice financière dans une PME de bonne taille (créée en 1960 – 500 collaborateurs, 300 M€ de CA, 30 M€ de résultat brut d'exploitation).

Les parents de Mme Daniant sont à la retraite, leurs revenus couvrent juste leurs besoins et ils n'ont pas de patrimoine d'un montant significatif. Il convient de considérer le père de Nicolas comme inexistant au plan financier et affectif.

La situation patrimoniale actuelle est la suivante :

Actif		Passif	
Résidence principale	120 k€	Emprunt immobilier (taux faible)	70 k€
Disponibilités en Livret bancaire	60 k€		
Plan d'entreprise	10 k€		

Le budget est le suivant :

Ressources		Charges	
Salaire fixe	80 k€	Impôts	20 k€
Variable	10 k€	Train de vie	30 k€
		Remboursement du prêt	20 k€
		Capacité épargne	20 k€
Total	90 k€	Total	90 k€

Au plan de la prévoyance, la situation est la suivante :
- le prêt immobilier et assuré sur la tête de Mme Daniant ;
- dans le cadre professionnel, Mme Daniant bénéficie d'une assurance-décès sur sa tête en faveur de son fils pour un capital garanti minimum de 80 k€.

A • Objectifs

Mme Daniant rencontre son conseiller car elle souhaite rembourser partiellement son prêt immobilier à hauteur de 50 k€ en puisant sur les liquidités déposées sur son livret bancaire.

B • Analyse de la situation de Mme Daniant

Mme Daniant est jeune, elle vit seule et a un jeune enfant à charge.

Ses diplômes et son cursus professionnel permettent de dire qu'elle bénéficie d'une situation professionnelle solide.

En cas de décès de sa mère, Nicolas bénéficierait d'un capital d'environ 240 k€ net de droits de succession. Capital qui semble un peu insuffisant pour assurer son indépendance financière jusqu'à la fin de ses études (à l'âge de 23 ou 25 ans – soit une durée de 15 à 17 ans – nécessitant des ressources annuelles de 25/30 k€). En cas de décès prématuré de Mme Daniant il faudrait immédiatement un capital de 300/340 k€ (selon un taux d'actualisation des flux à 3 %) pour assurer confortablement l'indépendance financière de Nicolas jusqu'à la fin de ses études.

La situation patrimoniale et budgétaire des parents de Mme Daniant, ainsi que « l'absence financière et affective » du père de Nicolas ne permettront pas de compter sur une aide financière en faveur de Nicolas.

En outre, au plan de sa sécurité morale, il est nécessaire de prévoir dès à présent l'organisation du tutorat de Nicolas en cas de disparition de sa mère.

Le foyer fiscal atteint la tranche marginale d'imposition maximum et les impôts représentent 22 % des revenus.

Il existe une capacité d'épargne/remboursement importante.

Mme Daniant doit également se préoccuper de constituer des actifs financiers pour compenser la baisse de ses revenus au moment de sa retraite.

L'emprunt va se terminer dans moins de 5 ans, ce qui fait penser que les annuités actuelles comportent une très faible part d'intérêts bancaires. De plus le niveau du taux est faible.

C • Diagnostic

Le remboursement du prêt n'offre pas un avantage financier significatif (chiffrer l'économie entre les deux solutions : rembourser ou ne pas rembourser).

Au contraire il est préférable d'utiliser toute l'épargne actuelle comme base de développement du patrimoine en utilisant le levier de la fiscalité et du crédit.

L'importance de la capacité d'épargne/de remboursement et la solidité de la situation professionnelle de Mme Daniant permettent de bâtir un projet de développement patrimonial ambitieux.

Il est nécessaire de compléter la couverture prévoyance familiale afin d'assurer la sécurité financière de Nicolas en cas de décès prématuré de Mme Daniant.

D • Stratégie

Ne pas rembourser par anticipation le prêt immobilier.

Bâtir un projet d'investissement immobilier locatif financé par un crédit assorti d'une assurance décès sur la tête de Mme Daniant.

Veiller à l'optimisation fiscale de ce projet (par un financement à remboursement in fine du capital par exemple).

Placer les disponibilités actuelles sur un contrat d'assurance-vie.

Les capacités d'épargne permettront d'assurer les éventuels besoins de trésorerie nécessités par le schéma d'investissement immobilier à crédit. Le supplément devra être investi sur un contrat d'assurance-vie.

Eu égard à la durée des opérations et à l'étalement des versements en assurance vie, Mme Daniant pourra opter pour des supports plutôt dynamiques au sein de ce contrat.
Mme Daniant devra élaborer un testament en désignant le plus précisément possible l'organisation de la tutelle de Nicolas si elle venait à disparaître.

E • Commentaires sur le cas de Mme Daniant

Dans ce cas, le conseiller a invalidé le projet de la cliente (remboursement par anticipation du prêt immobilier en cours). L'analyse a permis de détecter que la problématique de sécurité familiale n'avait pas été traitée de façon totalement satisfaisante.
Le cas de Mme Daniant correspond à une problématique de sécurité familiale :
– protéger financièrement et moralement son fils ;
– prévoir et compenser un futur déséquilibre budgétaire à la retraite en développant un patrimoine ;
– optimiser la transmission du patrimoine en constituant des actifs peu exposés aux droits de succession.
Au plan patrimonial, sa situation actuelle est tout à fait satisfaisante : une situation professionnelle solide, un salaire important, un budget dégageant une bonne capacité d'épargne, une base de patrimoine déjà significative.
Mais à l'analyse, en chiffrant ce que pourraient être les conséquences d'un décès prématuré de la mère, on pointe une problématique de manque de sécurité financière pour assurer confortablement l'avenir de Nicolas.
Face à une telle problématique, il existe plusieurs solutions. Mais les suggestions doivent rester en cohérence avec la richesse et la pertinence de l'approche globale qui a été faite en amont. Ainsi, dans ce cas précis, il est important de découvrir avec précision la situation patrimoniale de l'environnement familial de Mme Daniant et de son fils.
Il sera indispensable d'établir des tableaux de simulation dans le cadre de la planification financière du projet d'investissement en immobilier locatif.
Si Mme Daniant disposait d'une situation professionnelle et budgétaire moins solide, ou si elle était beaucoup plus âgée, il ne serait pas très judicieux de l'inciter à s'engager dans une opération de développement de

patrimoine très structurante (emprunt sur longue durée, risque locatif immobilier...).

Si Mme Daniant exerçait une profession non salariée (avocate par exemple) d'autres solutions pourraient répondre aux objectifs : loi Madelin pour ce qui concerne les volets assurance-décès, complémentaire maladie et complémentaire retraite.

À travers ce cas très classique, on perçoit tout l'intérêt qui existe à procéder à une découverte exhaustive de la situation et à une analyse chiffrée. C'est un passage obligé pour poser un diagnostic pertinent. Si certains éléments de découverte avaient été oubliés, la valeur ajoutée par le Conseiller patrimonial aurait été bien moindre.

2. Situation 2 : optimisation de la transmission

M. Luc Philibert, 60 ans et Mme Yvonne Philibert, 55 ans.

Mariés en communauté réduite aux acquêts.

Deux enfants et quatre petits-enfants : Marie, 32 ans, mariée en séparation des biens, deux enfants mineurs, Franck, 27 ans, marié en séparation des biens, deux enfants mineurs.

À ce jour aucune donation n'a été effectuée en faveur des enfants.

Les parents de M. Philibert sont décédés depuis plusieurs années, ceux de Mme sont en vie et très âgés.

Il y a 25 ans les époux Philibert ont vendu une entreprise. Le produit de la cession a été investi en biens immobiliers (usage et locatifs) et en assurance-vie. À la suite de la cession de l'entreprise, M. Philibert a repris des fonctions de cadre salarié dans une grande société.

Aujourd'hui M. Philibert cesse son activité professionnelle. Il fait valoir ses droits à retraite.

A • Situation patrimoniale

Disponibilités	1000 k€
Assurance vie de M.	1000 k€
Assurance vie de Mme	1000 k€
Immobilier locatif	10000 k€
Immobilier d'usage	3000 k€
Héritage à venir en faveur de Mme :	
Immobilier locatif	3000 k€
Assurance-vie	1000 k€

Il est à noter que ce patrimoine est détenu directement par les époux.

B • Analyse

Le montant du patrimoine des époux Philibert est élevé. Au décès des parents de Mme ce montant va encore s'accroître de façon significative en subissant les droits de succession à deux reprises (transmission à Mme et transmission à ses propres enfants). De plus, avec le temps, la valorisation des actifs aura pour effet d'alourdir encore le poids des droits de succession dont les bornes des tranches d'imposition sont très rarement réévaluées.

Dans un premier temps, il est nécessaire de calculer les droits de succession à payer selon un scénario de transmission sur 4 générations (grand-parents, parents, petits-enfants et arrière-petits-enfants).

Ensuite il faut calculer les incidences fiscales au plan de l'impôt sur les revenus générés par le patrimoine immobilier et des charges de l'ISF.

De même, en cas d'éventuelles cessions de biens immobiliers, il est nécessaire de chiffrer les plus-values imposables.

Le résultat de ces calculs ne manquera pas de mettre en lumière le poids élevé de l'impôt touchant les revenus immobiliers, l'ISF et les droits de succession.

Parce qu'il est destiné à être transmis aux générations futures, le patrimoine immobilier doit être d'excellente qualité (emplacement, qualité des locataires, facilité de gestion, potentiel de rendement).

C • Stratégie

Une stratégie d'optimisation de la transmission est à établir. Cette stratégie ne doit pas être guidée uniquement par un souci d'économie fiscale. Elle doit prendre en compte d'autres facteurs tels que :
– la volonté véritable des intéressés de se dessaisir de tel ou tel bien ;
– les équilibres budgétaires de chacun des foyers concernés ;
– l'opportunité ou non, pour des enfants mineurs, de recevoir des actifs importants.
Il n'en demeure pas moins que les enjeux fiscaux doivent inciter à agir.
Un schéma d'optimisation pourrait s'articuler de la façon suivante :
– utiliser les avantages procurés par les donations entre vifs et y compris en faveur des enfants mineurs ;
– afin d'améliorer la qualité et la cohérence du patrimoine immobilier, il sera peut être judicieux de céder certains lots immobiliers à des tiers et utiliser le produit des cessions pour acquérir de nouveaux biens immobiliers et/ou constituer des actifs financiers ;
– ré-endetter tout ou partie du patrimoine immobilier locatif afin d'optimiser fiscalement les revenus et bénéficier d'un levier de développement ;
– envisager une modification du régime matrimonial des époux Philibert ;
– éventuellement pour ce qui concerne les revenus du patrimoine immobilier, opter pour le régime fiscal plus favorable de l'impôt sur les sociétés ;
– bloquer dans des contrats d'assurance-vie les actifs échus aux enfants en garantie des opérations de ré-endettement énoncées ci-dessus.

D • Les simulations financières

Les suggestions concernant la restructuration et l'optimisation fiscale du patrimoine immobilier doivent être basées sur des simulations financières comparatives dont le schéma est le suivant :
– simulation de la situation actuelle sur une durée de 15 à 20 ans :
 • calcul des revenus immobiliers nets perçus après impôts,
 • chiffrage du coût de la transmission ;
– simulation de la situation optimisée sur une durée identique :
 • calcul des revenus immobiliers en tenant compte de l'incidence de l'endettement (dont les modalités doivent être judicieuses),

• calcul de la valorisation du placement du produit de la cession (net d'éventuelle plus value à payer).

Afin que les deux simulations soient comparables, elles doivent être effectuées à trésorerie égale d'une option par rapport à l'autre. Il faut tenir compte de retraits sur les actifs financiers afin de compenser les revenus immobiliers nets devenus indisponibles en tout ou partie du fait des charges de remboursement.

Par exemple : dans la situation actuelle, M. Philibert perçoit un revenu locatif net d'impôt et de charges issu de son bien immobilier locatif non endetté. La suggestion d'optimisation prévoit d'endetter ce bien par cession à une structure de type SCI. En conséquence le revenu net se trouvera minoré par les charges de remboursement du crédit. Afin de rendre les deux situations strictement comparables, il est indispensable de prévoir une compensation de cette perte en trésorerie. Ce complément pourrait être retiré année par année sur le prix de cession qui est placé au sein d'une enveloppe de capitalisation de type assurance-vie. Même si, dans la réalité, M. Philibert n'a pas besoin de ce complément de revenus, ce schéma s'impose afin que la comparaison entre les deux options s'établissent équitablement.

En conclusion, il sera nécessaire d'établir un comparatif entre la situation actuelle globale non optimisée (dans une hypothèse de durée de 15 ans à l'issue de laquelle survient le décès de M. et Mme Philibert) et une situation conforme à la stratégie préconisée par le conseiller patrimonial.

Le schéma de ce tableau comparatif pourrait être le suivant :

	Situation sans modification	**Situation optimisée**
Revenus net d'impôts sur une durée de 15 ans (Revenus immobiliers et retraits sur épargne issue du produit de la cession, pour ce qui concerne la situation optimisée)	+ K€	+ K€
Encours de l'épargne au terme de 15 ans	+ K€	+ K€
Charges de remboursement des crédits en 15 ans	– K€	– K€
Montant de l'ISF à payer	– K€	– K€
Taxe sur transmission des contrats d'assurance-vie	– K€	– K€
Droits de donation	– K€	– K€
Droits de succession	– K€	– K€
Total		

3. Situation 3 : restructuration du patrimoine immobilier

Monsieur Antoine Faugert, 63 ans, veuf, ancien chirurgien est actuellement retraité. Il demeure à Aix-en-Provence.

Sa fille unique, Christiane, 40 ans, divorcée, est médecin hospitalier à Marseille. Elle a un fils de 20 ans qui suit des études de médecine à Lyon. Le seul actif patrimonial de Christiane est sa résidence principale (valeur 300 k€).

Ni M. Faugert ni sa fille ne sont endettés.

Il existe une bonne entente entre les membres de cette famille.

Le patrimoine immobilier de M. Faugert se compose de la façon suivante :

Nature du bien	Valeur vénale	Revenu
Résidence principale à Aix	500 k€	–
Terrains à Biarritz	500 k€	–
Villa à Toulouse	300 k€	15 k€
Appartement à Biarritz	300 k€	20 k€
Appartement à Toulouse	200 k€	12 k€
Appartement à Paris	1 000 k€	40 k€

Son patrimoine financier est le suivant :

Nature du bien	Valeur
Disponibilités	500 k€
Assurance-vie	500 k€

Les revenus annuels sont les suivants :

Nature des revenus	Montant
Retraite	50 k€
Revenus fonciers	87 k€
Niveau de train de vie (net de tous impôts)	40 k€

M. Faugert est préoccupé par la transmission de son patrimoine en faveur de sa fille et de son petit-fils.

A • Analyse

En cas de décès de M. Faugert, les droits de succession seront importants (une seule héritière, patrimoine taxable important).

À la marge, les revenus fonciers de M. Faugert subissent un prélèvement fiscal d'environ 50 %.

En conséquence, la rentabilité nette du patrimoine immobilier (hors résidence principale) est d'environ moins de 2 %.

Sa tranche marginale d'ISF est relativement élevée.

Globalement, le revenu net d'impôts de M. Faugert suffit très largement à couvrir son de train de vie.

M. Faugert ne paraît plus avoir de centre d'intérêt dans la région Sud-Ouest.

B • Diagnostic

La problématique principale est l'optimisation de la transmission du patrimoine.

En apportant une solution à cette problématique il serait judicieux de répondre aux autres préoccupations :

– Comment optimiser la situation fiscale de M. Faugert (revenus et ISF) ?

– Comment rationaliser et développer le patrimoine immobilier (restructuration du patrimoine) ?

C • Stratégie

L'idée est de transmettre la majeure partie du patrimoine immobilier à Christiane et Nicolas.

Une partie des biens immobiliers peuvent faire l'objet de donation, une autre partie pourraient être vendue à Christiane et Nicolas qui achèteraient au moyen de crédit à travers des structures telles que des SCI.

Afin de préparer et d'optimiser la transmission du patrimoine entre Christiane et son fils, il serait judicieux de prévoir que Nicolas soit associé au processus (en pleine propriété ou en nue propriété).

Il pourrait être envisagé de céder à des tiers l'immobilier pour investir dans d'autres biens situés dans le périmètre d'intérêt de la famille Faugert.

Personnellement, M. Faugert ne devrait plus conserver d'immobilier de rapport mais plutôt des actifs financiers, essentiellement sous forme d'assurance-vie.

Ces opérations doivent s'effectuer en respectant les critères suivants :

– étaler le poids de l'ISF sur deux (voire trois foyers fiscaux) ;

– optimiser les revenus fonciers des membres de la famille grâce à l'endettement par prêt à remboursement *in fine* du capital.

D • Commentaires sur le cas Faugert

Monsieur Faugert a constitué son patrimoine au fil du temps. Actuellement sa situation patrimoniale ne correspond plus à ses objectifs.

Aujourd'hui il faut opter pour une stratégie de développement patrimonial en faveur de sa fille et de son petit-fils.

Il aurait été judicieux de faire un point global il y a quelques années pour commencer à restructurer et optimiser ce patrimoine. Mais il est encore temps d'agir.

4. Situation 4 : les conséquences d'une cession d'entreprise

Monsieur Jean Marchais, 57 ans, marié en séparation des biens, 3 enfants, est chef d'entreprise. Il détient 90 % de la société Marchais SA qu'il a créée et développée depuis 25 ans.

Aujourd'hui M. Marchais, ne souhaitant pas attendre l'âge de la retraite pour des raisons de santé, est sur le point de vendre ses actions pour 20 millions d'euros. Il s'agit d'une offre très attractive qui pourrait ne pas se renouveler dans l'avenir.

Jusqu'à présent, M. Marchais a toujours privilégié son entreprise au détriment de la constitution d'actifs patrimoniaux personnels. Ceci explique qu'en dehors de sa résidence principale d'une valeur de 500 k€, il ne détient aucun actifs patrimoniaux. Jusqu'à ce jour son train de vie était assuré par des salaires et des dividendes.

Son épouse ne possède que très peu de patrimoine.

Ses enfants sont indépendants financièrement. Ils ne détiennent pas d'actifs patrimoniaux significatifs. Ils bénéficient de revenus couvrant largement leurs besoins de consommation et d'épargne.

A • Analyse

– La cession de l'entreprise pour un montant important va créer un « séisme patrimonial » pour M. Marchais et sa famille.

– M. Marchais va devoir faire face à plusieurs enjeux patrimoniaux :

• payer l'impôt de plus-value en recherchant des solutions adaptées pour tenter de minorer cet impôt ;

• rechercher les moyens de tempérer l'ISF qui va brusquement apparaître à la suite de la cession de l'outil de travail ;

• reconstituer des ressources en optimisant fiscalement sa situation ;

• prévoir ou effectuer la transmission intergénérations ;

• assurer la protection financière de l'épouse ;

• investir et développer les actifs patrimoniaux du groupe familial ;

• continuer à contrôler les modes d'investissement et la gestion du patrimoine familial.

Les enjeux fiscaux sont importants. En l'absence de toute optimisation fiscale, le poids de la fiscalité peut confisquer la moitié des revenus et jusqu'à 35 à 45 % du patrimoine en cas de succession.

B • Stratégie

M. Marchais doit mettre en œuvre une véritable stratégie patrimoniale qui couvre plusieurs phases.

– **En amont de la vente :**

• il devra déterminer un schéma pour minorer le poids de l'impôt de plus-value et optimiser la transmission d'une partie des actions de sa société ;

• les effets de donations en démembrement de propriété devront être particulièrement étudiés ;

• en cas de donation aux enfants, M. Marchais doit veiller à conserver les capitaux nécessaires pour générer les ressources utiles aux dépenses de son train de vie ;

• il faudra tenir compte de l'incidence d'une éventuelle garantie de passif prévue dans l'acte de cession.

– **Après la cession :**

• le produit de la cession réparti entre lui-même, ses enfants, petits-enfants et éventuellement son épouse devra être investi au sein de structures de capitalisation permettant de faire fructifier les actifs dans les meilleures conditions juridiques et fiscales ;

• l'établissement d'un budget précis permettra de déterminer quelles sont les ressources nécessaires en tenant compte du poids de la fiscalité après les optimisations mises en œuvre ;

• le profil de risque de chacun sera à déterminer afin d'effectuer une allocation des actifs adéquate ;

• la mise en place de crédits spécifiques est à étudier également, comme le crédit immobilier pour développer le patrimoine ;

• un suivi patrimonial, de la part du conseiller, sera également à mettre en place.

C • Commentaires

Dans ce cas, l'importance des capitaux en jeu est d'un tel niveau que l'optimisation fiscale devient un objectif majeur.

Pour s'en convaincre, il suffit d'effectuer une simulation selon le scénario non optimisé suivant :

– paiement de la totalité plus-value au taux de l'ordre de 25 à 35 % (prélèvements sociaux inclus en tenant compte des abattements pour durée de détention) ;

– placement du prix de la cession net au taux de 5 % brut pendant 10 ans, minoré de la fiscalité de plus-value ;

– paiement de l'ISF pendant cette période (taux moyen de l'ordre de 1 % par an) ;

– transmission par succession de ces actifs aux enfants au terme des 10 ans.

Entre une situation totalement subie et une situation pleinement optimisée, on constate que le montant des actifs nets échus aux enfants peut varier du simple au double ou au triple

D • Simulation des deux options

– **Situation non optimisée :**

• M. Marchais n'effectue aucune opération de transmission avant la cession de son entreprise.

• Le produit net de la cession est placé au sein d'un portefeuille de valeurs mobilières n'ayant aucun statut fiscal favorable.

• Au terme de dix ans, les actifs sont transmis par succession aux trois enfants.

– **Situation optimisée au maximum :**

• Avant la cession, M. Marchais effectue une donation-partage de la nue-propriété des actions en faveur de ses trois enfants.

• Le produit de la cession des actions est placé en démembrement au sein d'un contrat de capitalisation.

• Au terme de dix ans, au décès de M. Marchais, les capitaux reviennent en pleine propriété à ses enfants sans droit de succession.

E • Comparaison entre les deux options

Rubriques	Sans optimisation	Avec optimisation
Montant de la cession	20000	20000
Impôt de plus value et prélèvements sociaux	6200	3 100
Droit de donation de la NP avant cession	-	3 600
Montant net du produit de cession à placer après paiement de l'impôt de plus-value et des droits de donation	13 800	13 300
Valorisation à 5 % du montant net de la cession après paiement de la plus-value et des droits de donation (après paiement des charges fiscales)	19 300	19 900
Montant de l'ISF pendant 10 ans (1 %)	(800)	(900)
Droits de succession	(8 000)	0
Capitaux transmis nets aux en enfants	10 500	19000

On remarque que, depuis la loi de juillet 2011, la donation avant cession ne bénéficie plus de la réduction de 50 % pour le paiement des droits. Malgré la perte de cet avantage, il est toujours intéressant de donner aujourd'hui pour éviter des droits de succession demain sur un actif qui se valorise au fil du temps.

La recherche d'une optimisation maximum n'est pas toujours opportune. Cet exemple permet de mettre en lumière les enjeux existant entre deux situations extrêmes. La bonne stratégie reste à déterminer selon la situation et les objectifs du client.

5. Situation 5 : la transmission d'une entreprise

Monsieur Lucien Grand, 62 ans, possède 99 % d'une entreprise florissante. Deux de ses trois enfants sont impliqués professionnellement dans l'entreprise. En dehors de son entreprise, M. Grand possède peu de patrimoine : une résidence principale et une résidence secondaire.
Monsieur Grand souhaite transmettre son entreprise à deux de ses enfants qui travaillent déjà dans la société.

A • Les éléments à découvrir

Afin d'apporter un conseil avisé à M. Grand, il sera nécessaire d'effectuer une découverte globale de la situation précise du groupe familial.

– **Les situations familiales :**

• Si M. Grand est marié actuellement, il est important de connaître son régime matrimonial pour déterminer comment se répartira le patrimoine en cas de dévolution successorale.

• Les enfants sont-ils bien les enfants du couple Grand sinon il faudra tenir compte de cette situation particulière (enfant(s) d'un autre lit) ?

• Quelle est la propre situation familiale de chacun des enfants ?

• Y a-t-il eu mise en œuvre de donations ou établissement d'un testament ?

• Au plan des patrimoines et des situations fiscales du groupe familial :

- quelle est la part en valeur du patrimoine professionnel et non professionnel ?

- quel est le niveau de fortune acquis déjà par les enfants ?

- quelle est la situation fiscale de chaque foyer.

– **Caractéristique de l'outil de travail :**

• À combien est évaluée la société ? Quel est son prix de revient ?

• L'entreprise était-elle une entreprise individuelle à l'origine ?

• Comment est architecturé l'organigramme en cas de groupe de sociétés ?

• Quel est le niveau de sa trésorerie propre distribuable, de sa capacité distributive ?

• Quelles sont les charges fiscales latentes des éléments inscrits au bilan ?

• Est-il possible, est-ce opportun, de diviser et/ou de re-ventiler les différentes activités de l'entreprise ?

B • Les enjeux

Dans le cas d'une transmission d'entreprise aux enfants, en sus des problématiques commerciales et industrielles, les enjeux de la transmission sont les suivants :

– répartir équitablement des biens par nature non homogènes ;
– veiller au respect de l'harmonie familiale pour aujourd'hui et dans l'avenir ;
– organiser les pouvoir de décisions ;
– assurer une autonomie financière aux parents et aux enfants ;
– optimiser fiscalement et financièrement la détention du patrimoine et sa transmission.

C • Stratégie

La seule donation partage des actions de l'entreprise ne répond pas à ces objectifs : un enfant, non impliqué dans la marche de l'entreprise, recevrait des actions. C'est une nature d'actif qui, vraisemblablement, ne correspond pas à ses objectifs. M. Grand-père, même s'il est bénéficiaire de l'usufruit des actions, reste tributaire de la bonne marche d'une entreprise dont la direction va lui échapper au fil du temps.

Il sera nécessaire de vendre une partie des actions aux enfants impliqués dans l'entreprise afin de constituer des actifs financiers pouvant être donnés au troisième enfant. En outre une partie du produit de la cession permettra aux parents de générer des revenus complémentaires pour assurer leur train de vie après la cessation de leur activité.

Ces schémas permettent également d'optimiser fiscalement les flux de revenus : ceux qui remontent à la holding qui a racheté les actions de M. Grand et ceux qui servent à assurer le train de vie des parents.

Ainsi les enfants qui reprennent l'entreprise financent tout ou partie du rachat par le fruit de leur travail et l'enfant qui n'y participe pas bénéficie de capitaux financiers ou immobiliers déconnectés de l'entreprise. Actifs professionnels et privés n'auront certainement pas des rendements identiques dans l'avenir. Les enfants peuvent admettre ces différences dans la mesure où l'implication professionnelle et le risque n'est pas identique pour chacun.

6. Situation 6 : ingénierie immobilière

Monsieur Jacques Bertrand, 60 ans, marié en communauté, 2 enfants.

Ancien agent immobilier, M. Bertrand s'est constitué un patrimoine immobilier locatif important.

Jusqu'à ce jour, il avait toujours optimisé fiscalement les revenus de ce patrimoine en procédant à des investissements comportant des charges de travaux déductibles fiscalement afin de minorer les revenus fonciers imposables.

Aujourd'hui, M. Bertrand considère que cette « fuite en avant » touche à sa fin. À son âge il souhaiterait être moins impliqué dans la gestion de ses affaires immobilières. Tout en optimisant la fiscalité de ses revenus immobiliers, il souhaite préparer la transmission du patrimoine à ses enfants.

Ces derniers sont tous deux médecins et n'ont pas vocation à s'impliquer autant que leur père dans le développement et la gestion des biens.

Le patrimoine de Mme et M. Bertrand se compose d'une centaine de lots immobiliers très disparates en valeur, en qualité et en rendement. La moitié du parc est composé de locaux commerciaux, l'autre moitié de surfaces d'habitation.

Il n'existe quasiment plus d'endettement. La plupart des immeubles ont été acquis depuis 5 à 25 ans. L'ensemble est loué à une centaine de locataires.

Les chiffres :

- valeur vénale globale de l'immobilier : 20 M€ ;
- montant des loyers : 3 M€ ;
- en-cours des crédits : 2 M€ (extinction des encours dans 5 ans au plus) ;
- mode de détention : en direct ou via des SCI translucides fiscalement.

A • Analyse

M. Bertrand se trouve à la tête d'une quasi entreprise. Il est indispensable d'effectuer un tableau de résultats prévisionnels sur 10 à 15 ans afin de déterminer les résultats fiscaux et le montant des cash-flow annuels générés dans le futur.

Par exemple, la modélisation du tableau d'analyse des cash-flow pourrait être la suivante :

Résultats en fiscalité				
	Années			
	n	n+1	n+2	n+...
Loyers perçus				
Abattement fiscal ou amortissement				
Charges déductibles				
Travaux déductibles				
Intérêts d'emprunt déductibles				
Report de résultats déficitaires antérieurs				
Résultat imposable (+ ou –)				
Impôt sur résultat excédentaire				
OU gain d'impôt éventuellement sur résultat déficitaire				

Cash-flow prévisionnels				
	Années			
	n	n+1	n+2	n+...
Loyers perçus				
Travaux et investissement divers (part financée par apport de fonds propres)				
Charges à payer				
Impôt à payer				
OU gain d'impôt				
Remboursement des charges de crédit				
(capital et intérêts)				
Trésorerie annuelle (+ ou –)				

Ce patrimoine immobilier présente plusieurs inconvénients :
- forte exposition aux impôts (revenus et l'ISF) ;
- les droits de succession seront importants ;
- avec l'âge, M. Bertrand pourra-t-il continuer à gérer une centaine de lots immobiliers ?

B • Stratégie

Une restructuration de ce patrimoine s'impose. Il serait judicieux de céder à des tiers certains lots immobiliers pour ne conserver que des immeubles de grande qualité (emplacement, construction, qualité des locataires et facilité de gestion). Il sera opportun de faire appel à une société d'asset management immobilier.

Ces mutations vont également permettre de préparer et d'optimiser la transmission aux enfants dans la mesure où il serait judicieux de faire participer les enfants au capital des nouvelles structures.

D'autres cas touchant l'immobilier sont développés dans le chapitre « Ingénierie immobilière ».

Chapitre 7

Cas d'ingénierie patrimoniale

Quand les chiffres du patrimoine affichent des montants très importants (entre plusieurs millions et plusieurs dizaines de millions d'euros), les enjeux sont très différents et exigent une **ingénierie très créative**.

Les exemples qui suivent donnent une idée concrète des problématiques tout en exposant des solutions adaptées.

1. La cession directe de parents à enfants

Monsieur Vilbort a deux enfants. Il détient la quasi-totalité des actions d'une société d'une valeur de 8 000 k€. Il souhaite transmettre cette société à ses enfants tout en percevant des ressources suffisantes pour assurer son train de vie.

Première solution

Monsieur Vilbort cède ses actions à ses enfants, qui achètent *via* une holding constituée spécialement pour cette opération. On peut considérer que Monsieur Vilbort place le produit net de la cession (5 600 k€) au sein d'un contrat d'assurance-vie. Monsieur Vilbert perçoit tous les fruits du placement afin d'assurer le financement de son train de vie (3 % net de 5 600 k€ = 168 k€ par an). Au moment de son décès, le coût de taxation serait de l'ordre de 20 % sur ces capitaux. Les conséquences fiscales et financières de cette option sont les suivantes :

Cession des actions à une société holding détenue par les enfants	8000 k€
Impôt de plus-value à payer + prélèvements sociaux	(2400 k€)
Net en faveur du père placé en assurance-vie	5600 k€
Au décès du père, coût de transmission de l'assurance-vie	(1200 k€)
Total des différents frottements fiscaux	(3 600 k€)

Seconde solution

Monsieur Vilbort effectue une donation-partage sur la moitié de ses actions en faveur de ses deux enfants. Le coût de cette donation serait de l'ordre de 1 200 k€. Ensuite, les enfants cèdent les titres qu'ils viennent de recevoir à une holding spécialement constituée à cet effet. Cette cession ne génère pas de plus-value imposable (entrée des actions dans le patrimoine des enfants pour 4 000 k€ et cession pour une valeur de 4 000 k€). On note que si les enfants prennent à leur charge les droits de donation, ces derniers viennent s'ajouter au prix de revient. Dans cette hypothèse, la cession génère une moins-value de 1 200 k€ (prix de revient 4 000 k€ + 1 200 k€ de droits de donation et prix de cession 4 000 k€).

Ensuite, Monsieur Vilbort cède le solde de ses actions directement à ses enfants, qui achètent sans utiliser la holding. Nous sommes dans un schéma de vente directe entre parents et enfants. À la condition de respecter certaines conditions (en particulier, les enfants devront s'engager à conserver les actions pendant 5 ans), cette opération est exonérée d'impôt sur les plus-values mais subit le coût des prélèvements sociaux. Les enfants financent l'acquisition de ces actions grâce au produit de la cession des premières actions cédées à la holding. Au total, Monsieur Vilbort encaisse 3 500 k€ net. Il place le produit de cession sur un contrat d'assurance-vie. Afin d'assurer le même niveau de train de vie que dans la première solution, Monsieur Vilbort effectue des rachats partiels annuels de 168 k€. Au moment de son décès (dans 20 ans par exemple), il reste environ 1 800 k€ sur le contrat d'assurance-vie (rendement à 3 % net). Le coût de taxation serait de l'ordre de 20 % sur ces capitaux. Les conséquences fiscales et financières de cette option sont les suivantes :

Donation de la moitié des actions portant sur un montant de	4000 k€
Coût de la donation	(1 200 k€)
Cession des actions reçues à la holding des enfants	4000 k€
Impôts de plus-value et prélèvements sociaux à payer par les enfants	(0 k€)
Cession directe parent-enfant du solde des actions	4000 k€
Impôt de plus-value à payer par M. Vilbort	(0 k€)
Prélèvements sociaux à payer par M. Vilbort	500 k€
Net en faveur de M. Vilbort placé en assurance-vie	3 500 k€
Au décès du père : coût de transmission de l'assurance-vie (Solde au moment du décès : 1 800 k€)	(360 k€)
Total des différents frottements fiscaux	(2060 k€)

2. Sociétés et comptes-courants

Monsieur Antoine Péricaud, 62 ans, est marié en communauté d'acquêts avec Hélène, âgée de 60 ans.

Le couple a deux enfants : Hugo, 23 ans et Nicolas, 25 ans.

Les enfants sont mariés sous le régime de la séparation des biens et n'ont pas d'enfant.

Antoine Péricaud va vendre un immeuble détenu depuis plus de 30 ans pour la somme de 10 000 k€.

Le patrimoine du couple est le suivant :

	Biens communs
Résidence principale	500 k€
Liquidités issues de la cession	10000 k€
Divers biens	100 k€
Total	10600 k€

Le budget du couple est le suivant :

Avant la cession	Charges	Ressources
Retraite de Monsieur		30 k€
Retraite de Madame		20 k€
Loyers		200 k€
Impôt sur les revenus	85 k€	
Prélèvements sociaux	19 k€	
ISF non plafonné	33 k€	
Train de vie	70 k€	
Épargne issue de l'excédent budgétaire	43 k€	
Total	250 k€	250 k€

Après la cession	Charges	Ressources
Retraite de Monsieur		30 k€
Retraite de Madame		20 k€
Loyers		–
Impôt sur les revenus	5 k€	
Prélèvements sociaux	–	
ISF plafonné (124 k€ non plafonné)	62 k€	
Train de vie	70 k€	
Rétrocession bouclier fiscal		45 k€
Épargne	–	
Total	137 k€	95 k€
Déséquilibre budgétaire	42 k€	

Madame et Monsieur Péricaud ne souhaitent pas effectuer de donation à leurs enfants pour l'instant. Leurs projets sont les suivants :

– adopter une stratégie fiscale permettant d'optimiser fiscalement et juridiquement la situation du groupe familial ;

– acquérir un appartement à la montagne (budget 500 k€) et le louer à des tiers tout en l'utilisant 2 ou 3 semaines par an au maximum ;

– effectuer des placements en actifs financiers selon un profil de risque équilibré ;

– développer un patrimoine immobilier locatif ;

– continuer à percevoir un revenu net de 70 k€ pour assurer le train de vie.

Analyse

Eu égard au montant du patrimoine des époux Péricaud, l'enjeu d'optimisation fiscal est important (IR – ISF – droits de succession).

La stratégie à mettre en place est la suivante :

– ne pas créer de revenus au sens fiscal en supplément des revenus de retraite ;

– sans effectuer de donation, adopter néanmoins un schéma d'enrichissement futur des enfants.

Mise en œuvre de la stratégie

A • Créer les structures utiles

– Créer une société civile de gestion de valeurs mobilières.

– Créer une SARL soumise à l'IS pour bénéficier des avantages d'une structure opaque fiscalement.

– Créer une SCI translucide fiscalement pour loger des investissements immobiliers locatifs.

– Ouvrir un ou plusieurs contrats d'assurance vie.

Nota : toutes les sociétés ont un capital faible.

B • Structurer les investissements

1) Utilisation de la société civile de gestion de valeurs mobilières

Les enfants sont associés à 99,99 %, les parents pour le solde, tous en pleine propriété.

Les parents sont gérants statutaires à vie.

Les parents apportent 4 000 k€ en compte-courant non rémunéré au sein de la société.

La trésorerie ainsi créée par le dépôt en compte-courant sera placée au nom de la SCI dans un ou plusieurs contrats de capitalisation sur des fonds diversifiés selon un profil de risque à définir.

Incidences du schéma :

– il est possible d'arbitrer des supports actions en faveur du Fonds euros qui est un havre en cas de mauvaise conjoncture boursière ;

– les fonds fructifient hors de toute imposition ;

– le compte-courant appartenant aux parents ne se valorise pas ;

– en conséquence, l'assiette taxable à l'ISF est figée à la valeur du compte-courant ;

– toute la plus-value des actifs détenus par la société civile appartient aux enfants sans subir de droits de transmission ;

– les enfants devront déclarer à l'ISF la valeur des parts, déduction faite du compte-courant appartenant aux parents ;

– à tout moment, les parents peuvent décider d'effectuer une donation partage de tout ou partie de leur compte-courant ou, *a contrario*, de recouvrer ce compte-courant pour eux-mêmes en décidant de céder tout ou partie des contrats de capitalisation ;

– ainsi, les parents peuvent effectuer des donations au fil du temps sans que la valeur taxable de la donation se trouve augmentée par les plus-values ;

– les parents ont tout pouvoir sur la gestion de la société civile.

2) Utilisation de la SARL soumise à l'IS

Les enfants et les parents sont associés en pleine propriété.

Les parents sont gérants majoritaires.

Un apport en compte-courant non rémunéré de la part des parents est effectué pour un montant de 1 000 k€. Ce montant permet de puiser des ressources pour financer le train de vie des parents (40 k€ par an pendant 20 ans en tenant compte d'une dépréciation monétaire annuelle de 2 %).

Ce compte-courant créera une trésorerie excédentaire au sein de la SARL, trésorerie qui sera placée sur différents fonds, en particulier sur certains supports non éligibles dans les contrats d'assurance-vie et contrats de capitalisation.

Des crédits bancaires peuvent être éventuellement souscrits afin de financer des investissements.

L'appartement de la montagne sera logé au sein de cette structure et loué en meublé.

Si un membre de la famille utilise ce bien, il devra payer un loyer *prorata temporis* d'un montant convenable à la société.

D'autres investissements en immobilier meublé ou équipé peuvent être effectués au sein de la SARL.

La SARL détiendra également l'usufruit des parts de la SCI ayant pour vocation à porter l'immobilier locatif nu (voir paragraphe relatif à la SCI).

Il est indispensable que cette SARL ne soit pas uniquement utilisée pour acquérir le seul usufruit.

Incidences du schéma :

– les parents compléteront les revenus utiles à leur train de vie en puisant sur leur compte courant présent au sein de la SARL;

– ces revenus ne seront pas considérés comme des revenus taxables;

– les parents ont tout pouvoir sur la gestion de la SARL.

3) Utilisation de la SCI

Les enfants sont associés en pleine propriété à 99,99 % et les parents pour le solde.

Les parents sont gérants statutaires à vie; ils ont un pouvoir absolu.

La SCI effectue des investissements immobiliers locatifs au moyen de financement à 100 %.

Les associés apportent ou cèdent l'usufruit temporaire (15 ou 20 ans) des parts de la SCI à la SARL.

La valeur de l'usufruit des parts de la SCI est proche de 0 (actif net de la SCI très faible).

Incidences du schéma :

– pendant toute la durée du démembrement (15 ou 20 ans), les revenus de la SCI seront traités dans le cadre favorable de l'IS (amortissements déductibles fiscalement);

– à l'extinction de l'usufruit les associés personnes physiques de la SCI redeviennent pleins propriétaires de l'immobilier à travers les parts de la SCI;

– en conséquence, ils peuvent céder l'immobilier en bénéficiant des avantages de la fiscalité relative aux plus-values immobilières des particuliers;

– ainsi, on allie les avantages de l'IS avec les avantages de l'IR.

4) Utilisation de l'assurance-vie

Les époux Péricaud souscrivent des contrats d'assurance-vie et y investissent le solde du produit de la cession (5 000 k€ environ).

Ces actifs étant communs, il y a lieu de souscrire un contrat au nom de chacun des époux.
La clause bénéficiaire est judicieusement démembrée entre les époux (usufruitiers) et les enfants (nus propriétaires).
Incidence du schéma :
– ce support permet de gérer sur le long terme un patrimoine financier de façon très diversifiée ;
– il est possible d'arbitrer des supports actions en faveur du Fonds euros qui est un havre en cas de mauvaise conjoncture boursière ;
– les époux n'auront pas besoin d'effectuer des rachats pour compléter les ressources utiles à leur train de vie dans la mesure où ces besoins seront couverts par les retraits de comptes courants au sein de la SARL ;
– ces contrats seront utilisés en tout ou partie pour garantir des crédits d'investissements immobiliers locatifs (voir plus haut l'utilisation de la SCI).

Structure du patrimoine après suggestions

PP = PARENTS (0,01 %) et ENFANTS (99,99 %)			
Société civile de placement en valeurs mobilières			
Actif		**Passif**	
Placement en contrats de capitalisaton	4000	Capital	mémoire
		Compte-courant des parents	4000

PP = PARENTS (0,01 %) et ENFANTS (99,99 %)			
SARL soumise à l'IS			
Actif		**Passif**	
Immobilier meublé ou équipé	à déterminer	Capital	mémoire
		Compte-courant des parents	1000
Trésorerie placée à long terme	500	Dettes bancaires	à déterminer
Trésorerie placée à moyen terme	300		
Trésorerie placée à court terme	200		

→

(suite)

NP = PARENTS (0,01 %) + ENFANTS (99,99 %) – USU = SARL : 100 %			
Société civile immobilière à l'IR			
Actif		**Passif**	
Immobilier locatif nu	à déterminer	Capital	mémoire
		Dettes bancaires	à déterminer

ASSURÉS (parents) et BÉNÉFICIAIRES (enfants)			
Assurance-vie des parents			
Actif		**Passif**	
Placement en UC et en fonds euros	5000	Dépôts des parents	5000

3. Sortie de l'immobilier détenu sous le régime IS

Madame Tournefort, 60 ans, 3 enfants majeurs, détient une société foncière (SAS) soumise à l'IS. Le prix de revient des actions est très faible. Au bilan, l'immeuble, dont la valeur vénale est de 40 000 k€, est inscrit pour une valeur nette comptable de 5 000 k€ (valeur de terrain à l'origine). Le bâti est amorti en totalité. En outre, la société détient une trésorerie de 15 000 k€. Les loyers annuels encaissés sont de 3 000 k€.

Diagnostic de la situation

La situation actuelle n'est pas satisfaisante pour les trois raisons suivantes :
– l'immeuble n'est plus endetté et est complètement amorti. Ainsi, il n'est pas possible, en l'état, de bénéficier des effets de levier du crédit et de la fiscalité ;
– si Madame Tournefort souhaite percevoir des revenus, elle subit une double imposition (33 % à l'intérieur de la société et un taux d'IR de l'ordre également de 33 % – soit un frottement fiscal global de 55 %) ;
– la transmission de ce patrimoine aux enfants entraînera un coût moyen de l'ordre de 40 % de droits de succession.

Voies à explorer

A • Cession de l'immeuble

– Cession à un tiers ou à une nouvelle structure familiale.
– La plus-value (différence entre la valeur d'actif net au bilan et le prix de cession) est imposée au taux de 33,33 %.
– Le produit de cession après impôt ainsi que la trésorerie peuvent être distribués. Madame Tournefort doit acquitter l'IR sur les bénéfices distribués (ou sur le boni de liquidation en cas de dissolution de la société). La pression fiscale est de l'ordre de 33 %. Au total, le cumul des prélèvements fiscaux atteint 55 %.
– Ou bien la société effectue de nouveaux investissements immobiliers en utilisant sa trésorerie et en recourant au crédit bancaire.

B • Variante

– Il est possible d'appréhender la trésorerie générée par la cession de l'immeuble en évitant l'impôt de distribution.
– Après imposition de la plus-value au taux de l'IS, le bénéfice est incorporé au capital par augmentation du capital de la société.
– Sur la valeur de l'actif net réévalué, Madame Tournefort effectue une donation-partage de tout ou partie des actions qu'elle possède en faveur de ses enfants. Les droits de donation seront au maximum de 40 %.
– Il est ensuite procédé à une réduction inégalitaire du capital (ou à la liquidation de la société) en faveur des enfants titulaires des actions avec attribution de la trésorerie en leur faveur. Le prix de revient des actions ayant été actualisé au moment de la donation, la réduction de capital ne donnera pas lieu à la constatation d'une plus-value imposable.
– Ainsi, pour un coût moyen de droits de donation de l'ordre de 15 % à 40 % au maximum, il est possible d'éviter le coût fiscal d'une distribution de dividende de l'ordre de 33 %. En outre, la transmission de ce capital est effectuée. Ce schéma économise donc pour l'avenir les droits de succession.

C • Cession de la société

– La plus-value (prix de cession des actions moins prix de revient) est imposée au taux de 19 % plus prélèvements sociaux, soit un taux global de 32,3 %.
– Madame Tournefort trouvera difficilement un acheteur pour les actions car ce dernier va subir des inconvénients fiscaux (absence de possibilité d'amortir et frottements fiscaux en cas de cession de l'immobilier – voir plus haut).
– Afin d'offrir une compensation à ces inconvénients, il est nécessaire d'accepter un rabais sur la valeur de l'actif net réévalué (ANR).

4. Cession d'une participation dans une société

Monsieur Lajoux, 53 ans, marié sous le régime de la séparation des biens, 3 enfants majeurs, va céder sa participation dans une société pour un montant de 30 000 k€. Son prix de revient est proche de 0.

Ses objectifs

– Continuer à exercer une activité professionnelle en France sous forme d'investisseur et de conseiller.
– Bénéficier d'un train de vie net d'impôt de 200 k€.
– Acquérir une résidence principale pour un montant de 3 000 k€.
– Assurer la sécurité financière de son épouse en lui attribuant un capital de 3 000 k€.
– Il ne souhaite pas effectuer des libéralités importantes à ses enfants, craignant de perdre le contrôle des capitaux.

Analyse

Sans optimisation, les impacts fiscaux sont les suivants :
– impôt sur la plus-value de cession de l'ordre de 40 %, prélèvements sociaux compris ;
– ISF annuel de l'ordre de 1 à 1,50 % par an ;
– droits de succession de l'ordre de 10 000 k€.

Pistes à explorer

– **La donation en pleine propriété avant cession à son épouse génère un coût fiscal important** : 5 000 k€ donnés coûtent 2 000 k€ de droits de donation (taux moyen 40 % pour éviter 32,3 % d'imposition de plus-value en cas de cession). Il est peut-être préférable de ne pas effectuer une donation avant cession d'un montant aussi important. On pourrait se limiter à une donation en actions d'un montant de l'ordre de 2 000 k€ (droits de donation de 650 k€ environ, soit un taux moyen de 33 %, proche de l'impôt de plus-value en cas de cession par Monsieur).
– **Donation en pleine propriété aux enfants** pour investissement en développement immobilier à crédit au sein de la SCI contrôlée par les parents :

• 5 000 k€ donnés aux trois enfants coûtent globalement 1 500 k€ (taux moyen 30 % au lieu de 32,3 % + droits de succession plus tard) ;

• les capitaux sont investis dans de l'immobilier d'usage ou bien mis en gage pour garantir des crédits d'investissement de biens immobiliers locatifs ;

• les enfants n'ont pas vraiment la liberté d'usage de ces capitaux, ce qui peut apaiser les réticences de M. Lajoux.

Apport d'actions avant cession en sursis d'imposition au sein d'une nouvelle société (NewCo) soumise à l'IS :

• évite provisoirement le paiement de 32,3 % sur la plus-value ;

• cette société peut servir de holding de prise de participations ;

• M. Lajoux pourra exercer son activité de conseil en facturant via cette société afin de maîtriser le niveau de ses revenus (stratégie de plafonnement de l'ISF et de bouclier fiscal) ;

• il est possible d'investir sur des supports qui ne pourraient pas être souscrits au sein de contrats d'assurance-vie.

– **Le solde des capitaux est placé au sein de contrats d'assurance-vie** ; différentes clauses doivent être prévues :

• démembrement entre l'épouse et les enfants ;

• bénéfice en pleine propriété pour les enfants et petits-enfants (152,5 k€ d'abattement par bénéficiaire) ;

• nue-propriété pour les petits-enfants et usufruit pour les enfants (passage à la troisième génération).

Cette stratégie est de nature à procurer les avantages suivants :

– minorer l'impôt sur les plus-values ;

– minorer les droits de succession ;

– procurer des revenus non fiscalisés ou très peu fiscalisés ;

5. Abandon d'usufruit et quasi-usufruit

Monsieur et Madame Turam, 72 ans tous les deux, mariés en communauté, deux enfants de 45 et 50 ans, détiennent une entreprise en démembrement de propriété avec leurs enfants. Cette société va être vendue 20 000 k€ à des repreneurs tiers.

La situation est la suivante :

Associé	Prix de revient	Prix ce cession
USU : époux Turam	0 k€	6000 k€
NP : enfants Turam	4000 k€	14000 k€

Objectifs des parents et des enfants

Sortir du démembrement, chacun souhaitant reprendre sa liberté sur sa part de capital.

Analyse

La sortie pure et simple du démembrement va entraîner les conséquences suivantes :
– plus-value imposable pour les époux Turam : 6 000 k€ ;
– plus-value imposable pour les enfants : 10 000 k€ ;
– l'usufruit des parents étant transformé en pleine propriété (pour une valeur de 6 000 k€), la partie non consommée par les parents au moment de leur décès sera soumise aux droits de succession.

Voies à explorer

– Abandon d'une partie de l'usufruit. Cette opération subira les droits de donation mais aura pour effet de gommer la plus-value de cession. Les enfants deviennent pleins propriétaires d'une partie des actions.
– Convention de quasi-usufruit sur le solde de l'usufruit. Les parents conservent la pleine maîtrise d'une partie du produit de cession.
– Les enfants détiennent une créance sur la succession de leurs parents. Cette créance vient en déduction de l'actif successoral. Cette créance peut, par convention, être indexée.
– Par exemple, pour ce qui concerne l'usufruit :
• abandon de l'usufruit pour un montant global de 5 000 k€ ;
• coût des droits de donatio : 1 150 k€ (4 donations – taux moyen des droits : 23 %) ;
• impôt sur la plus-value de cession sur l'usufruit : 0 k€ ;
• si les enfants prennent en charge les droits de donation, ces droits vont avoir pour effet de créer une moins-value sur cession de l'usufruit qui pourra être déduite de la plus-value de cession de la nue-propriété (gain d'impôt : environ 35 % de 1 150 k€) ;
• les enfants bénéficient de la pleine propriété sur un capital de 16 667 k€ (moins droits de donation et IPV) ;
• convention de quasi-usufruit sur le solde (1 000 k€) :
• coût de l'impôt sur la plus-value de cession : 320 k€ à la charge des parents ;
• les parents bénéficient d'un quasi-usufruit sur un capital de 3 333 k€ (moins impôt de plus-value).

6. Assurance-vie et stratégie patrimoniale

L'assurance-vie est un élément de première importance dans l'organisation patrimoniale des personnes physiques en France. À ce titre, elle mérite un développement particulier.

L'assurance-vie est présentée habituellement comme une enveloppe juridique et fiscale offrant des avantages fiscaux au plan des revenus et de la transmission successorale. C'est un peu court!

Il est utile d'aborder les choses différemment et de présenter l'assurance-vie davantage comme un outil que comme un simple produit.

Le praticien soucieux de privilégier la vente-conseils à la simple distribution de produits peut s'inspirer des réflexions suivantes. Au-delà de la description de problématiques patrimoniales, les démonstrations qui suivent lui offriront un grand nombre d'arguments de vente dans le cadre d'une approche-besoins intelligemment menée.

Différentes stratégies patrimoniales sont directement concernées par l'assurance-vie :

Problématiques patrimoniales	Avantages offerts par l'assurance-vie
Maîtriser ses actifs de son vivant	La totale maîtrise de ses capitaux
Supprimer les frottements fiscaux	Un rendement sans aucun impôt
Bénéficier de revenus peu fiscalisés	Des rachats peu fiscalisés
Conserver l'harmonie familiale après son décès	Une répartition fine des capitaux en soignant la clause bénéficiaire
Transmettre en minorant ses coûts	Un abattement et une taxe forfaitaire sur les capitaux transmis
Bénéficier d'un levier de développement	Une base d'actifs facilement gagée pour garantir des crédits de développement

Ce tableau synoptique entraîne les développements qui suivent.

La totale maîtrise des capitaux de son vivant

Monsieur Courtois détient un immeuble locatif qu'il souhaite transmettre à ses enfants.

Il a deux enfants.

L'immeuble vaut 5 000 k€.
Les loyers annuels sont de 250 k€ (5 % de rentabilité avant IR et prélèvements sociaux).

A • Son notaire lui suggère d'effectuer la donation-partage de cet immeuble

L'idée est excellente mais, en donnant, M. Courtois va se dessaisir de ce bien. Quand bien même il ne donnerait que la nue-propriété, il n'aura plus la totale maîtrise de ses actifs. Par ailleurs, la forte pression fiscale sur les revenus perdurera. Une autre solution consiste à :
– céder ce bien à ses enfants qui acquièrent l'immeuble *via* une SCI familiale;
– la SCI souscrit un crédit bancaire à remboursement *in fine* du capital (15 ans) pour financer l'achat;
– les intérêts du crédit sont couverts par les loyers, la trésorerie est équilibrée;
– la fiscalité est quasi nulle;
– M. Courtois perçoit le produit de cession sans frottement fiscal (autre que les droits de mutation acquittés par la SCI – on suppose que ce bien est détenu depuis 15 ans au moins);
– le produit de cession est placé en **assurance-vie**;
– en outre, M. Courtois peut effectuer une donation-partage de la moitié environ de ce produit en faveur de ses enfants afin qu'eux-mêmes puissent disposer des capitaux nécessaires pour rembourser la banque au terme du crédit (50 font 100 au terme de 15 ans).

B • Commentaires

M. Courtois pourra remplacer ses revenus fonciers fortement imposés (50 % environ) par des rachats sur son contrat d'assurance-vie faiblement imposés (7 % en moyenne sur 15 ans).
Il disposera de la maîtrise des capitaux déposés au sein de son contrat d'assurance-vie (le crédit bancaire sera gagé sur les capitaux donnés à ses enfants).

Le coût de transmission global sera abaissé :

	Avant	Après
Droit de succession sur immeuble	1 700 k€	0
Droit de donation sur la moitié du produit de cession	0	350 k€
Taxe de transmission sur assurance-vie sur la moitié du produit de cession conservée par M. Courtois	0	440 k€
Total des coûts de transmission	1 700 K€	790 k€

La pression fiscale sur les revenus sera minorée. En 15 ans, la pression fiscale sur les loyers est de 50 % environ alors qu'elle n'est que de 7 % en moyenne sur des rachats partiels sur contrat d'assurance-vie.

Au plan du groupe familial, l'opération permet de diversifier le patrimoine entre actifs immobiliers et actifs financiers.

Supprimer les frottements fiscaux

Il est souhaitable que le rendement d'un placement (revenus + plus-values) subisse le moins possible de frottement fiscal.

Le contrat d'assurance-vie ou le contrat de capitalisation offre cet avantage puisque, dans l'hypothèse où il n'y a aucun rachat, le rendement des placements au sein de cette enveloppe ne subit ni impôts ni prélèvements sociaux.

L'enveloppe assurance-vie permet d'abriter un grand nombre de supports de différentes natures :

– un **fonds euros** qui est un havre en cas de turbulence boursière;

– des supports **monétaires** : aujourd'hui les rendements sont modestes mais ils peuvent augmenter à l'avenir, voire surperformer les rendements de long terme, comme nous l'avons vu dans le passé;

– des **supports obligataires** sur différentes zones monétaires (euro – dollar – yen);

– des fonds représentant des lignes **d'actions de sociétés cotées en bourse**;

– des fonds **indiciels** qui reproduisent des performances de différentes natures (actions, indices boursiers, matières premières, styles de gestion...) ;

– des unités de compte en **immobilier**;

– des produits à **capital garanti ou protégé**.

Les arbitrages entre les différents supports conservent une absolue neutralité fiscale au sein du contrat assurance-vie ou de capitalisation.

Par rapport à un placement dans un portefeuille de valeurs mobilières sans statut fiscal particulier, l'intérêt du placement assurance-vie est important.

Exemple : placement de 5 000 k€ pendant 30 ans au taux de 6 % :

– dans un portefeuille de titres classique, le résultat final net d'impôt sur les plus-values est de 18 000 k€ ;

– au sein d'une enveloppe assurance-vie, le résultat final est de 28 700 k€ net ;

– soit une différence de rendement de 59 %.

Bénéficier de revenus peu fiscalisés

La recherche de ressources financières nécessaires pour financer le train de vie est l'un des objectifs majeurs des stratégies patrimoniales. Minorer la base taxable des revenus permet de :

– limiter l'impôt sur les revenus (barème progressif, taux proportionnel, prélèvement forfaitaire) ;

– bénéficier du plafonnement de l'ISF ;

– bénéficier du bouclier fiscal.

Tous les retraits sur produits de capitalisation permettent d'effectuer des rachats partiels en minorant la base taxable incluse dans le montant global du rachat.

Exemple : Monsieur Tournus a le choix entre un placement en obligations déposées au sein d'un portefeuille de valeurs mobilières et un placement en assurance-vie.

Le montant déposé est de 3 000 k€, le rendement brut du placement dans les deux hypothèses est de 5 % (un coupon obligataire annuel de 5 % ou un rachat partiel annuel de 5 % du capital déposé en assurance-vie). Les résultats sur une période de 10 ans sont les suivants :

Comparaison sur une période de 10 ans	Obligations	Assurance-vie
Valeur initiale du placement	(3000) k€	(3000) k€
Montant global des revenus	1 500 k€	1 500 k€
Base taxable des revenus	*1 500 k€*	*341 k€*
Prélèvement forfaitaire libératoire	(405) ke	(83) k€
Valeur résiduelle du placement au terme	3000 k€	3000 k€
Enrichissement	**1095 k€**	**1417 k€**

Si la situation patrimoniale de M. Tournus s'inscrivait à l'intérieur d'une stratégie de bouclier fiscal, la pression sur les revenus fiscalisés ne serait pas de 27 % (PFL sur revenus d'obligations) ou de 46 % à 18,50 % (prélèvements libératoires liés au régime fiscal des rachats sur contrat d'assurance), mais de 71 % (effet de débordement du bouclier fiscal plus prélèvements sociaux). Dans ce contexte les résultats seraient les suivants :

Comparaison sur une période de 10 ans	**Obligations**	**Assurance-vie**
Valeur initiale du placement	(3000) k€	(3000) k€
Montant global des revenus perçus	1 500 k€	1 500 k€
Base taxable des revenus	*1 500 k€*	*341 k€*
Incidence globale bouclier fiscal (71 %)	(1 065) ke	(242) k€
Valeur résiduelle du placement au terme	3000 k€	3000 k€
Enrichissement	**435 k€**	**1 258 k€**

Dans ce contexte, l'avantage procuré par l'assurance-vie est trois fois plus important par rapport à un placement à revenus distribués annuellement.

Conserver l'harmonie familiale

L'harmonie entre les membres du groupe familial après le décès de l'un des conjoints dépend en grande partie de critères financiers et patrimoniaux :

– une distribution équitable du patrimoine. Équitable ne veut pas dire obligatoirement égalitaire. Chacun des membres du groupe peut admettre que le patrimoine peut être divisé en parts inégales (un avantage financier qui doit obéir à une logique admissible par tous) ou bien en lots de natures différentes (une entreprise d'un côté et de l'immobilier ou des actifs financiers de l'autre) ;

– une distribution qui privilégie, dans la mesure du possible, l'indépendance financière de chacun. Il est nécessaire de structurer le patrimoine afin d'éviter les indivisions, les démembrements (hormis le quasi usufruit), les associations imposées, etc. En fait il est judicieux d'éviter de créer toute situation qui pourrait engendrer à terme un conflit d'intérêts.

Les dispositions d'un contrat de mariage ne permettent pas de découper finement les actifs patrimoniaux entre les différents ayants droits. En outre, contrairement à la modification d'une clause bénéficiaire, le changement d'un contrat de mariage est lourd à mettre en œuvre. C'est la raison pour laquelle les clauses bénéficiaires d'un contrat d'assurance-vie peuvent compléter avec souplesse les effets d'un contrat de mariage. Ainsi une partie du patrimoine sera distribuée en obéissant aux règles de la convention matrimoniale et une autre partie, déposée au sein d'un contrat d'assurance-vie, sera ventilée entre les bénéficiaires désignés.

En voici quelques exemples :

– la clause bénéficiaire prévoit de distribuer les actifs en pleine propriété selon un schéma différent de ce qui est prévu au contrat de mariage (dans le respect des règles du Code civil) ;

– la clause prévoit le conjoint bénéficiaire en priorité et à défaut les enfants. Au moment du décès de l'assuré, le conjoint peut accepter le bénéfice de l'assurance ou bien renoncer au profit des enfants en fonction de sa situation de fortune à cet instant. Ainsi les capitaux peuvent être transmis ou non à la seconde génération selon la situation patrimoniale du moment T ;

– démembrement de la clause : usufruit en faveur du conjoint survivant et les enfants nus propriétaires. Ou bien usufruit aux enfants et nue propriété aux petits enfants afin d'éviter les coûts de transmission de la seconde à la troisième génération. Il est possible de compléter avec une convention de quasi usufruit.

Ces clauses peuvent être mixées entre elles dans le respect de la réserve héréditaire des ayants droits.

Transmettre en minorant les coûts

A • Utilisation d'un contrat d'assurance-vie

Les principaux avantages du contrat d'assurance-vie sont de conserver la maîtrise des capitaux de son vivant et de permettre la transmission en bénéficiant de deux avantages :

– un abattement sans aucun droit de transmission portant sur 152,5 K€ par bénéficiaire. Cette mesure est valable pour les capitaux déposés avant le 70e anniversaire ou bien pour les versements complémentaires effectués après le 70e anniversaire sur les contrats ouverts avant le 12 octobre 1991 ;

– au-delà de cet abattement, les capitaux transmis sont soumis à une taxe de transmission de 20 % ou de 25 %.

Ainsi, l'assurance-vie a pour effet de minorer le coût de la transmission pour les patrimoines dont le montant taxable s'inscrit dans des tranches d'imposition successorale supérieures à 20 %.

Il ne faut pas en déduire que les souscripteurs de nouveaux contrats âgés de plus de 70 ans sont écartés complètement des avantages de transmission offerts par l'assurance-vie. En effet, bien que les capitaux transmis soient soumis aux droits de succession pouvant atteindre la tranche marginale de 40 %, ce taux s'applique sur les capitaux investis (les primes versées) et non sur la valeur de rachat du contrat au moment du décès de l'assuré. Les plus-values sont transmises en franchise de droits.

Exemple : Monsieur Touraine est âgé de 71 ans. Il vient de céder un immeuble pour 3 000 k€ et place le produit de cession sur un contrat d'assurance-vie.

Par hypothèse, le niveau de fortune de M. Touraine a pour conséquence que cet actif s'inscrit totalement à l'intérieur de la plus haute des tranches du barème des droits de succession (45 %).

Monsieur Touraine, bien qu'âgé, est en bonne santé. Il n'est pas déraisonnable de penser que son espérance de vie propre dépasse largement l'espérance de vie telle que calculée dans les tables de mortalité. Imaginons que M. Touraine vive encore 25 ans (décès à l'âge de 96 ans). À ce terme, la valeur du contrat sera de l'ordre de 13 000 k€ (rendement annuel de 6 % brut environ). Les droits de transmission seront de 45 % de 3 000 k€ soit 1 350 k€. Le taux moyen du coût de transmission rapporté aux capitaux à transmettre est de 1 350 / (13 000 /100) = 10,38 %.

Si M. Touraine avait procédé à la même opération avant son 70e anniversaire, le coût de transmission de son contrat aurait été de : 13 000 k€ x 25 % = 3 250 k€ .

Le propos n'est pas de dire qu'il est préférable d'attendre le passage du 70e anniversaire pour souscrire un contrat d'assurance-vie, mais d'affirmer qu'il existe encore un intérêt successoral à souscrire un contrat après cet âge.

Cet exemple est valable si M. Touraine n'effectue pas de rachat sur son contrat. Dans le cas contraire, une stratégie spécifique est à envisager.

Par exemple : si M. Touraine souhaite effectuer des rachats annuels d'un montant de 200 k€ , le résultat de l'opération serait le suivant :

– montant initial : 3 000 k€ ; rendement annuel : 6 % ; rachats annuels : 200 k€ ;

– au terme de 25 ans, la valeur résiduelle du contrat est de 1 900 k€ ;

– le contrat sera taxé à 45 % sur une valeur de 1 900 k€ ;

– soit un coût de transmission de 855 k€.

Dans ce cas, il eut été préférable d'établir deux contrats :

– un contrat destiné à assurer les rachats partiels pour un montant de l'ordre de 2 500 k€. Au terme de 25 ans, la valeur résiduelle du contrat est de 0 ;

– et un second contrat pour le solde des capitaux à placer, soit 500 k€ ;

– aucun rachat sur ce contrat qui vaudra 2 100 k€ au terme de 25 ans ;

– le coût de transmission est de : 500 k€ x 45 % = 225 k€.

B • Utilisation d'un contrat de capitalisation

Au plan de la fiscalité du rendement et des rachats partiels, le contrat de capitalisation présente des avantages identiques au contrat d'assurance-vie. En cas de transmission par décès du souscripteur, le contrat fait partie de l'actif successoral et ne bénéficie donc pas des avantages de l'assurance-vie.

Cependant, ce type d'enveloppe peut être utilisé dans un schéma destiné à optimiser la transmission d'un actif financier. Dans ce cas, il est possible d'obtenir les avantages de l'assurance-vie et même au-delà.

Exemple : M. Garnier, 50 ans, 2 enfants, dispose d'un patrimoine immobilier et mobilier très important. Il a déjà effectué des donations en faveur de ses enfants. Pour l'instant, il souhaiterait ne pas aller plus loin. Toutefois, M. Garnier comprend bien que le temps ne joue pas en sa faveur. Les actifs financiers dont il dispose actuellement (5 000 k€), en prenant de la valeur au fil du temps (+ 4,50 % en moyenne annuelle), coûteront de plus en plus cher à transmettre dans l'avenir.

Une première solution serait de souscrire un contrat d'assurance-vie. En cas de décès (hypothèse : 80 ans) dans 30 ans, la valeur de rachat du contrat sera de 19 000 k€. Le coût de transmission sera de 19 000 k€ x 25 % = 4 750 k€.

Une seconde solution pourrait obéir au schéma suivant :
– création d'une société civile de gestion de valeurs mobilières soumise à l'IR ;
– la société est dotée d'un petit capital – les enfants souscrivent à la quasi-totalité du capital en pleine propriété ;
– M. Garnier est associé pour quelques parts en pleine propriété et devient cogérant de la société aux côtés de ses enfants ;
– M. Garnier apporte en compte-courant d'associé (non rémunéré pour lui) 5 000 k€ en numéraire ;
– la trésorerie ainsi générée est utilisée par la société pour souscrire un ou plusieurs bons de capitalisation ;
– résultats :

• M. Garnier détient toujours une créance vis-à-vis de la société, créance qui pourrait être remboursée à tout moment grâce à la cession des contrats de capitalisation. Ainsi, il conserve la maîtrise de ses capitaux ;

• la plus-value générée par les placements au sein des contrats de capitalisation bénéficie aux enfants ;

• en une ou plusieurs fois, M. Garnier pourrait effectuer des donations de son compte-courant dont le montant n'augmentera pas dans le temps. Ainsi, il n'y aura pas aggravation du taux moyen de droits à payer au fil du temps. Bien au contraire, car M. Garnier pourra bénéficier tous les 15 ans de la remise à 0 des abattements et des petites tranches du barème des droits de donation ;

• si M. Garnier n'effectue pas de donation de son vivant, le compte-courant, pour sa valeur d'origine, sera taxé aux droits de succession (marginalement à 45 % par hypothèse). Le coût sera de 5 000 k€ x 45 % = 2 250 k€ ;

• à comparer au coût de transmission dans le schéma assurance-vie : 4 750 k€.

Bénéficier d'un effet de levier pour le développement du patrimoine

Les capitaux détenus au sein d'un contrat d'assurance-vie peuvent être facilement nantis en garantie de crédits bancaires destinés à financer des investissements immobiliers ou autres. C'est un moyen de diversifier le patrimoine et, ainsi, d'augmenter la rentabilité globale du patrimoine.

Exemple : M. Dussart détient un contrat d'assurance-vie d'un montant de 1 000 k€. La rémunération est de 4 % l'an. Si M. Dussart ne fait rien de plus, la rentabilité actuarielle annuelle (TRI) se limitera à 4 % ; l'enrichissement sur 15 ans sera de 800 k€.

Si M. Dussart adosse un crédit de 1 800 k€ (taux du crédit *in fine* sur 15 ans : 4 %) à son contrat d'assurance-vie pour investir dans un bien immobilier locatif (revenu locatif 6 % – évolution des loyers 2 %/an et valorisation de l'immobilier 2 %/an), le TRI s'élève à 6,50 %. L'enrichissement sur 15 ans passe de 800 k€ à 1 600 k€.

PARTIE 2 Le champ des connaissances

Chapitre 1

Le domaine fiscal

Afin de maîtriser les conséquences juridiques et fiscales des suggestions, il est indispensable de posséder une vue synthétique des principes généraux de la législation française.

Au niveau de l'activité du conseil patrimonial global, le champ des connaissances juridiques et fiscales est relativement simple à explorer. Ce qui rend complexe le sujet, ce sont les nombreuses exceptions et règles particulières ainsi que l'instabilité du cadre législatif.

Un exemple pour illustrer ce qu'apporte en complexité les exceptions : en principe les droits d'auteur sont des revenus imposables dans la catégorie des salaires. Sur option, le bénéficiaire peut choisir le régime fiscal des BNC. Toutefois le choix n'est ouvert qu'en faveur de l'auteur lui-même. Dans le cas où les droits échoient par succession aux héritiers, ces derniers sont soumis exclusivement au régime des BNC.

Un autre exemple pour mesurer la forte instabilité des règles fiscales en France : en 21 ans (1980/2011) la législation relative à l'assurance-vie a été l'objet de 24 modifications.

Au plan fiscal et juridique, il est important d'acquérir une base technique complète. Dans un premier temps, cette base n'a pas besoin d'être très profonde mais doit recouvrir la totalité du périmètre du conseil patrimonial.

Ce chapitre a pour but d'offrir une vue globale des connaissances de base qui seront à approfondir au fil du temps par la formation, les expériences et les lectures.

1. Quelques règles générales

L'abus de droit

L'administration fiscale peut remettre en question un schéma patrimonial au motif de « l'abus de droit ». Conséquences : les avantages fiscaux offerts par le schéma contesté sont annulés, la peine peut être aggravée par une amende. En principe la charge de la preuve incombe à l'administration fiscale. Les deux éléments susceptibles d'entraîner un abus de droit sont les suivants :

– **opération fictive** : l'opération, malgré les apparences, ne correspond pas à une opération réelle au sens juridique, ou bien ses effets réels ne correspondent pas au but affiché par l'opération d'origine.

Par exemple : opération effectuée dans le cadre d'une SCI régulièrement constituée mais dont les règles de fonctionnement juridique ne sont pas respectées au cours de la vie de la société (objet social non conforme à la loi, absence d'assemblée des associés, pas de comptabilité, publicité légale de la modification des statuts non effectuée...). La société est considérée comme sans existence légale, elle est dénuée de la personnalité morale. En conséquence, les effets des opérations y afférant pourraient être contestées par l'administration fiscale.

Autre exemple : des parents effectuent une donation partage en faveur de leurs enfants, ensuite il s'avère que les actifs donnés sont utilisés par les parents à leur profit. Dans ce cas, la volonté d'accorder une libéralité n'est pas vraiment prouvée. En conséquence cette donation pourrait être considérée comme une opération fictive;

– **opération ayant pour seul but d'éluder l'impôt*** : voici pourquoi il est inopportun d'afficher des buts uniquement fiscaux dans une étude. Au-delà de l'optimisation fiscale, les propositions doivent se justifier par des raisons financières, économiques ou familiales (opportunité d'un investissement, transmission aux enfants, bénéficier d'une trésorerie...).

Par exemple : louer sa propre résidence principale, financée à l'aide d'un crédit afin de bénéficier de déficits fiscaux, est une opération qui paraît se justifier uniquement par un but fiscal.

---

* Bien entendu ce principe ne s'applique pas pour les opérations effectuées en vertu de législations fiscales spécifiques dont le but est de réduire les impôts ou la base taxable (SOFICA, FCPI, régime DOM-TOM).

Les armes dont bénéficie l'administration fiscale afin de contrer les effets bénéfiques, pour le contribuable, d'un montage juridico-fiscal se sont améliorées. En 2006, le Conseil d'État avait estimé que certains actes, bien que non passibles des foudres de l'abus de droit, pouvaient néanmoins être qualifiés de fraude à la loi. C'est le cas d'un contribuable qui, en recherchant le bénéfice d'une application littérale des textes à l'encontre des objectifs poursuivis par le législateur, ne pouvait être inspiré par aucun motif autre que celui d'éluder ou d'atténuer une charge fiscale qu'il aurait normalement supportée eu égard à sa situation ou à son activité réelle. Cette position étant consacrée par l'article 35 de la loi de Finances rectificative pour 2008.

Une nouvelle décision (2009) illustre le raisonnement : une société achète des actions avant le détachement du dividende et revend rapidement. Le but est de bénéficier de l'avoir fiscal pour minorer son propre impôt (l'opération datait de l'époque où l'AF était en vigueur). La question était de savoir si on était dans le cas de la fraude à la loi au motif que les législateurs, ayant créé l'avoir fiscal, avaient lié le bénéfice de l'avoir fiscal à une durée minimum de détention des titres. Le tribunal de 2009 n'ayant pas trouvé cette intention dans les textes, notre contribuable a été relaxé. En outre, l'administration fiscale n'a pas été capable de prouver le caractère artificiel de l'opération car les acheteurs ont assumé le risque de perte de valeur lié à la détention (même éphémère) des actions.

L'acte anormal de gestion

L'administration fiscale peut contester un acte passé par une société commerciale.

Il s'agit d'une opération qui prive la société d'un profit ou qui lui fait supporter une charge alors que cette opération ne correspond pas à l'intérêt de la société ou est faite dans le seul intérêt d'un tiers (actionnaire, dirigeant...).

Par exemple : une société souscrit un emprunt bancaire qui ne correspond pas à son besoin normal d'exploitation ou d'investissement.

Ceci ne veut pas dire que l'administration fiscale peut juger de tout et fixer les choix de gestion d'une entreprise. Elle n'a pas le pouvoir de se substituer aux dirigeants pour décider ce qui aurait le mieux convenu à l'entreprise.

Par exemple : une entreprise disposant de trésorerie peut placer cette trésorerie et emprunter pour financer un investissement. Aussi faut-il que l'investissement soit effectué dans le cadre de l'objet social de la société ainsi que dans son propre intérêt.

Le traitement fiscal des déficits

A • Déficits cloisonnés

En matière d'impôt sur le revenu, en principe, toute dépense ou charge engagée pour se procurer un revenu soumis à imposition est déductible fiscalement du revenu en question.
Dans le cas où les charges sont supérieures au revenu, le déficit généré ne peut, en principe, que s'imputer sur des bénéfices de même nature. Ainsi il n'est pas possible d'imputer ce déficit sur l'ensemble des revenus imposables du foyer fiscal, on dit alors que le déficit est cloisonné.

B • Déficit décloisonné

En matière d'impôt sur le revenu, les déficits issus d'opérations ayant un véritable caractère professionnel sont déductibles de l'ensemble des revenus.
Par exception, la loi prévoit que certains déficits non professionnels peuvent s'imputer sur le revenu global (par exemple dans le cadre de la fiscalité de certains revenus fonciers).
Dans ce cas, le déficit est considéré comme un déficit décloisonné.

Revenus de nature professionnelle

Il s'agit des revenus issus d'opérations qui constituent l'activité professionnelle principale du contribuable concerné. En principe, un contribuable ne peut avoir qu'une seule activité professionnelle (ou qu'un seul groupe d'activités quand elles sont connexes). Dans un couple, chacun des conjoints peut exercer sa propre activité professionnelle.
Deux critères principaux permettent d'apprécier le caractère professionnel d'une activité :
– l'importance des revenus tirés de cette activité par rapport à l'ensemble des revenus professionnels du contribuable;

– les fonctions de direction techniques, administratives et/ou commerciales doivent être effectivement exercées au sein de l'activité en question.
Par exemple : un médecin exerçant à Lille investi dans une exploitation d'hôtel à Toulon. Cette activité hôtelière ne pourra pas être considérée comme son activité professionnelle au motif que ce médecin est dans l'impossibilité matérielle de gérer réellement l'hôtel éloigné de son domicile et qu'il exerce déjà une autre activité professionnelle sans lien avec une activité hôtelière. Les éventuels déficits fiscaux générés par l'activité hôtelière ne seront pas déductibles du revenu global du foyer fiscal de ce médecin. Ils pourront s'imputer soit sur des bénéfices issus d'une autre activité de même nature, soit sur d'éventuels futurs excédents fiscaux générés par l'activité hôtelière en question.
Ainsi on peut rencontrer des revenus de même catégorie fiscale mais qui n'ont pas la même nature. Par exemple : un professionnel de l'hôtellerie percevra des BIC professionnels (un éventuel déficit sera décloisonné), alors que pour la même activité le médecin de l'exemple ci-dessus percevra des BIC non professionnels (un éventuel déficit sera cloisonné).

Patrimoine professionnel

Une personne physique ne peut détenir qu'un seul patrimoine. Mais ce patrimoine peut être de deux natures différentes : privée ou professionnelle.
Qualifier la nature exacte du patrimoine importe au regard de deux catégories d'imposition : la PLUS-VALUE et l'ISF.
Un principe de base édicte que les actions de sociétés de capitaux détenues directement ou indirectement par une personne physique sont toujours considérées comme un bien faisant partie du patrimoine privé. En conséquence la détention d'un outil de travail *via* une société par actions n'est pas un bien professionnel. Cependant, sous certaines conditions, ces titres peuvent être exonérés de l'imposition ISF parce qu'ils représentent l'outil de travail de l'intéressé.

A • La plus-value

Dans le cas où une personne physique exerce une activité professionnelle qui nécessite l'utilisation de biens professionnels, cette personne peut posséder à la fois un patrimoine privé et un patrimoine professionnel.

Le passage d'un actif d'une catégorie à l'autre déclenche la constatation d'une éventuelle plus-value.

Les contribuables concernés sont principalement ceux exerçant leur activité professionnelle directement (entrepreneur individuel) ou *via* une société de personnes translucide fiscalement.

Loger certains actifs dans le patrimoine professionnel entraîne des conséquences fiscales favorables au plan de la détermination du revenu imposable (amortissement, charges déductibles). Mais cela entraîne également des conséquences au plan des plus-values éventuellement constatées. Ainsi le passage d'un bien du patrimoine personnel au patrimoine professionnel et vice-versa déclenchera des impositions distinctes : plus-value du particulier et plus-value professionnelle.

En outre, en principe une éventuelle plus-value imposable constatée sur les biens professionnels ne peut être annulée par une donation. Cela est compréhensible puisqu'une donation ne peut qu'être une mutation entre deux patrimoines privés. En conséquence la donation d'un bien professionnel oblige, avant donation, à faire passer le bien du patrimoine professionnel vers le patrimoine privé. Il est possible de demander le report de cette taxation mais les donataires devront s'engager personnellement à payer la plus-value en report dans le cas où ils cèderaient le bien reçu à leur tour. Désormais, cette règle a été assouplie. Dans le cas où les donataires conservent le bien 5 ans, la plus-value en report d'imposition est supprimée.

B • L'ISF

Au regard de l'ISF, certains biens, y compris des actions de société par actions, peuvent être qualifiés de biens professionnels. À ce titre, ils n'entrent pas dans l'assiette taxable à l'ISF. Pour obtenir cet avantage, il faut respecter strictement les règles concernant l'architecture de détention du bien professionnel et des revenus générés par ce bien.

Le principe des prêts substitutifs

Pour ce qui concerne la fiscalité des revenus fonciers soumis à l'impôt sur les revenus, il existe une contrainte particulière concernant les règles de déductibilité des intérêts d'emprunt ayant éventuellement financé l'opération d'investissement. Cette règle est la suivante : au moment où l'investissement est effectué (acquisition, travaux), l'investisseur doit adopter un mode de financement précis (crédits bancaires et/ou fonds propres). En cas de financement par prêt immobilier, les modalités du prêt sont prédéterminées (durée, mode d'amortissement et principe de calcul du taux). Ainsi la masse d'intérêts déductibles fiscalement (ou son principe de calcul en cas de taux variable) peut être évaluée par avance pour toute la durée de l'opération. L'investissement ainsi réalisé et financé, il ne sera plus possible, au plan fiscal, de modifier à la hausse la masse d'intérêts bancaires déductibles prévue dans le contrat de prêt initial.

En d'autres termes, si on substitue à l'endettement initial un nouveau crédit (qui aurait pour effet de produire un volume d'intérêts supérieur à ce qui était initialement prévu), cette charge supplémentaire ne sera pas déductible fiscalement. De même, au terme du crédit, il n'est pas possible, en l'absence d'une cession du bien, de souscrire un nouvel emprunt pour bénéficier de nouveaux intérêts déductibles supplémentaires.

Par exemple : Monsieur A réalise un investissement immobilier locatif de 100. Il choisit de financer avec 50 par apport personnel et 50 par un prêt immobilier remboursable en 10 ans au taux fixe de 5 %. La masse globale d'intérêts prévue est de 13,64. Ultérieurement, Monsieur A ne pourra pas substituer un prêt qui aurait pour effet de générer au global une masse d'intérêt supérieure à 13,64. Au terme du prêt, Monsieur A ne pourra pas souscrire un nouveau prêt à intérêts déductibles fiscalement.

Le conseiller patrimonial doit attirer l'attention de son client investisseur sur ces points qui obligent à bien calibrer à l'origine l'endettement optimum. C'est également la raison pour laquelle il est nécessaire de vendre un bien immobilier locatif si on souhaite ré-endetter ce bien pour des raisons d'optimisation du patrimoine.

Présomption de l'article 751 du CGI

Cet article vise les biens démembrés entre un usufruitier et un nu-propriétaire. Dans le cas du décès de l'usufruitier, tout bien meuble ou immeuble est présumé faire partie de la succession de l'usufruitier pour sa valeur en pleine propriété lorsque la nue-propriété appartient :

- à ses héritiers présomptifs ou à leurs descendants ;
- à des donataires ou à des légataires.

Cette présomption ne joue pas dans les cas suivants :
– pour les biens dévolus en démembrement par succession ;
– ou résultant d'une donation régulière de la nue-propriété 3 mois au moins avant le décès du donateur.

Preuve contraire de cette présomption : il est admis que l'héritier puisse produire la preuve contraire. Celle-ci est difficile à apporter. Cette question est laissée à l'appréciation souveraine de l'administration fiscale.

C'est la raison pour laquelle il est souhaitable que le nu-propriétaire entre en possession de sa nue-propriété par donation plutôt que par achat. Toutefois, il est désormais admis qu'une donation de numéraire en faveur de l'acheteur de la nue-propriété puisse justifier la réalité de l'achat en démembrement de propriété.

Dans les opérations effectuées à titre onéreux, l'interposition d'une société civile est de nature à sécuriser les opérations de démembrement effectuées à titre onéreux.

Exemple : un père et son fils souhaitent acquérir en démembrement de propriété une résidence secondaire :
– première solution : chacun achète directement l'usufruit et la nue- propriété du bien. L'article 751 trouve à s'appliquer. Il est toutefois possible de faire la preuve du contraire en justifiant que le fils possédait réellement les liquidités nécessaires à son acquisition ;
– deuxième solution, plus sûre : le père acquiert directement l'usufruit de la résidence secondaire. Le fils acquiert la nue-propriété *via* une SCI. L'interposition d'une société ayant la personnalité morale évitera les rigueurs de l'article 751 du CGI (RM Borotra).

Les stratégies de minoration de l'impôt

Les schémas ayant pour objectif de minorer l'ISF (plafonnement) s'appuient sur les mêmes idées :
– constituer des comptes-courants (non rémunérés) au sein de structures soumises à l'IS ;
– créer des ressources de trésorerie qui ne sont pas considérées comme des revenus au sens fiscal ; par exemple, la cession d'actifs patrimoniaux sans plus-value ;

– effectuer des rachats partiels sur contrats de capitalisation ou d'assurance-vie. Seule une partie infime du retrait est considérée comme un revenu imposable ;
– creuser un découvert bancaire et effectuer un remboursement une fois tous les 5 ans par exemple. Selon la situation, il est parfois préférable de ne pas payer d'impôts pendant 4 ans et d'en payer beaucoup une seule année.

La délocalisation à l'étranger

A • Le statut de non résident

Pour entrer dans la catégorie de non-résident fiscal une personne physique doit respecter strictement toutes les conditions suivantes :
– ne pas demeurer plus de 183 jours par an sur le territoire français y compris sa famille (épouse non séparée et enfants à charge) ;
– et ne pas exercer sa profession en France ;
– et ne pas avoir ses centres principaux d'intérêts économiques et/ou professionnels en France.
À noter : un fonctionnaire de l'état français en poste à l'étranger n'est pas considéré comme un non-résident fiscal français.
Les règles fiscales qui s'appliquent aux non-résidents sont régies le plus souvent par des conventions fiscales bi-latérales entre chaque pays et la France.
Sauf exception inscrite dans telle ou telle convention, les principales règles qui s'appliquent en France à l'égard d'un non-résident fiscal sont les suivantes :
– les revenus perçus sur obligations et actions sont soumis à une retenue à la source. En cas de convention fiscale avec le pays de résidence du contribuable, ce dernier peut récupérer la retenue à la source prélevée en France. Ce montant sera déduit des impôts payés dans le pays de résidence de l'intéressé ;
– les revenus perçus sur les rémunérations de dépôts bancaires sont exonérés de tous impôts français ;
– les revenus imposables immobiliers sont soumis à une imposition selon le barème progressif à partir d'une tranche d'imposition minimum de 25 % ;

– les actifs financiers ne sont pas assujettis à l'ISF contrairement aux actifs immobiliers ;
– la fiscalité des contrats d'assurance-vie dépend de chaque convention fiscale et des règles dans chaque pays concerné. Dans ce domaine, il n'est pas possible de tirer des principes généraux ;
– il existe également des statuts fiscaux particuliers :
 • statuts de résident frontalier,
 • statut mixte (partage des éléments imposables entre deux pays différents),
 • partage de revenus professionnels (split) entre deux pays dans le cas où la personne exerce son activité professionnelle dans deux pays différents (par exemple un avocat inscrit aux barreaux de Paris et de New York) ;
– au plan de l'ISF, les biens immobiliers et les participations supérieures à 10 % sont imposables pour leur valeur vénale après déduction des passifs (crédit d'acquisition par exemple) ;
– les non-résidents ne peuvent bénéficier ni du plafonnement ni du bouclier fiscal.

B • La délocalisation des actifs

La mise en place d'actifs ou de source de revenus à l'étranger, sans qu'il y ait de délocalisation physique de la personne titulaire, ne modifie pas la fiscalité globale de l'intéressé.

En effet le contribuable français est assujetti à la règle de l'imposition mondiale. Tous ses revenus et son patrimoine, où qu'ils soient, sont imposables en France selon les règles fiscales françaises.

La délocalisation d'actifs à l'étranger, non déclarée au fisc français, est un délit puni gravement selon la législation fiscale et douanière.

C • La délocalisation de la personne

Seule la délocalisation physique du contribuable lui-même est de nature à modifier le poids de sa fiscalité.

Certains pays offrent des régimes fiscaux plus favorables que la France.

Cependant, la délocalisation doit être avant tout un « choix de vie » et non un choix fiscal. Vivre à l'étranger présente parfois des inconvénients importants (éloignement du groupe familial, coût de la vie plus élevé, difficultés d'adaptation à de nouvelles mentalités ou à un mode de vie différent...).

En outre deux éléments peuvent diluer les avantages fiscaux espérés :
– la législation fiscale française comporte des dispositions destinées à affaiblir ou supprimer les avantages fiscaux procurés par une délocalisation physique (exit tax) ;
– certains pays d'Europe, dont la fiscalité est attractive, pourraient modifier leurs règles fiscales dans le cadre d'une harmonisation de la fiscalité européenne.

Dépendant des règles instituées par les conventions fiscales entre la France et chaque pays, l'ingénierie patrimoniale internationale est un domaine très complexe qui est l'affaire de spécialistes.

2. Les fiscalités

La fiscalité de l'assurance-vie

A • Les revenus

En premier lieu, l'assurance-vie est une enveloppe juridique et fiscale qui offre les avantages d'une structure de capitalisation (voir le chapitre concernant la capitalisation).

Il s'agit également d'un cadre de placement particulièrement avantageux parce que, au-delà d'une certaine maturité du contrat, les plus-values perçues au moment de rachat(s) ne sont pas soumises à la fiscalité ou bien très faiblement imposées (hors prélèvement sociaux de type CSG).

B • La transmission

En vertu du Code civil, une personne physique ne peut détenir qu'un seul et même patrimoine.

Cette règle souffre une exception issue du Code des assurances : quand une personne souscrit un contrat d'assurance-vie, l'opération consiste à sortir l'actif en question du patrimoine du souscripteur pour le transférer dans le patrimoine de la compagnie d'assurances. Avec une stipulation pour compte d'autrui en cas de décès : transférer cet actif à la personne désignée par la clause bénéficiaire du contrat.

Il est aisé de comprendre la raison pour laquelle, au décès de l'assuré, les capitaux ne sont pas taxables aux droits de succession : au jour du décès, ces capitaux ne font déjà plus partie du patrimoine de l'intéressé puisqu'ils ont été transférés, au moment de la souscription du contrat, dans le patrimoine de la compagnie d'assurances. Cette situation a une autre conséquence : les capitaux investis au sein d'un contrat d'assurance sont insaisissables par un tiers.

Pour entrer dans le cadre de la législation de l'assurance, l'opération doit être soumise à un réel aléa lié à la durée de vie de l'assuré (aléa viager). Si cet aléa n'existe pas (dans le cas où un assuré souscrit un contrat au moment où le pronostic vital ne laisse aucun doute quant à son proche décès), les règles du Code des assurances ne tiennent pas. Le contrat est re-qualifié en simple contrat d'épargne. Les droits de succession s'appliquent pleinement.

La fiscalité des mutations

Délivrer du conseil en organisation patrimoniale c'est, entre autre, prescrire des actes de mutation.

En principe, chaque mutation entraîne deux conséquences fiscales :

– la constatation d'une éventuelle plus-value taxable dans le patrimoine d'origine;

– un droit de mutation à charge dans le patrimoine de destination.

Selon la nature juridique de la mutation, les conséquences fiscales seront plus ou moins lourdes. Dans certains cas, leur paiement pourrait être différé, allégé voire supprimé. Le sujet est complexe, pour bien comprendre et maîtriser les conséquences fiscales des mutations il est utile de connaître les différentes natures de mutations susceptibles d'être mises en œuvre.

A • Principes de base

Une mutation correspond à transférer un bien, un droit ou une créance du patrimoine d'une personne (physique ou morale) vers un autre patrimoine.

Il existe deux catégories de mutations :

– **à titre gratuit** : le transfert n'est rémunéré par aucune contrepartie;

– **à titre onéreux** : le transfert s'accompagne d'une contrepartie en retour.

Il faut noter que seules les personnes physiques peuvent procéder à des mutations gratuites. En dehors d'opération de mécénat prévue par la loi, les personnes morales ayant un but lucratif ne peuvent agir à titre gratuit.

B • Mutations à titre gratuit

Elles regroupent les mutations entre vifs et les transmissions par décès. Au plan juridique, ces mutations sont strictement encadrées par les dispositions contenues dans le Code civil.

1) Donation

Donner consiste, de son vivant, à transférer un bien de son patrimoine vers le patrimoine d'une autre personne physique.

La conséquence fiscale est que la donation est soumise aux droits de donation.

Avec l'allongement de la durée de vie, l'état n'a plus la patience d'attendre les décès pour percevoir les droits de succession. En accordant des rabais sur les droits, il incite les citoyens à transmettre des biens de leur vivant.

La donation (hormis la donation de biens professionnels – voir plus haut) permet d'effacer l'impôt de plus value relatif au bien donné. Parfois il est plus avantageux de payer des droits de donation plutôt que l'impôt de plus-value.

Par exemple : l'objectif est d'optimiser la fiscalité de plus-value et de transmettre. A donne à son fils B des actions, dont le prix de revient est de 0, pour une valeur de 100. Cela génère le paiement de droits de donation. B, bénéficiaire de la donation, cède les titres pour 100, alors qu'ils viennent d'entrer dans son patrimoine pour 100 : la plus-value taxable est de 0. L'opération est gagnante si les droits de donation sont inférieurs à l'impôt de plus-value à payer en cas de cession des actions par A. En l'occurrence, si le taux moyen des droits de donation est de 20 % et le taux d'imposition des plus-values est de 32 %, l'économie réalisée est de 12 %.

Il est intéressant de comparer cette situation optimisée par rapport au cas où A cède les actions :

	Sans donation	**Avec donation**
Valeur des actions	100	100
Droits de donation (hypothèse de taux moyen de 20 %)	0	(20)
Plus-value à payer	(32)	0
Valeur après cession	**68**	**80**

Si, proportionnellement à la valeur globale des actions, le montant de plus-value est moindre, la donation avant cession pourrait ne pas s'avérer judicieuse.

Par exemple : A donne pour une valeur de 100 des actions dont le prix de revient est de 80 (et non de 0 comme dans l'exemple précédent). Le coût de la plus value est de 6 alors que le coût des droits de donation est de 20.

Toutefois, si l'objectif est d'optimiser la transmission, l'opération de donation avant cession peut avoir du sens. En effet, aux résultats il faut ajouter les économies réalisées par le non-paiement des droits de la succession future.

	Sans donation	**Avec donation**
Valeur des actions	100	100
Droits de donation (hypothèse de taux moyen de 20 %)	0	(20)
Plus-value à payer	(6)	0
Valeur nette après cession	96	80
Patrimoine soumis aux droits de succession	96	0
Droits de succession (hypothèse de taux moyen : 35 %)	(34)	0
Net transmis aux ayants droits	**62**	**80**

Depuis 2005, il est désormais possible de déduire un passif de l'actif taxable aux droits de donation. La donation avec charge consiste à donner un actif accompagné d'un passif relatif au bien donné.

Par exemple : M. X donne un immeuble (valeur 100) plus l'encours de crédit ayant servi à financer l'acquisition (encours de 50). Désormais les droits de donation s'appliqueront sur l'actif net transmis soit 50.

Ainsi, depuis 2005, le recours à une SCI n'est plus justifié pour minorer l'actif taxable à transmettre en cas de dette liée à l'actif. Cependant la SCI conserve son intérêt pour d'autres et multiples raisons.

2) Succession

Le transfert de biens s'effectue au moment du décès. De même que pour les donations, l'imposition des plus-values privées est effacée. Au plan des conséquences fiscales cette opération entraîne des droits de succession.

À noter : pour ce qui concerne les droits de mutation à titre gratuit (donation ou succession), le législateur omet la plupart du temps de procéder au relèvement du montant des tranches du barème d'imposition en fonction de la dépréciation monétaire. Dans l'hypothèse où la valorisation du bien à transmettre est supérieure à l'évolution des tranches du barème, le poids de l'impôt de transmission dans le futur peut être beaucoup plus onéreux en proportion que celui d'aujourd'hui.

Le recours aux donations permet de figer la valeur des biens donnés et donc de transmettre hors droits les éventuelles plus-values futures.

C • La fiscalité de la transmission d'entreprise

Le coût de la transmission à titre gratuit d'une entreprise a été allégé par différentes dispositions. Aujourd'hui, le chef d'entreprise qui souhaite transmettre son entreprise (de son vivant ou à son décès) à des ayants droit (ses enfants en règle générale, mais pas uniquement) dans un esprit de pérennité de la détention et du management peut, sous certaines conditions, bénéficier d'une réduction importante des droits de donation.

Les avantages sont les suivants :

– en cas de transmission par succession ou par donation, la valeur taxable de l'entreprise est réduite par un abattement de 75 % ;

– dans le cas d'une donation en pleine propriété des titres, il est possible de bénéficier également des réductions sur le paiement des droits à payer selon l'âge du donateur. Ceci n'est pas possible en cas de donation de la seule nue-propriété ;

– quel que soit le contexte (succession ou donation), les bénéficiaires, pour lesquels les actions reçues ne seraient pas considérées comme un bien professionnel exonéré d'ISF, pourront pratiquer un abattement de 75 % sur la valeur taxable à l'ISF.

Les conditions pour bénéficier de ces avantages fiscaux sont les suivantes :

– du vivant du chef d'entreprise qui souhaite transmettre, il est préférable de mettre en place un engagement collectif de conservation des titres (ECC) portant sur au moins 34 % du capital (société non cotée) ou 20 % (société cotée) ;

– cet engagement a une durée initiale de 2 ans et peut être renouvelé par tacite reconduction pour une durée moindre ;

– une fois signé cet ECC, il faut distinguer les deux cas suivants :

- **donation** : il est possible immédiatement ou ultérieurement de procéder à la donation. Chaque donataire qui souhaite bénéficier de l'avantage fiscal doit signer un engagement de conservation des titres individuel (ECI) d'une durée de 4 ans ;

• **succession** : au moment de la succession, chaque ayant droit qui souhaite bénéficier de l'avantage fiscal doit signer un engagement de conservation des titres individuel (ECI) d'une durée de 4 ans.

L'avantage offert par l'engagement de conservation des titres au plan du coût de transmission d'une entreprise est très important.

Exemple : outre un patrimoine de 2000 k€, Monsieur X, 65 ans, détient une entreprise non cotée d'une valeur de 5000 k€. Il n'a qu'un enfant. En cas de transmission à titre gratuit, la valeur taxable de l'entreprise s'inscrit dans la plus haute tranche des droits de mutation (40 %). Voici les coûts de transmission selon les différents cas de figure :

Valeur taxable à la TMI la plus haute (40 %)	Valeur taxable	Coût de transmission
Rien n'est prévu et Monsieur X décède	5 000k€	2000 k€
Avec engagement de conservation	1250 k€	500 k€
Rien n'est prévu et Monsieur X fait une donation en PP	5000 k€	1000 k€
Avec engagement de conservation	1250 k€	250 k€
Rien n'est prévu et Monsieur X fait une donation en NP	3000 k€	780 k€
Avec engagement de conservation	750 k€	300 k€

D • Mutations à titre onéreux

Il s'agit de toutes les mutations qui comportent une contrepartie.

1) Les cessions

La contrepartie d'une cession est le plus souvent un paiement en argent comptant (espèces, virement ou chèque bancaire) ou un paiement à terme ou échelonné. Dans ce cas, la contrepartie est une créance du vendeur sur l'acquéreur.

Les prêts de titres et les portages temporaires, initiés par une personne physique, sont assimilés fiscalement à une cession.

Pour ce qui concerne l'imposition de la plus-value éventuelle, l'impôt est exigible immédiatement. Le mode d'imposition obéit à des règles différentes selon le statut et la nature du bien cédé (bien privé ou professionnel, bien mobilier ou immobilier).

Pour ce qui concerne les droits de mutation, c'est l'acquéreur qui doit acquitter les droits.

2) Les apports à société

Les détenteurs de patrimoine utilisent de plus en plus des structures de type sociétal pour y loger leurs investissements. Il est donc indispensable de bien maîtriser les conséquences des opérations de mutation dans le cadre de ces structures.

Il existe trois catégories d'apports :

– **l'apport à titre onéreux** : il s'agit d'un apport dont la contrepartie n'est pas liée directement au sort futur de l'entité bénéficiaire de l'apport.

Ainsi un apport rémunéré par un compte-courant est considéré comme un apport à titre onéreux car l'apporteur est rémunéré par une créance sur la société bénéficiaire de l'apport.

Les apports à titre onéreux ont les mêmes conséquences que les cessions pour ce qui concerne l'imposition d'une éventuelle plus-value constatée au moment de l'apport. Il en va de même au plan des droits de mutation ;

– **l'apport à titre pur et simple** : dans ce cas, l'apport à société est rémunéré par des titres de la société bénéficiaire de l'apport. On remarque que l'apporteur est lié au sort de la société. Il reçoit une contrepartie qui peut, dans l'avenir, perdre de sa valeur. Le traitement fiscal de cette opération est donc logiquement différent de celui d'une cession.

Au moment de l'apport, l'imposition immédiate ou différée des plus-values éventuelles dépendra de la nature fiscale de la société bénéficiaire de l'apport (régime de l'IR ou de l'IS). C'est également la nature fiscale de cette société qui déterminera le déclenchement ou non des droits de mutation.

À titre d'aide-mémoire voici un tableau synthétique des règles en vigueur :

<table>
<tr><th colspan="3">Apport à société soumise à l'IS (impôt sur les sociétés)</th></tr>
<tr><td colspan="2">Paiement des droits de mutation ?</td><td>Paiement de l'impôt de plus-value ?</td></tr>
<tr><td colspan="2">Engagement de conservation des titres > 3 ans ?</td><td rowspan="3">Sursis d'imposition pour les apports d'actions de société.
Paiement de l'impôt de plus-value pour les autres natures de biens apportés (immobilier par exemple)</td></tr>
<tr><td>NON</td><td>OUI</td></tr>
<tr><td>À payer</td><td>Exonéré</td></tr>
</table>

<table>
<tr><th colspan="3">Apport à société soumise à l'IR (impôt sur le revenu)</th></tr>
<tr><td colspan="2">Paiement des droits de mutation ?</td><td>Paiement de l'impôt de plus-value ?</td></tr>
<tr><td colspan="2">Au moment de la création de la société ?</td><td rowspan="3">Paiement immédiat sur toute nature de biens apportés</td></tr>
<tr><td>OUI</td><td>NON</td></tr>
<tr><td>Exonéré</td><td>Droit fixe</td></tr>
</table>

– **l'apport avec charge (ou apport mixte)** : l'apport comporte un actif et un passif. Il s'agit à la fois d'un apport à titre onéreux et d'un apport à titre pur et simple.

Au plan d'éventuelles plus-values imposables, l'apport sera traité selon sa double nature (à titre onéreux et à titre pur et simple). Les droits de mutation seront dus sur l'assiette du montant du passif apporté car cette charge est assimilée à un apport à titre onéreux.

Par exemple : Monsieur A possède un bien dont le prix de revient est de 800. Ce bien est apporté à titre pur et simple pour 1 000. Cet apport inclus également la dette bancaire ayant servi à financer le bien dont l'encours actuel est de 500. Une plus-value d'apport de 200 sera constatée. En outre des droits de mutation seront dus sur une assiette de 500 (montant de la charge apportée).

Nota : Quel que soit leur nature, les apports de biens immobiliers sont soumis sans sursis à l'imposition de l'éventuelle plus-value d'apport. Ainsi il faut être prudent quand on conseille l'apport à titre pur et simple d'un bien immobilier à une société, car l'apporteur pourrait devoir payer un impôt de plus value alors qu'il n'a pas perçu de liquidités.

3) La TVA et les droits de mutation

En principe, les cessions et les apports sont soumises au régime des droits de mutation (environ 5 % pour la plupart des biens concernés). Dans certains cas, les mutations à titre onéreux sont soumis au régime de la TVA (immobilier neuf par exemple), régime qui se substitue aux droits de mutation habituels. Dans certain cas, et sous certaines conditions, cette TVA est récupérable immédiatement auprès de l'administration fiscale ce qui a pour effet de minorer le prix de revient de l'investissement.

Par exemple : un investisseur acquiert un bien immobilier neuf générateur de loyers eux-mêmes soumis à TVA. Ce peut être le cas d'une résidence avec services (résidence étudiante, résidence para-hôtelière) ou bien de locaux loués à des sociétés commerciales. En contrepartie, l'opérateur devra s'engager à louer en régime de TVA pendant 20 ans.

4) La théorie de la mutation conditionnelle

Cette disposition concerne le paiement des droits de mutation sur les apports en faveur de sociétés translucides fiscalement. Cette théorie veut que les apports en question ne sont pas considérés comme translatifs de propriété (l'apport n'est pas considéré comme étant un transfert du bien entre l'apporteur et la structure bénéficiaire de l'apport). En conséquence les droits de mutation ne sont pas dus au moment de l'apport. Au moment de la dissolution de la société, les droits de mutation seront à payer si, et seulement si, le bien apporté ne revient pas dans le patrimoine de l'apporteur initial.

Les apports en faveur d'une société fiscalement opaque sont exclus de ce principe. Toutefois les droits de mutation peuvent être éludés sous condition de conservation pendant une certaine durée des titres reçus en contrepartie de l'apport.

5) Les fusions et les scissions

Ces opérations concernent des sociétés et utilisent les schémas d'apports :

– **fusion de A et B** : apport d'une structure A à une structure B et disparition de la structure A ;

– **scission de A** : apport par A d'une partie de son actif/passif à une entité distincte B à créer ou déjà existante.

Ces mutations peuvent déclencher l'imposition d'opérations latentes (charges fiscales sur opérations antérieures, plus-values latentes, reprise de provisions générant des profits imposables...). Il est indispensable de connaître les conséquences fiscales en fonction des éléments composant les bilans (ou les parties de bilans) des sociétés impliquées.

Dans ce domaine, la législation fiscale est complexe. Toutefois on peut poser quelques repères :

– sous certaines conditions, les fusions ou les scissions peuvent bénéficier automatiquement d'un régime fiscal de faveur qui évite le déclenchement des charges fiscales latentes. Ce régime avantageux est destiné à permettre les restructurations d'activités afin de faciliter l'adaptation des sociétés à l'environnement économique. Les restructurations bénéficiant du régime de faveur doivent porter sur des branches complètes d'activité ou des participations d'une certaine importance dans d'autres sociétés. Ces dispositions avantageuses existent pour favoriser l'efficacité de la société elle-même et non l'enrichissement personnel des associés. Pour les opérations n'entrant pas dans le cadre exact de la loi, il est possible d'établir une demande d'autorisation auprès de l'administration fiscale.

Par exemple : une société possède deux activités différentes. L'apport des éléments concernant une activité complète à une autre société bénéficiera, en principe, du régime de faveur. *A contrario* le fait d'apporter un élément isolé de l'actif (un bien immobilier par exemple) ne permettra pas de bénéficier de ce régime ;

– il faut être attentif au fait que certaines opérations concernant les restructurations de sociétés peuvent être assimilées à trois types d'événements :

- cessation ou modification importante d'activité ;
- modification du régime fiscal ;
- création d'une personne morale distincte.

En l'absence de la possibilité de bénéficier d'un régime de faveur, ces événements ont pour effet de déclencher l'imposition de tous les profits latents.

Dans le cadre du conseil patrimonial, avant de jouer au mécano des structures de sociétés, il est indispensable de bien comprendre et maîtriser les conséquences fiscales des conseils qui sont délivrés.

Les règles du démembrement de propriété

La propriété d'un bien peut être scindée en deux parties donnant des droits distincts sur le bien à deux personnes différentes.

Par exemple : un bien immobilier peut être détenu en démembrement par le père et le fils. Le père détient l'usufruit (le droit d'utiliser le bien ou d'en percevoir des revenus) et le fils détient la nue propriété.

1) Fonctionnement du démembrement

Ce démembrement peut être prévu pour un temps limité (démembrement temporaire) ou se prolonger jusqu'au décès de l'usufruitier (démembrement viager).

L'usufruit viager peut être successif, c'est-à-dire qu'il peut être transmis par succession à une autre personne avant de rejoindre la nue propriété.

L'usufruit peut être conjoint et profiter à deux personnes concomitamment. Dans ce cas si cet usufruit est viager il rejoindra la nue propriété au décès du second bénéficiaire.

– **Règles de fonctionnement du démembrement temporaire :**

X détient un usufruit temporaire sur le bien de Y qui en est nu propriétaire.

Selon les différents événements les conséquences seront les suivantes :

• avant le terme du démembrement :

- X décède : le droit d'usufruit s'éteint et revient en faveur du nu-propriétaire,

- Y décède : le droit d'usufruit continue jusqu'à son terme.

• au terme du démembrement : l'usufruit rejoint la nue-propriété sans droit supplémentaire, Y (ou ses ayants droits en cas de décès) devient plein propriétaire.

– **Règles de fonctionnement de l'usufruit viager :**

X détient un usufruit viager, Y est le nu-propriétaire. Selon les différents événements les conséquences seront les suivantes :

• si X décède, l'usufruit rejoint la nue propriété sans droits supplémentaires. Y (ou ses ayants droits en cas de son décès) devient plein propriétaire;

• si Y décède avant X, le droit de nue-propriété fait partie de son actif successoral. X continue à jouir de son usufruit jusqu'à son propre décès.

– **Cas de l'usufruit viager successif :**

Le droit d'usufruit est transmissible à une seconde personne avant de rejoindre la nue-propriété (le père, puis la mère par exemple).

2) Les origines du démembrement

L'état de démembrement peut avoir deux origines :

– **démembrement issu d'un acte de mutation à titre gratuit :**

• le bien est transmis par succession, le démembrement est induit par les règles du contrat de mariage du défunt ou de ses dispositions testamentaires,

• le bien est transmis par donation, la volonté du donateur est de ne donner qu'une partie des droits sur ce bien ;

– **démembrement généré par un acte à titre onéreux :**

• le bien est acquis en démembrement, une personne achète la nue propriété, une autre l'usufruit,

• cession ou apport d'une seule partie du bien (usufruit ou nue propriété).

3) L'évaluation des droits dissociés

En principe, la valorisation de l'usufruit est fondée sur deux éléments : le montant annuel des revenus procurés par le bien et la durée de jouissance prévue de l'usufruit. C'est donc une évaluation fondée sur l'actualisation d'une série de flux futurs.

Pour ce qui concerne les démembrements issus de mutations à titre gratuit, la valorisation s'éloigne des règles ci-dessus. Un barème forfaitaire, fondé sur l'âge de l'usufruitier au moment de l'entrée en jouissance de l'usufruit, est imposé par l'administration fiscale :

– l'usufruit temporaire vaut 23 % de la pleine propriété par tranche de période indivisible de 10 ans ;

– l'usufruit viager représente un pourcentage de la pleine propriété selon un barème basé sur l'âge de l'usufruitier selon sa date anniversaire de 10 ans en 10 ans.

Âge de l'usufruitier	Valeur de l'usufruit pour 100 en pleine propriété
Moins de 21 ans résolus	90 %
Moins de 31 ans résolus	80 %
Moins de 41 ans résolus	70 %
Moins de 51 ans résolus	60 %
Moins de 61 ans résolus	50 %
Moins de 71 ans résolus	40 %
Moins de 81 ans résolus	30 %
Moins de 91 ans résolus	20 %
PLUS de 91 ans résolus	10 %

Par exemple : X donne la nue propriété d'un bien à Y. X est âgé de 61 ans. Si la donation porte sur un démembrement temporaire d'une durée de 8 ou 12 ans, la valeur de l'usufruit sera respectivement de 23 % ou 46 % (23 % par tranche indivisible de 10 ans).

Si le démembrement est viager, le barème fiscal impose une valeur d'usufruit de 40 % de la pleine propriété. Par soustraction, la valeur de la nue propriété donnée sera évaluée à 60 %.

La loi de finances pour 2004 a fortement revalorisé le barème des valeurs d'usufruit pour tenir compte de l'allongement de l'espérance de vie de nos contemporains.

Cas particulier des opérations effectuées à titre onéreux : pour ce qui concerne le seul calcul des droits de mutation, la loi de finances pour 2004 rend obligatoire l'évaluation des valeurs de la nue propriété et de l'usufruit selon le barème fiscal (voir tableau ci-dessus).

Par contre, si cela est judicieux, il n'est pas interdit de faire porter les valeurs de transaction selon une valorisation fondée sur l'actualisation des flux futurs procurés par l'usufruit. Il s'agit donc d'une évaluation économique.

Le choix est permis dans le cadre des mutations à titre onéreux (cessions ou apports). Selon la problématique patrimoniale à résoudre, il sera peut-être judicieux de renoncer au barème fiscal pour opter pour une règle de calcul différente.

Cette règle, axée sur un calcul économique plus proche de la réalité, a pour bases l'espérance de vie de l'usufruitier et le rendement du bien. C'est l'intérêt des parties qui guidera le choix.

Par exemple : X vend l'usufruit sur son bien à Y. Y est âgé de 59 ans. Le bien a un rendement prévisible de 5 %.

Selon le barème fiscal l'usufruit est évalué comme suit :

– si l'usufruit est temporaire pour une durée de 8 ans, l'usufruit vaudra 23 % de la pleine propriété ;

– si l'usufruit est viager, il vaudra, selon l'âge de l'usufruitier, 50 % de la pleine propriété.

Le recours à une évaluation économique peut être judicieux. Le mode de calcul de la nue propriété est le suivant :

Pleine propriété/((1+(Rendement/100))*durée du démembrement = NP

– si l'usufruit est cédé temporairement, la durée retenue sera la durée exacte prévue pour ce démembrement (8 ans). La nue propriété vaudra : 67,68 et l'usufruit : 32,32 de 100 en valeur de pleine propriété ;

– si l'usufruit est viager, la durée correspondra à l'espérance de vie de l'usufruitier (19 ans). La nue propriété vaudra : 39,57 et l'usufruit : 60,43 de 100 en valeur de pleine propriété.

Voici le tableau comparatif de ces résultats pour une valeur en pleine propriété de 100 avec un rendement annuel de 5 % :

	Démembrement temporaire sur 8 ans		Démembrement viager (espérance de vie de l'usufruitier : 19 ans son âge : 59 ans	
Démembrement selon la règle fiscale	Usufruit	Nue propriété	Usufruit	Nue propriété
Démembrement selon la règle économique				

4) Les objectifs visés par les schémas de démembrement

De nombreux et savants schémas, basés sur le démembrement, offrent des opportunités d'optimisations fiscales très puissantes. À ce sujet, il est utile de se référer aux ouvrages mentionnés au chapitre des outils.

Le domaine est très vaste, voici la synthèse des avantages attendus des opérations de démembrement :

- **optimiser la sécurité familiale et la transmission :**
  - protéger son conjoint ou son concubin,
  - organiser la transmission de son vivant en conservant le revenu,
  - contrôler le bien transmis, en maîtriser la gestion,
  - minorer l'actif taxable au droit de donation,
  - reporter le paiement des droits de succession,
  - appauvrir l'usufruitier pour enrichir le nu propriétaire ;
- **optimiser la fiscalité des revenus et du capital :**
  - transmettre une charge d'ISF,
  - faciliter une stratégie de plafonnement d'ISF,
  - transmettre les plus values futures d'un bien,
  - minorer l'imposition sur les revenus,
  - minorer les plus values taxables.

À noter que la législation de 2013 à rendu inopérants certains schémas d'optimisation fiscale basés sur le démembrement temporaire. En effet, la cession d'usufruit temporaire n'est plus imposable en tant que cession d'actif mais elle est désormais assimilé à l'encaissement en une seule fois d'une série de revenus imposables du chef du cédant.

La fiscalité de l'impôt sur les revenus

La comptabilité induit les effets fiscaux. À chaque type de fiscalité correspond des principes de comptabilité. On ne peut juger des effets fiscaux en négligeant les effets comptables.

Par exemple : pour chiffrer les effets fiscaux et financiers d'un investissement sous le régime de Loueur en Meublé Professionnel (LMP), il est indispensable de procéder à la passation des écritures comptables et fiscales.

Les revenus soumis à l'Impôt sur les Revenus (IR) sont imposés au titre de l'exercice fiscal où ils sont réellement encaissés ; c'est le principe de la comptabilité d'encaissement.

Pour certains revenus de nature professionnelle, il est possible d'opter pour une fiscalité selon les règles de la comptabilité d'engagement : l'imposition est déclenchée au moment de la facturation des prestations.

1) Les personnes physiques

Les revenus perçus directement par les personnes physiques relèvent obligatoirement de l'IR.

Les personnes physiques, dont la résidence fiscale est située en France, sont assujetties à une imposition mondiale. Tous leurs revenus et l'ensemble de leur patrimoine sont imposables en France quel que soit le lieu d'origine des revenus et le lieu où est situé le patrimoine.

Les revenus perçus par certains types de structure sont également assujettis à l'IR. Ces structures ont la qualité fiscale de sociétés translucides ou transparentes.

2) La société translucide fiscalement

Pour cette nature de société, le résultat est déterminé à l'intérieur de la société mais ce résultat n'est pas imposé à son niveau. Les règles de détermination de ce résultat dépendent de la fiscalité à laquelle est assujetti chacun des associés de cette société. Automatiquement ensuite, le résultat avant impôt est imposable au niveau de chacun des associés, au prorata de leurs droits aux résultats et selon les règles d'imposition correspondant à leur propre fiscalité.

Par exemple : une SCI translucide fiscalement est détenue par deux associés (une personne physique et une personne morale soumise à l'IS). Les opérations de la SCI obéiront à deux règles de comptabilités distinctes (IR et IS).

Certains types de société sont assujettis de droit à l'IR (Société Civile, SNC). Sur option, certains types de société peuvent devenir fiscalement opaques.

3) La société transparente fiscalement

Ce type de société est assez rare (société de co-propriété d'immeuble, SICAV).

Dans une société transparente, les revenus et les charges transitent par la société mais aucun résultat n'est élaboré à son niveau. Revenus et charges ne font que passer et s'inscrivent chez les associés pour y former un revenu

éventuellement imposable dans leur foyer fiscal. Le mode de formation du résultat et son éventuelle imposition dépendent du type de fiscalité à laquelle est assujetti l'associé lui-même.
Ce mécanisme exclut l'utilité d'une option fiscale quelconque au niveau de la société.

4) Les revenus imposables

Les revenus imposables comprennent tous les revenus des personnes physiques et des sociétés fiscalement translucides ou transparentes (réguliers ou exceptionnels – issus du travail ou du patrimoine).
Le cheminement du processus d'imposition est le suivant :

1 - Le résultat fiscal de chaque catégorie de revenu est calculé selon une règle spécifique à la nature du revenu concerné (plus-values, BNC, BIC, BA, revenus fonciers, salaires, retraite, dividendes, intérêts...).

Au plan patrimonial, certains investissements de rapport s'inscrivent dans le régime des BIC (Bénéfices Industriels et Commerciaux). L'essentiel des règles BIC est indiqué au paragraphe traitant de l'Impôt sur les Sociétés (IS).

2 - Certaines catégories de déficits peuvent ou non s'imputer sur certaines catégories d'excédents ou sur le revenu global.

3 - À ce stade un **retraitement fiscal** tient compte :
– d'éventuelles déductions sur le montant imposable ou de réduction d'impôt prévues par la législation ;
– de reprises d'avantages fiscaux antérieurs dont les conditions d'attribution n'ont pas été totalement respectées (location d'une durée inférieure à la durée prescrite dans le cadre fiscal Robien, par exemple).

4 - Ensuite les résultats sont ventilés en **trois catégories de revenus imposables** selon des modalités différentes :
– selon le barème progressif par tranche ;
– sur option, selon un taux de prélèvement forfaitaire (libératoire de l'impôt au barème progressif) ;
– selon un taux proportionnel.

5 - L'impôt à payer peut être minoré d'un éventuel crédit d'impôt.

6 - L'imposition au titre du **Revenu Fiscal de Référence** : le RFdeR est la somme de tous les revenus imposables ou non. Ce montant, au delà d'un certain seuil, est assujetti à une taxe proportionnelle. C'est un outil fiscal redoutable car il permet de taxer certains revenus échappant à l'impôt classique, sans tenir compte du quotient familial. Ce pourrait être l'impôt de l'avenir pour ce qui concerne les moyens et hauts revenus.

La fiscalité de l'impôt sur les sociétés

Il faut répéter ce qui a été dit pour la fiscalité sur les revenus :
« La comptabilité des opérations induit les effets fiscaux. À chaque type de fiscalité correspond des principes de comptabilité. On ne peut chiffrer les effets fiscaux en négligeant les effets comptables ».
Par exemple : pour ce qui concerne un investissement en immobilier locatif soumis au régime de l'IS, la détermination des conséquences fiscales d'une future cession de l'investissement oblige à simuler avec précision l'état du bilan :
– au moment de cette cession ;
– immédiatement après la cession.
Les revenus soumis à l'impôt sur les sociétés sont imposés dans l'exercice fiscal où ils sont facturés (comptabilité d'engagement).
Les revenus perçus directement par une personne physique ne peuvent être soumis à l'Impôt sur les Sociétés (IS). L'IS concerne uniquement les revenus des sociétés dites opaques fiscalement.

A • La société opaque fiscalement

Une telle société encaisse des revenus et paie des charges. Le résultat est déterminé et imposé à l'intérieur même de la société. Les associés peuvent conserver le résultat après paiement de l'IS au sein de la société. Dans ce cas ils n'y a pas d'imposition au niveau des associés.
Certains types de société sont obligatoirement soumis à l'IS (SA, SAS, SARL) d'autres y ont accès sur option (Société Civile, EURL).
Le revenu imposable est déterminé selon les règles de la fiscalité des BIC. Sans vouloir être exhaustif, voici évoquées quelques particularités de ce régime.

1) Le report des déficits

Si le résultat de l'exercice est déficitaire, ce déficit est reportable sur une durée illimitée.

Il existe une mesure qui permet, sous certaines conditions, d'utiliser ce déficit en déduction d'éventuels bénéfices constatés et déjà imposés au titre d'exercice(s) antérieur(s). Cette facilité est appelée « *carry back* » ou « report en arrière ». Ce système a pour effet d'engendrer une créance sur le trésor qui peut être utilisée au terme de 5 ans.

2) Le traitement des déficits et les ARD

Depuis la loi de finances pour 2004, tous les déficits fiscaux sont reportables sans limitation de durée.

Aussi la notion d'**amortissement réputé différé** n'a plus lieu d'exister.

Rappelons que le système des ARD permettait d'isoler les déficits, issus d'amortissements, qui pouvaient être reportés sans limitation de durée. Contrairement aux autres déficits qui, dans l'ancien système, ne pouvaient être reportés que pendant une durée de dix années.

3) Plusieurs taux d'imposition

Le bénéfice des sociétés est soumis à un taux proportionnel différent selon la nature du profit constaté. En règle générale les catégories de profits sont les suivantes :

– bénéfices d'exploitation et plus-values à court terme (il peut co-exister deux taux : un taux plein et un taux réduit qui s'applique sur une première tranche de bénéfices) ;

– plus-values à long terme (un taux d'IS plus faible est appliqué).

La notion de court ou long terme ne fait pas obligatoirement référence à la durée de détention du bien. Par exemple : pour ce qui concerne les biens immobiliers détenus par une entreprise, la plus-value constatée en cas de cession est toujours considérée fiscalement comme à court terme quelle que soit la durée de détention du bien.

À certaines époques, le taux d'imposition pouvait différer selon que les bénéfices étaient distribués ou mis en réserve. Ces dispositions sont actuellement révolues et ne sont évoquées que pour mémoire.

4) La distribution du bénéfice

Une société ne peut distribuer sous forme de dividendes que des bénéfices effectivement réalisés. Dans le cas contraire, l'opération serait délictueuse. Au plan comptable il peut se former à l'Actif une trésorerie sans qu'il existe un bénéfice en contrepartie (par effet des amortissements par exemple).

À compter de 2005, le législateur a décidé de supprimer l'avoir fiscal lié à la distribution des dividendes. En compensation, le dividende distribué bénéficie d'un abattement destiné à réduire son assiette imposable.

5) Les plus-values de cession de participations

Depuis la loi de finances pour 2005, le régime de l'imposition des plus-values de cession des participations détenues par des holdings soumises à l'IS a été progressivement amélioré. Actuellement les cessions ne subissent pas d'imposition, hormis une quote-part pour frais et charges de l'ordre de 0 % à 10 % selon les Lois de Finances. Ainsi par exemple, si la quote-part pour frais et charges est fixée à 10 %, une plus-value de cession de 100 génère une base imposable de 10.
Cette exonération ne concerne pas les titres de placement.

6) Holding et les groupes de sociétés

Le holding est une société qui a pour fonction de détenir (de l'anglais : *to hold*) des titres de participation. Une société holding peut éventuellement avoir également une activité propre, liée ou non à celle de ses filiales.
Le holding est un outil de structuration et d'optimisation du patrimoine. Il concourt à la mise en place de schémas ayant les objectifs suivants :

- rendre liquides les actions d'une société familiale par la cession de tout ou partie de ces actions au holding ;
- optimiser financièrement et fiscalement les prises de participations dans d'autres sociétés ;
- permettre d'ajuster finement la participation et les pouvoirs de chacun dans une société d'exploitation.

Le holding peut être strictement passif (il ne fait que détenir des participations sans autre activité), mais il peut être « actif », c'est-à-dire qu'il peut avoir lui-même une ou plusieurs activités liées ou non aux participations détenues et ainsi bénéficier de facturations pour ses prestations. On parle alors de holding actif.
Mais la notion la plus pertinente est celle de «holding d'animation». L'administration fiscale en a déterminé la définition : « sont les animatrices effectives de leur groupe [(les sociétés)] qui participent activement à la conduite de sa politique et au contrôle des filiales et rendent, le cas échéant et à titre purement interne au groupe, des services administratifs, juridiques, comptables, financiers ou immobiliers. Ces sociétés utilisent

ainsi leur participation dans le cadre d'une activité industrielle ou commerciale qui mobilise des moyens spécifiques ». La holding d'animation représente l'outil de travail en lieu et place de ses filiales d'exploitation. Cela ouvre la voie à un grand nombre de facilités et d'avantages fiscaux. En contrepartie le fisc est très pointilleux sur le contrôle de la réalité des opérations exercées par cette holding.

Ces opérations s'effectuent dans le cadre de régimes fiscaux spécifiques qui peuvent avoir pour effet d'optimiser la fiscalité des revenus et/ou des plus values. Le holding est maintenant d'usage assez répandu dans le domaine du patrimoine du particulier fortuné et/ou du chef d'entreprise.

7) Les régimes d'imposition des groupes de sociétés

Au sein d'un groupe, certaines sociétés peuvent percevoir des dividendes issus des sociétés dont elles sont actionnaires. Le sort fiscal appliqué à ces dividendes diffère selon le régime dans lequel s'inscrit la relation entre la société qui distribue et la société actionnaire qui reçoit le dividende.

Trois catégories de régimes existent :

– **le régime de droit commun** : jusqu'à 2004, la société actionnaire perçoit le dividende et inclut dans son propre résultat fiscal ce dividende avec son avoir fiscal (avoir fiscal qui, selon la législation du moment, peut être fortement réduit). Ensuite, la société bénéficiaire paie l'IS et récupère l'avoir fiscal. Cette règle, appliquée par défaut, est parfois dénommée « régime de l'impôt sur l'impôt ».

Si l'avoir fiscal peut être récupéré en totalité, il n'y a aucun frottement fiscal ; dans le cas contraire, ce régime peut s'avérer très défavorable (effet de double imposition important).

À compter de l'année 2005, les distributions n'ouvrent plus droit au bénéfice de l'avoir fiscal. Ainsi, l'IS à payer sur 100 de distribution sera de 33,33 qui s'ajoute à l'IS déjà payé au niveau de la société qui distribue (50). Pour un bénéfice avant IS de 150, l'IS cumulé est de 83,33 ;

– **le régime mère/fille ou mère/filiale** : la mère perçoit un dividende de sa fille, par retraitement fiscal elle déduit tout ou partie du montant perçu, elle n'est imposable que sur la partie non recouverte par la déduction qui est nulle ou très faible (5 % par exemple). Il n'y a pas de récupération d'avoir fiscal. Il s'agit d'un régime favorable dans la mesure où, hormis la petite part imposable, le dividende ne subit pas de nouvelle imposition.

Par exemple : la mère perçoit en trésorerie un dividendes de 100, elle a un bénéfice comptable de 100. La législation l'autorise par retraitement à déduire 95, ce qui extériorise un bénéfice fiscal imposable de 5 (quotte part de frais et charges). L'IS à payer est donc de 1,65 (total des impôts payés par la mère et la fille : 50 + 1,65 = 51,65 - chiffre à comparer à l'exemple précédent concernant le régime de droit commun : 50 + 30).

Si ce dividende avait été perçu par une personne physique, il y aurait eu une imposition supplémentaire beaucoup plus importante (35 environ si cette personne se trouvait fiscalement dans la TMI la plus élevée).

On remarque toutefois que le mécanisme de ce régime ne permet pas d'absorber parfaitement un éventuel déficit fiscal de la mère (issu d'intérêts bancaires en cas de LBO par exemple).

Ce régime est optionnel, il est soumis à deux conditions principales : les deux sociétés concernées doivent être soumises au régime de l'IS. La société mère doit détenir un niveau minimum de participation dans sa fille (actuellement 5 %) ;

– **le régime de l'intégration fiscale** : avant tout paiement de l'IS, les résultats fiscaux de la fille et de la mère sont fusionnés. L'impôt est calculé sur ce résultat global net. Ce régime est très favorable dans la mesure où il permet de minorer un éventuel bénéfice fiscal d'une société par les déficits de l'autre.

Exemple : A, la société mère, présente un résultat déficitaire de (40). B, sa fille, présente un résultat excédentaire de 100. En dehors du régime d'intégration, B aurait dû payer un IS de 34 environ. Dans le cadre du régime d'intégration les deux résultats seront fusionnés pour aboutir à un résultat net de 60. En conséquence, l'IS sera de 20 environ.

Ce régime est optionnel, il est soumis à deux conditions principales : les deux sociétés concernées doivent être soumises au régime de l'IS.

La société mère doit détenir un niveau minimum de participation dans sa fille (actuellement 95 %) et arrêter ses comptes sociaux à la même date que sa fille.

Une disposition fiscale, dénommée « amendement Charasse », peut interdire de bénéficier des effets favorable du régime d'intégration fiscale. Cette mesure est destinée à écarter du régime de faveur les opérations de « revente de sociétés à soi-même » par le biais d'une holding. Le schéma général, censuré par cet amendement, est le suivant : A cède une société à une holding X et A devient majoritaire dans la holding X.

8) La fusion rapide

Après la création de groupe de sociétés, il est parfois tentant de faire procéder à la fusion des sociétés entre elles, cela afin de permettre la compensation des résultats excédentaire d'une société avec les résultats déficitaire d'une autre entité.

Par exemple : la société holding X a été créée pour acquérir la société fille Y dans le régime fiscal des sociétés mères/filles. X a souscrit un emprunt bancaire pour financer sa prise de participation dans Y. Au fil des ans, les intérêts bancaires génèrent un déficit fiscal qui ne peut trouver à s'imputer. Dans le cas où une fusion entre X et Y est mise en œuvre, le report déficitaire de X pourrait s'imputer sur les bénéfices de Y.

L'administration fiscale est très critique sur ce type de fusion et ne se prive pas d'agir pour tenter de remettre en cause les effets bénéfiques attendus de telles opérations. Il sera nécessaire de justifier la fusion par des considérations d'ordre commercial ou industriel pour défendre le schéma.

La fiscalité du capital

Il existe deux types d'imposition sur le capital en France : l'ISF et l'impôt foncier.

1) L'ISF

Jusqu'à récemment, l'ISF était un impôt dont l'optimisation était un enjeu majeur puisqu'il pouvait atteindre chaque année 1,8 % du montant du patrimoine taxable. Il était possible de minorer cet impôt par différents schémas permettant de plafonner l'ISF voire de bénéficier du bouclier fiscal.

Désormais l'ISF s'applique selon un barème progressif allant jusqu'à 1,50 % du capital imposable. Afin d'atténuer le poids de l'ISF pour les faibles revenus, un mécanisme de plafonnement de cet impôt est mis en place.

L'exonération des biens professionnels et des œuvres d'art est toujours en vigueur.

2) L'impôt foncier

L'impôt annuel s'applique sur les propriétés foncières bâties et non bâties. Le conseiller en organisation patrimonial doit être attentif aux charges engendrées par le patrimoine foncier. L'analyse peut conduire à préconiser des cessions ou des arbitrages d'immobilier.

Les charges sociales

1) La CSG et autres prélèvements sociaux

Ces taxes ont été instituées pour participer au paiement des charges de l'assurance-maladie. Elles s'appliquent sur tous les revenus presque sans exception. Elles ont pour effet de majorer de façon importante les coûts fiscaux. Il faut donc en tenir compte dans les analyses et les préconisations.

2) Les charges sociales sur les revenus du travail

Leur incidence peut guider l'analyse dans certains cas :
– l'étude et la comparaison des coûts des différents revenus (salaires, dividendes, plus value par exemple) ;
– leur incidence en cas d'opération d'optimisation fiscale pour ce qui concerne les revenus IR professionnels (BIC, BNC, BA).

L'imposition de la consommation

Les actes de consommation sont imposés principalement par le système de la TVA. Ce type d'impôts concerne assez peu le domaine du conseil patrimonial sauf quand la TVA remplace les droits de mutations pour des acquisitions immobilières (voir plus haut).

Tableau synthétique de la fiscalité

Classes d'imposition	Catégories	Détail
Sur les revenus	Impôt sur les revenus réguliers	Salaires, retraites, pensions, rentes, BIC, BNC, BA, intérêts, revenus de capitaux mobiliers ou immobiliers
	Impôt sur les revenus exceptionnels	Plus-value sur cession de valeur mobilières ou immobilières
	Impôts sur les sociétés	IS au taux plein ou sur plus-value à long terme au taux réduit
Sur le patrimoine		Taxes foncières
		ISF
Sur la consommation		TVA
Charges sociales		Charges sociales sur les revenus professionnels CSG - CRDS-PS
Sur les mutations	À titre onéreux	Droit de mutation ou TVA (pour mémoire : plus-values)
	À titre gratuit	Droit de donation et de succession
	Assurance-vie	Taxation forfaitaire pour le bénéficiaire en cas de décès de l'assuré

Chapitre 2

Le domaine juridique

Pour ce qui concerne le domaine juridique, le conseiller patrimonial doit détenir les connaissances générales d'ensemble. De nombreuses suggestions sont basées sur des schémas dépendant de la législation civile ou commerciale.

1. Le droit des personnes et de la famille

Ce champ englobe les dispositions édictées par le Code civil et régissant les événements touchant les personnes, de leur naissance à leur mort.

Le sujet est vaste et complexe, c'est le domaine privilégié du notaire et de l'avocat... Il est indispensable de mesurer les conséquences patrimoniales des situations familiales et des dispositions prises en ce domaine. C'est la raison pour laquelle le conseiller patrimonial doit posséder des connaissances générales sur les sujets suivants :

A • La personne

– La filiation : enfant, naturel, enfant légitime. La notion d'enfant adultérin.
– L'adoption : adoption simple et adoption plénière.
– Les droits de la personne : la minorité, la majorité, la capacité civile.

B • Le mariage

– Les régimes matrimoniaux :
  • régimes de séparation et régimes communautaires ;
  • les régimes qui fonctionnent comme des régimes séparatistes pendant le mariage et comme des régimes communautaires à leur dissolution.

– La répartition de la propriété des biens selon le régime matrimonial.

– Le changement ou la modification du régime matrimonial en cours de mariage.

– Les clauses matrimoniales particulières :
  • sociétés d'acquêts ;
  • clauses de préciput ;
  • stipulation de parts inégales ;
  • prélèvement moyennant indemnité ;
  • attribution intégrale de la communauté au conjoint survivant.

– La rupture des liens matrimoniaux (décès, divorce) et ses conséquences.

C • Les libéralités

– Les donations : donation simple, donation partage, le don manuel.

– Les modalités et clauses particulières :
  • la clause de réserve d'usufruit : le donateur conserve le droit d'usufruit sur le bien donné. Les droits de donation ne s'appliquent que sur la valeur de la nue propriété ;
  • la prise en charge des droits par le donateur : cette charge ne donnant pas lieu au paiement de droit de donations supplémentaires, il est peut être judicieux d'opter pour cette solution. Dans certains cas, il est plus avantageux de faire payer les donataires en leur donnant une somme d'argent supplémentaire. Pour déterminer la bonne solution, il faut mesurer le coût fiscal des ressources utilisées pour payer les droits en question.

Par exemple : A donne des actions à B. Le taux du coût moyen des droits de donation supplémentaires pour payer la globalité des droits de donation est de 10 % ; si A devait payer les droits avec ses propres deniers ; il devrait puiser sur des ressources soumises à un taux moyen fiscal de 25 %. Dans cet exemple, on constate qu'il est préférable de faire payer les droits par B (coût fiscal des ressources à 10 %) plutôt que par A (coût fiscal des ressources à 25 %) ;

• donation sous condition(s) : la donation peut être soumise à une condition suspensive ou résolutoire;

• donation avec un droit de retour conventionnel : en cas de pré-décès du donataire, le bien revient sans frais dans le patrimoine du donateur;

• donation assortie d'une obligation : en acceptant la donation, le donataire s'oblige à une obligation déterminée. Ce peut être une clause interdisant le bénéficiaire d'aliéner le bien ou, au contraire, l'obligeant à vendre le bien reçu en fonction d'un événement particulier, ou à placer le montant objet de la donation selon certaines modalités précises. Enfin ce peut être une clause qui interdit de disposer du bien pendant un certain laps de temps (clause d'inaliénabilité).

Par exemple : un chef d'entreprise souhaite donner des actions de sa société à ses enfants. Toutefois il veut être certain, qu'en cas de cession ultérieure à un tiers, ses enfants céderont les actions qu'ils ont reçues par donation. La donation des actions sera assortie d'une clause obligeant les donataires à vendre les actions reçues en cas de cession globale de l'entreprise;

• la faculté de modifier de façon unilatérale le bien donné :

- la donation alternative : le donateur se réserve le droit de choisir entre deux biens pré-déterminés celui qui sera donné effectivement,

- la donation facultative : le donateur se réserve la possibilité de remplacer le bien donné par un bien quelconque de valeur équivalente;

• la donation de résiduo : dans le cas où le bien donné existe encore dans le patrimoine du donataire au moment de son décès, la donation de résiduo prévoit que ce bien sera transféré dans le patrimoine d'un autre bénéficiaire désigné par avance.

D • Le décès

Les règles de dévolution successorale :

– les héritiers réservataires et leur rang dans l'ordre de la succession;

– les effets des dispositions testamentaires et des conventions matrimoniales.

2. Le droit des sociétés

Les structures de type société sont de plus en plus utilisées pour loger des actifs et des passifs du patrimoine personnel.

La personnalité propre des sociétés

À la condition que les règles juridiques de constitution et de fonctionnement soient strictement respectées, les sociétés possèdent une personnalité propre (personnalité morale). Les actifs logés au sein d'une société ayant la personnalité morale sont réputés appartenir à la société et non à ses associés. Les associés n'ont qu'un droit de propriété sur les actions (ou les parts) de la dite société. Au plan juridique, il y a une véritable dissociation entre le patrimoine, l'activité et les résultats de la société et de ses associés. Au plan fiscal les effets de cette différentiation s'apprécient selon la nature fiscale de la société ou l'option fiscale qui a été adoptée.
Selon leur nature, les sociétés ont des caractéristiques qui leur sont propres.

La société de personnes

A • La responsabilité de l'associé

L'associé d'une société de personnes est responsable indéfiniment sur l'ensemble de son patrimoine au prorata de son apport dans le capital. Ainsi un associé détenant la moitié des parts d'une société de personnes sera responsable de la moitié de son passif. La loi ne prévoit pas de solidarité automatique entre les associés, c'est la raison pour laquelle chacun des associés ne sera pas engagé au titre d'une quelconque solidarité au-delà de la proportion de sa quote-part.
Appelée à délivrer un prêt en faveur de la société, une banque pourra exiger un engagement solidaire des associés. Ainsi, en cas de défaillance de la société, la banque pourra poursuivre le recouvrement de la totalité de sa créance auprès de l'un quelconque des associés (le plus solvable). Charge à ce dernier de poursuivre ensuite ses co-obligés pour recouvrer la partie du passif dont ils sont légalement responsables.

B • L'abus de biens sociaux

Parce qu'il existe une forte responsabilité personnelle dans ce type de société, la notion d'abus de bien social n'existe pas. Ainsi un associé peut puiser dans la trésorerie de la société en créant un compte courant d'associé débiteur. Cet acte est admis au plan juridique mais il peut induire des conséquences au plan fiscal. Dans certains cas ce prélèvement de trésorerie pourrait être considéré comme une distribution de revenus devant être soumise à imposition (cas d'une société soumise à l'IS).

Rappelons que le délit d'abus de confiance pourrait néanmoins s'appliquer à l'encontre d'un associé qui commettrait une indélicatesse financière au détriment des autres associés.

C • Les statuts et le fonctionnement

Parce qu'il existe une forte responsabilité des associés il n'est pas exigé un montant de capital minimum au moment de la création de la société. Pour ces mêmes raisons, dans le cas où le capital ne serait pas totalement libéré, il n'est pas exigé de délai minimum pour mener à bien la totalité de cette libération. Cela permet de créer une société de personnes avec un capital d'un montant nominal important mais faiblement libéré.

En contrepartie de la forte implication des associés, ceux-ci bénéficient de beaucoup de latitude pour rédiger les statuts. Le pouvoir dans la société n'est pas proportionné à l'importance de la détention dans le capital. Ainsi un gérant, quel que soit son poids dans la détention du capital de la société, peut avoir un pouvoir d'administration et de disposition total. Ce gérant peut être désigné dans les statuts pour toute sa vie. Il est possible de prévoir par avance son successeur en cas de son décès.

Les règles de fonctionnement de la société sont plus souples également. Par exemple, les statuts peuvent prévoir une répartition inégalitaire des profits entre les associés.

Exemple de sociétés de personnes : la SCI, la SNC, la SCP.

Les sociétés de capitaux

A • La responsabilité de l'associé

Dans les sociétés de capitaux, l'associé est responsable du passif de la société pour un montant limité à celui de son apport au capital social.

Appelée à délivrer un prêt à la société, une banque pourra exiger un engagement personnel de l'associé qui aura pour effet d'élever le niveau de sa responsabilité.

B • Les statuts et le fonctionnement

En contrepartie de la faible responsabilité des associés, les règles de fonctionnement de la société sont plus strictes :
– le capital doit être libéré d'un pourcentage minimum, le solde doit être libéré dans un délai limité ;
– la notion d'abus de bien social est en vigueur ;
– les associés ont moins de latitude dans la rédaction des statuts. Les règles de fonctionnement sont plus lourdes ;
– en principe, pouvoir détenu dans la société et répartition des bénéfices sont proportionnels à la part de chacun détenue dans le capital social.
Exemple de société de capitaux : la SA, la SCA.

Une société hybride : la société par actions simplifiée (SAS)

Afin de faciliter la création et le développement des entreprises, le législateur souhaite lever les freins à la création et à l'administration des sociétés. C'est la raison pour laquelle est apparu un nouveau type de société tenant de la société de personnes et de celle de capitaux : la SAS.

Société civile et société commerciale

L'investisseur et l'entrepreneur n'ont pas toujours la liberté de choisir leur structure. Ce choix dépend de la nature de l'activité logée au sein de la société.
Les sociétés civiles ne peuvent abriter que des activités civiles (gestion de titres de participation ou de placement, détention d'immeubles d'usage ou d'immeubles locatifs nus ainsi que certaines activités professionnelles libérales réglementées).

Pour loger une activité de nature commerciale, il faut recourir à une société commerciale (SA, SAS, SARL par exemple). La location de locaux meublés ou équipés est une activité de nature commerciale.

Tableau synthétique concernant la typologie fiscale des sociétés			
Type de société	Nombre d'associés minimum	Régime fiscal	
		De droit	Sur option
SAS	SASU = 1	IS	–
	SAS = 2		
SA	7	IS	–
EURL	1	IR	IS
SARL	2	IS	IR si SARL de famille
SCA	4 dont 3 commanditaires	IS	–
SCS	1 commanditaire 1 commandité	Commanditaire : IS Commandité : IR	–
SNC	2	IR	IS
Société civile	2	IR	IS

Chapitre 3

La capitalisation

Ce chapitre évoque les six enveloppes de capitalisation mises à la disposition des épargnants résidents fiscaux français et analyse leurs effets au plan de l'optimisation patrimoniale.

Les enveloppes de capitalisation

A • La société opaque fiscalement

Grâce à ce type de société, après paiement de l'IS, il est possible de neutraliser tout autre incidence au niveau du foyer fiscal de l'associé.

La société opaque fiscalement fait donc partie des structures de capitalisation. L'effet de capitalisation interne est imparfaitement optimisé car les profits capitalisés dans la société supportent un impôt, alors que d'autres formules de capitalisation permettent d'y échapper.

B • L'OPCVM de capitalisation

Il s'agit d'un support d'investissement qui a pour politique de ne pas distribuer à ses associés les revenus et les plus-values d'arbitrages encaissés sur ses actifs (capitalisation). Transparente fiscalement, cette structure ne supporte elle-même aucun impôt. L'effet de capitalisation est donc meilleur comparé à celui de la société soumise à l'IS.

En conséquence, les personnes physiques, tant qu'elles ne cèdent pas l'OPCVM, ne subissent aucune incidence fiscale au plan de leur propre

fiscalité sur les revenus. La cession de tout ou partie de l'OPCVM de capitalisation déclenche l'imposition sur la part de plus-value constatée.
L'OPCVM est une valeur mobilière. Pour respecter le principe de dématérialisation des titres, cette valeur est obligatoirement inscrite en compte-titre nominatif chez un intermédiaire agréé (banque, établissement financier).

C • Le PEA

Le PEA est une coquille fiscale hébergeant un portefeuille de valeurs mobilières dont les effets sont identiques à un OPCVM. Par rapport à ce dernier il apporte trois avantages supplémentaires :
– les avoirs fiscaux liés aux dividendes encaissés sont récupérables mais seulement en partie depuis la Loi de finances pour 2004 ;
– passé le terme prévu par la législation, les retraits échappent à l'impôt sur les plus-values (sauf prélèvements sociaux). Après ce terme, les capitaux acquis peuvent être transformés en rente viagère totalement exonérée d'impôts (sauf prélèvements sociaux) ;
– l'épargnant peut gérer en direct des lignes d'actions de sociétés cotées ou non.
En contrepartie de ces avantages, le PEA présente deux contraintes :
– le montant des versements aux fins d'investissement est plafonné ;
– seules les actions européennes cotées ou non cotées sont éligibles dans cette structure.
Le PEA n'offre pas les avantages successoraux de l'assurance-vie. Son seul réel atout est la possibilité de gérer soi-même des lignes d'actions en direct et de pouvoir opter pour une sortie en rente viagère défiscalisée.

D • Le contrat de capitalisation

Cette enveloppe s'inscrit dans le cadre de la législation de l'assurance. Pour ce qui concerne les revenus et les plus-values, cette enveloppe a les mêmes effets que les OPCVM de capitalisation.
Le contrat de capitalisation diffère de l'OPCVM sur deux points :
– le contrat peut être matérialisé sous la forme d'un bon ;
– le bon peut être souscrit au porteur et transmis par tradition manuelle.
La fiscalité de la cession d'un bon de capitalisation au porteur remboursable anonymement est fortement alourdie.

À l'issue du terme prévu par la législation, les retraits échappent à l'impôt sur les plus-values (sauf prélèvements sociaux et éventuelle taxe sur assurance).

E • Le Plan d'Épargne Entreprise

Cette enveloppe de capitalisation permet d'investir l'épargne des salariés d'une entreprise sur des fonds diversifiés de type OPCVM ou directement en actions de la société employeur du salarié. Basé sur une fiscalité spécifique, le PEE bénéficie d'avantages importants :
– sous certaines conditions, les versements peuvent bénéficier d'un abondement de la part de l'employeur ;
– dans le cas où les fonds sont investis en actions de l'entreprise, le prix de souscription des actions peut bénéficier d'une décote ;
– pendant la durée du placement, les fonds fructifient hors de toute imposition ;
– au moment de la sortie des fonds (à l'issu d'un délai imposé), la plus-value constatée n'est pas imposable au régime des plus-values (sauf prélèvements sociaux) ;
– la loi prévoit des cas de sortie anticipée sans perte d'avantage fiscal, ce qui apporte une souplesse accrue à ce type d'enveloppe de placement.

F • Le contrat d'assurance-vie

Pour ce qui concerne les revenus et les plus-values, cette enveloppe de capitalisation génère les mêmes effets que l'OPCVM de capitalisation le PEA, le PEE et le contrat de capitalisation : à l'issue du terme prévu par la législation, les plus-values liées aux rachats échappent à l'impôt sur les plus-values (sauf prélèvements sociaux et éventuelle taxe sur assurance-vie).

Mais la fiscalité de la transmission des capitaux obéit à des règles plus favorables : au décès de l'assuré du contrat, la transmission des capitaux échappe aux droits de succession. Au-delà d'une franchise, les capitaux subissent une taxe forfaitaire inférieure aux tranches élevées du barème des droits de succession.

Le contrat d'assurance-vie est dématérialisé. Il est inscrit dans les livres d'une compagnie d'assurance au nom de l'assuré.

G • Tableau de synthèse des enveloppes de capitalisation

<table>
<tr><th rowspan="2">Nature de l'enveloppe</th><th colspan="2">Imposition des plus values</th><th rowspan="2">Avantage au plan successoral</th></tr>
<tr><th>Hors rachat</th><th>Sur rachat</th></tr>
<tr><td>Société soumise à l'IS</td><td>Oui</td><td>Oui (dividendes)</td><td rowspan="5">Non</td></tr>
<tr><td>OPCVM de capitalisation</td><td>Non</td><td>Oui</td></tr>
<tr><td>PEA</td><td rowspan="4">Non</td><td rowspan="4">Non après maturité fiscale</td></tr>
<tr><td>PEE</td></tr>
<tr><td>Contrat de capitalisation</td></tr>
<tr><td>Contrat d'assurance-vie</td><td>Oui</td></tr>
</table>

Les effets de la capitalisation

A • La société soumise à l'IS

Pour la société soumise à l'IS, l'effet vertueux de la capitalisation est très imparfait pour les raisons suivantes :

– revenus et plus-values sont soumis à l'impôt, y compris les plus-values latentes sur certains placements financiers ;

– en dehors du régime mère/fille, la société ne peut bénéficier de la totalité de l'avoir fiscal d'où un frottement fiscal important ;

– les dividendes perçus par une personne physique sont imposés selon le barème de l'IR au taux progressif ;

– la société fait partie de l'actif successoral taxable.

Aussi on considère que ce n'est pas le type de structure idéal pour abriter des actifs financiers à vocation patrimoniale.

La société opaque fiscalement est plutôt appropriée pour loger un important investissement immobilier de rapport ou une activité commerciale. Cependant la fiscalité IR s'avérant de plus en plus pénalisante, il est peut être judicieux de développer également des actifs financiers au sein du régime de l' IS. Cela pourrait être adapté à une stratégie de capitalisation sur le très long terme avec une distribution de dividendes nulle ou faible.

B • OPCVM et contrat de capitalisation ou d'assurance-vie

Tous les profits (revenus et plus-values) constatés à l'intérieur de ces structures sont exonérés d'impôt.

À l'inverse, au sein d'un portefeuille de valeurs mobilières en direct sans statut fiscal particulier, les revenus perçus et les plus-values générées à chaque arbitrage sont imposées. Que ces profits soient ou non retirés par l'épargnant, il subira les ponctions fiscales.

Dans les structures de capitalisation, l'économie due à la part d'impôt non prélevée offre un effet de levier non négligeable dans le développement du patrimoine.

Par exemple sur une durée de 10 ans – pour un placement initial de 1 000 – avec un rendement annuel brut de 6 % – et un taux d'imposition de 26 % – sans aucun retrait pendant 10 ans – une sortie totale en une seule fois au terme. Les résultats sont les suivants :

– au sein d'un portefeuille de lignes de titres la valeur finale est de 1 544,08, les prélèvement ayant déjà été payés chaque année, la valeur de sortie nette est également de 1 544,08 ;

– au sein d'une enveloppe de capitalisation la valeur finale du placement est de 1 790,85 avant imposition. Chiffre duquel on retranche l'impôt de plus value (790,85 × 26 % = 205,62) soit une valeur nette de 1 585,23.

Soit une différence nette de 41,15. Soit 7,5 % de plus value supplémentaire nette. Le rendement annuel est amélioré de 0,73 % net.

C • Les retraits sur un contrat de capitalisation

En cas de retraits partiels, la structure de capitalisation présente un avantage par rapport à un portefeuille de titres en direct.

Par exemple :

– Hypothèses de base :

- placement de 1 000 – taux de rotation annuelle du portefeuille 100 % ;
- plus-value de 10 % taxable à 33 % – retrait brut annuel de 100.

– Résultat dans le cas d'un portefeuille de titres sans statut fiscal particulier :

- coût fiscal 33 soit un retrait net de : 100 – 33 = 67.

– Résultat dans le cas d'une enveloppe de capitalisation :

- montant taxable la première année : valeur du retrait – (valeur initiale x valeur du retrait)/valeur avant retrait ;

• 100 – [(1 000 × 100)/1 100] = 9,09 ;
• coût fiscal : 9,09 × 33 % = 3 ;
• soit un retrait net de 100 – 3 = 97.

– Montant taxable la deuxième année :

Le principe du calcul sera identique mais la valeur initiale sera amputée de la part du retrait en capital de la première année. Ceci aura une incidence sur la base taxable du deuxième retrait. Le tableau ci-après détaille le mécanisme de l'imposition du retrait de la deuxième année :

Valeur de la capitalisation à la fin de la première année	**1 100**
Premier retrait à la fin de n	100
Part de capital dans ce retrait (100 – 9,09)	90,91
Nouvelle valeur du capital après ce retrait	909,09
Valeur de la capitalisation au terme de n + 1	1 100
Montant taxable du retrait de 100 à n + 2 : 100 – [(909,09 × 100)/1 100] =	17,36
Impôt à payer (17,36 x 33 %)	5,73

Au fil du temps, on remarque que le principe de calcul a pour conséquence d'augmenter la base taxable des retraits. Même sur une longue période, ce phénomène ne remet pas en cause l'intérêt de la structure de capitalisation.

Voici, à titre d'exemple, un tableau qui établit les différentes bases taxables sur une période de 10 ans selon un taux de rendement de 5 % :

Années	**Retraits**	**Valeur au début**	**Valeur au terme**	**Valeur résiduel du capital**	**Base taxable**
1	50	1 000,0	1 050		2,38
2	50	1 000,0	1 050	952,38	4,65
3	50	1 000,0	1 050	907,03	6,81
4	50	1 000,0	1 050	863,84	8,86
5	50	1 000,0	1 050	822,70	10,82
6	50	1 000,0	1 050	783,53	12,69
7	50	1 000,0	1 050	746,22	14,47
8	50	1 000,0	1 050	710,68	16,16
9	50	1 000,0	1 050	676,84	17,77
10	50	1 000,0	1 050	644,61	19,30
			23 % des retraits sont taxables		

Sur une période de 10 ans, la part taxable sur l'ensemble des retraits est de 23 %. Sur une période de 30 ans, la part taxable sur l'ensemble des retraits est de 48 %.

Et selon le même principe un calcul avec 10 % de plus-value :

Années	Retraits	Valeur au début	Valeur au terme	Valeur résiduel du capital	Base taxable
1	100	1 000,0	1 100		9,09
2	100	1 000,0	1 100	909,09	17,36
3	100	1 000,0	1 100	826,45	24,87
4	100	1 000,0	1 100	751,31	31,70
5	100	1 000,0	1 100	683,01	37,91
6	100	1 000,0	1 100	620,92	43,55
7	100	1 000,0	1 100	564,47	48,68
8	100	1 000,0	1 100	513,16	53,35
9	100	1 000,0	1 100	466,51	57,59
10	100	1 000,0	1 100	424,10	61,45
			39 % des retraits sont taxables		

Sur une période de 10 ans, la part taxable sur l'ensemble des retraits est de 39 %. Sur une période de 30 ans, la part taxable sur l'ensemble des retraits est de 63 %.

De la démonstration ci-dessus, on peut tirer les enseignements suivants :

– pour un portefeuille de lignes de titres en direct, sans statut fiscal particulier, les plus-values sont taxables sur une assiette de 100 % (qu'il y ait des retraits en trésorerie ou non) ;

– pour une structure de capitalisation, seule une partie du retrait est considérée comme taxable. Pour un rendement de 5 % pendant une durée de 30 ans, seules 48 % des retraits sont considérés comme des bénéfices taxables. Ce pourcentage passe à 63 % dans l'hypothèse d'un rendement de 10 %.

Si aucun retrait n'est effectué il n'y a aucune taxation ;

– en outre, pour certaines structures de capitalisation, le taux d'imposition qui s'applique est nul ou inférieur au taux habituel de l'imposition des plus-values (hors incidence des prélèvements sociaux).

Ainsi, la gestion d'actifs à l'intérieur de structures de capitalisation s'avère un bon moyen d'optimisation fiscale, au plan des revenus (assiette taxable minorée et prélèvement fiscal allégé) mais aussi au plan de l'ISF car ce mécanisme permet de percevoir des ressources dont une grande part n'est pas considérée comme un revenu au sens fiscal. Cela facilite la mise en œuvre d'une stratégie de plafonnement de l'ISF grâce à la minoration des revenus au sens fiscal du terme.

Les trusts

Ces structures peuvent ou non distribuer des revenus. Les résidents fiscaux français sont très peu concernés par ces entités dans la mesure où il existe des incompatibilités juridiques et fiscales découlant de la législation française.

A • Le principe d'un trust

Le trust est constitué par un acte *(trust deed)* par lequel une personne dénommée constituant *(settlor)* confie un bien ou un ensemble de biens à une autre personne dénommée *trustee* à charge pour cette dernière de gérer les biens et d'en faire profiter une troisième personne, le bénéficiaire *(cestui)*. Dans sa forme la plus stricte, ce système est un moyen de transmettre de génération en génération des actifs sans subir de droit de succession. C'est également un moyen d'assurer la pérennité des biens puisqu'ils se trouvent hors du contrôle des véritables ayant droits économiques. C'est le *trustee*, gérant professionnel, qui décide des actes de gestion et de disposition.

B • Les effets d'un trust en France

Actuellement, le trust s'avère peu compatible avec le droit français. Toutefois, lorsqu'il est valablement constitué à l'étranger, le trust génère des effets sur le résident fiscal français concerné :

– les revenus issus du trust sont considérés, au plan fiscal, comme des revenus de capitaux mobiliers de source étrangère ;

– au plan du patrimoine, les effets recherchés par la mise en œuvre d'un trust (optimisation de la transmission d'un patrimoine) ne peuvent être atteints en l'état de la législation française ;

– au plan de l'ISF, un arrêt de 2004 du tribunal de grande instance de Nanterre a jugé qu'un résident fiscal français bénéficiaire des revenus d'un trust constitué aux USA n'était pas taxable à l'ISF sur la valeur des actifs détenus par le trust. L'administration fiscale n'a pas fait appel de la décision.

Il existe un projet de fiducie à la française qui paraît avoir peu de chance d'aboutir dans des délais raisonnables. En tout état de cause, le projet, tel qu'il se présente actuellement, reste très limité par rapport au modèle du trust anglo-saxon. Depuis la Loi de Finances Rectificative de 2011, les bénéficiaires résidents fiscaux français de trust voient leurs revenus très lourdement taxés. En conséquence, on peut affirmer que le trust est totalement déconseillé pour les résidents français.

Chapitre

4

Les leviers pour développer

Pour accélérer et optimiser le développement du patrimoine, trois leviers sont à disposition :

– le rendement procuré par l'investissement lui-même ;
– les effets de la fiscalité ;
– l'utilisation du crédit.

Développer grâce à des effets de levier, c'est construire plus vite au moyen d'outils qui accélèrent le processus d'enrichissement...

Ce chapitre a pour objet d'étudier le maniement de ces outils, leurs effets et leurs dangers.

Le levier par le rendement

C'est le tout premier levier pour développer un patrimoine. Le rendement d'un placement comprend deux éléments : le revenu généré et la plus-value. Le niveau de rendement a une incidence très importante sur les résultats à long terme

Par exemple : un investissement de 1 000 pendant 15 ans devient 2 078 si le placement a un rendement de 5 % et 3 172 si le rendement est de 8 % (53 % de différence sur la durée).

Pour apprécier le véritable rendement global d'un placement, il faut tenir compte des charges et des dérives pouvant grever ses performances réelles :

– le poids de la fiscalité sur le patrimoine, sur les revenus et sur la plus-value ;
– les charges, prévisibles ou non, liées à la détention et à la gestion du bien ;
– les effets de l'érosion monétaire.

Le levier par la fiscalité

Opter pour un schéma permettant de minorer le poids de l'impôt est de nature à améliorer la rentabilité de l'investissement et donc de mieux développer son patrimoine.
Il est des cas où l'on peut obtenir des réductions d'impôts sans sortie de trésorerie en contrepartie.
Par exemple : les amortissements, qui ne sont pas des charges de trésorerie, génèrent des économies d'impôt. Dans ce cas il y a allègement de la trésorerie.
Par exemple : Monsieur A investit dans une opération immobilière de type Robien. Il bénéficie d'un amortissement sur le montant de son investissement qui a pour effet de créer un déficit foncier déductible de son revenu global.

Incidences de trésorerie	Sans effet fiscal	Avec effet fiscal
Montant des impôts à payer	(100)	(100)
Amortissement sur investissement Robien	0	25
Montant déductible sur le revenu global		20
Économie d'impôt	0	10
Impôt à payer	(100)	(90)
Économie de trésorerie	0	10

Dans d'autres cas, l'optimisation fiscale consiste à éviter de payer l'impôt en injectant les économies ainsi réalisées dans un système d'épargne. Dans ce cas, il n'y a pas obligatoirement allègement de la trésorerie globale. Au lieu d'effectuer un paiement au fisc, les versements alimentent l'économie du système d'investissement mis en place. Au final, il n'en demeure pas moins que l'économie d'impôt représente une économie de trésorerie.

Par exemple : des charges de travaux déductibles de revenus fonciers. Monsieur B décide de procéder à des travaux déductibles fiscalement pour un montant de 100. Imputés sur ses revenus fonciers excédentaires cette charge va permettre de réduire les impôts fonciers à hauteur de 50. Le bilan immédiat est le suivant :

Incidences de trésorerie	Sans travaux	Avec travaux
Montant des travaux à payer	0	(100)
Montant des impôts sans incidence des travaux déductibles	(100)	(100)
Économie d'impôt	0	50
Total à payer	100	150

Dans ce cas, on constate au global qu'il n'y a économie de trésorerie que dans la mesure où le coût des travaux est minoré. Si les travaux apportent une valeur ajoutée à l'investissement, on peut considérer que l'incidence fiscale des travaux offre un effet de levier.

Le levier par le crédit

Le crédit est dans certains cas un levier puissant pour le développement du patrimoine.

A • Épargner sans crédit

Pour constituer un patrimoine, il est possible d'épargner au fur et à mesure sans recourir au crédit. Prenons le cas de Monsieur A qui a une capacité d'épargne annuelle de 100. Il place chaque année 100 dans un produit qui rapporte net 5 % l'an. Au terme de 10 ans, son capital sera de 1 257,79.

B • Épargner à l'aide d'un crédit

Monsieur A peut opter pour une autre solution : emprunter, placer la somme empruntée et utiliser sa capacité d'épargne pour rembourser l'emprunt initial au taux de 5 %.

Avec une capacité d'épargne annuelle de 100, Monsieur A peut obtenir un prêt de 772,17 remboursable en dix ans au taux de 5 %. Ce capital placé à 5 % net aura une valeur, au terme de dix ans, de 1 257,79.

On constate que les résultats des options avec ou sans crédit s'équilibrent. Phénomène facile à comprendre puisque les taux débiteurs et créditeurs sont strictement identiques.

Si le rendement de l'épargne est supérieur au taux du crédit, alors il y a un avantage à emprunter. Dans le cas contraire l'endettement n'apporte pas d'effet bénéfique.

Dans certaines opérations, les intérêts bancaires génèrent une déductibilité fiscale qui a pour effet d'abaisser le taux réel du crédit. Nous sommes alors dans un cas de figure favorable à l'endettement : le taux créditeur rémunérant l'épargne est supérieur au taux débiteur après incidence fiscale (cas des crédits pour investissement immobilier locatif).

Une autre opportunité offerte par l'endettement est de pouvoir effectuer un investissement d'un montant plus important. Si l'investissement s'avère porteur de plus-value, l'opération bénéficie d'un levier positif. Dans le cas contraire, l'effet de levier se transforme en effet de massue.

Voici l'exemple de Monsieur B qui a le choix entre deux solutions :

– **1re solution** : investir 1 000 au comptant sur un support qui rapporte 5 % net d'impôt et qui se valorise de 2 % par an net d'impôt. Ainsi, sur une durée de 10 ans, l'investisseur aura perçu chaque année 50 (soit 500 en dix ans) et son investissement vaudra 1 219 au terme. Soit un enrichissement de 719 au total. Le TRI est de : 6,61 % ;

– **2e solution** : sur le même support, investir 2 000 dont 1 000 grâce à un crédit à remboursement *in fine* du capital au taux de 5 % net d'impôt. Ainsi l'investisseur percevra 100 chaque année et paiera 50 d'intérêts (soit 500 net au total). Au terme de dix ans, son investissement vaudra 2 437 et il remboursera son prêt pour 1 000. Soit un enrichissement de 937. Le TRI est de 8,01 %.

La notion de TRI (taux de rendement interne) est abordée au chapitre sur la planification financière.

Tableau comparatif entre les deux options d'investissement	Sans crédit	Avec crédit
Montant de l'investissement	1000	2000
Montant du crédit	0	1000
Versement initial	(1000)	(1000)
Revenus perçus en 10 ans (5 %)	500	1000
Remboursement total des intérêts	(0)	(500)
Valeur du placement au terme des 10 ans	1219	2437
Remboursement du prêt	(0)	(1000)
Capital net valorisé par la plus-value	1219	1437
Enrichissement global (perception des revenus nets et plus-value)	719	937
Taux de rendement interne (TRI)	6,61 %	8,01 %

Cet exemple illustre l'effet de levier procuré par un crédit si l'investissement est source de plus-value.

En pratique, avant d'inscrire un client dans un schéma d'endettement, il faut s'assurer que la rémunération de l'épargne dans le temps ne tombe pas en deçà d'un niveau qui remettrait en cause l'intérêt du système. Une solution pourrait être de placer l'épargne sur un support qui assure un niveau de rémunération connu à l'avance pour une durée de plusieurs années.

Le levier par le crédit nécessite du temps pour donner un effet significatif. C'est la raison pour laquelle cette technique est particulièrement adaptée à l'investissement immobilier de rapport.

C • Optimisation de l'effet du crédit

Pour certains investissements de rapport (immobilier de rapport, carrières, fonds de commerce...), il est possible d'optimiser l'effet positif du levier par la mise en place d'un crédit avec un fort délai d'amortissement (voir plus loin le paragraphe consacré au prêt à remboursement *in fine* du capital).

D • Indexer l'épargne selon la nature du projet

L'épargne ainsi constituée trouve peut-être son objectif dans l'acquisition à terme d'un bien spécifique. Au fil du temps, on peut craindre que la valorisation de l'épargne-projet soit moindre que la valorisation du bien visé par l'objectif final.

Par exemple : un épargnant constitue petit à petit un capital financier pour acquérir dans 10 ans un bien immobilier. Si l'épargne financière est rémunérée à 4 % net alors que les prix de l'immobilier progressent chaque année en moyenne de 8 %, l'épargnant perdra peu à peu du terrain dans sa course à l'investissement immobilier et n'atteindra jamais son objectif. Ce phénomène plaide pour un achat immobilier immédiat à l'aide d'un crédit, ce qui permettra d'indexer l'épargne-projet sur l'évolution des prix de la classe d'actif convoitée au final. C'est une opération de Plan d'Épargne Logement « à l'envers » qui est souvent préférable à la souscription d'un véritable Plan d'Épargne Logement.

L'optimisation de l'effet de levier

Dans les exemples précédents, l'optimisation de l'effet de levier procuré par un crédit dépend de deux éléments :
– le rendement (revenus et plus-value) de l'investissement qui doit être le plus élevé possible. Ce qui revient à dire que le prix d'acquisition du bien de rapport doit être le moins élevé possible ;
– le crédit dont le taux doit être le plus bas possible. En d'autres termes la ressource pour investir doit être la moins chère possible.

Pour financer des biens de rapports, les fonds propres sont rarement la ressource la moins chère car il est possible d'en obtenir un rendement net supérieur au coût d'un crédit après incidence fiscale.

On comprend aisément que c'est le différentiel favorable entre le taux créditeur et le taux débiteur qui concourt à l'optimisation de l'effet de levier. Mieux vaut placer à 6 % et emprunter à 3 % que l'inverse ! En conséquence, non seulement l'investisseur devra rechercher le meilleur rendement pour son investissement, mais il devra être attentif à financer avec des ressources les moins chères possible.

Cette première condition est fondamentale mais insuffisante pour que l'effet de levier trouve son plein développement. Deux autres conditions sont importantes à réaliser :
– le différentiel doit être important en valeur absolue. Il doit donc s'appliquer sur des en-cours les plus importants possible ;
– le résultat final étant la somme des différentiels annuels, il est souhaitable de bénéficier le plus longtemps possible de ces séries de différentiels.

Ainsi le cercle vertueux de l'effet de levier par le crédit est le suivant :

– un investissement de montant important dans une optique de long terme ;
– dont la rentabilité (revenus et plus-value) est importante ;
– financé par un crédit de montant important et dont le taux est faible.

La vertu du schéma est accentuée si les intérêts du crédit de financement sont déductibles fiscalement des revenus procurés par l'investissement. En effet cela aura pour conséquence de minorer le coût du crédit puisque ces intérêts réduiront le coût fiscal généré par les revenus.

A • Le prêt amortissable en capital

L'investisseur peut opter pour un prêt amortissable en capital chaque mois ou trimestre. Le montant de l'échéance sera constant et englobera le capital et les intérêts. Au fil des remboursements du capital prêté, la part des intérêts s'amenuisera. Ce type de prêt entraîne les phénomènes suivants :
– pendant la durée du prêt, les remboursements représentent un poids constant en trésorerie ;
– la masse d'intérêts déductibles diminuant, le poids des impôts liés aux revenus augmente avec deux conséquences :
  • la charge de trésorerie globale augmente (échéances constantes + impôts en hausse) ;
  • l'effet vertueux du levier du crédit et de la déductibilité des intérêts s'estompe au fil des remboursements.

Si l'opération d'investissement, les revenus et les charges fiscales sont importants, le phénomène analysé ci-dessus aura des conséquences importantes voire catastrophiques pour l'équilibre de trésorerie de l'investisseur. Conséquences qui peuvent obliger à revendre le bien parce que la situation de trésorerie devient intenable. C'est un phénomène rencontré chez les pharmaciens qui ont financé leur fonds de commerce avec un crédit amortissable.

B • Reporter *in fine* le remboursement du capital

Le prêt à remboursement *in fine* du capital peut être une solution dans la recherche de la meilleure optimisation de l'effet de levier par le crédit.

Il s'agit d'une technique de financement adaptée au financement des investissements de long terme générant des revenus soumis à l'impôt.

Par exemple : un investissement immobilier locatif, l'acquisition d'un fonds de commerce ou des parts d'une Société Civile professionnelle.

Dans ce type de prêt, le capital emprunté est remboursé en une fois au moment de l'ultime échéance. Pendant toute la durée, l'emprunteur ne rembourse que les intérêts par échéances mensuelles, trimestrielles ou, plus rarement, annuelles.

Ces dispositions présentent les avantages suivants :

– les intérêts étant constants l'effet de déductibilité fiscale joue pleinement pendant toute la durée du prêt. Conséquence : la charge de trésorerie n'est pas aggravée par le poids croissant des impôts ;

– l'échéance ne comprend que le paiement des intérêts, en conséquence le montant de l'échéance est plus faible que dans le cas d'un prêt amortissable en capital et intérêts.

Afin d'apporter tous apaisements au prêteur, le remboursement final du capital de ce type de prêt doit être prévu dés sa mise en place. La banque souhaitera pouvoir compter sur l'existence, au terme du prêt, d'un capital suffisant représenté par un actif financier facilement mobilisable. C'est la raison pour laquelle elle exigera la constitution en une ou plusieurs fois d'un placement en actifs financiers qui, selon une hypothèse de rendement réaliste, atteindra au terme du prêt une valeur permettant son remboursement.

Souvent cette contrainte ne pose pas de problème à l'investisseur dans la mesure où il dispose déjà d'actifs financiers libres de gage. Toutefois certains souhaiteraient éviter la contrainte de constituer des actifs en prévision de l'extinction du prêt à remboursement *in fine* du capital. Ils préfèreraient prévoir le remboursement du prêt en capital par la cession même du bien objet du financement. Les banques sont très réticentes à cette idée pour plusieurs raisons :

– **des raisons liées au risque** : rendre liquide un bien immobilier est moins aisé qu'un placement financier. En conséquence le prêteur craint que le remboursement du prêt ne puisse se faire à la date prévue ;

– **des raisons liés aux intérêts commerciaux de l'organisme de prêt** : le prêteur est souvent un établissement qui encaisse des profits sur les actifs qu'on lui confie en gestion. Donc son intérêt est d'inciter son client à constituer de tels actifs.

Mais ces raisons ne plaident pas seules en faveur de la constitution d'actifs financiers en parallèle à l'opération de crédit à remboursement *in fine.*

Le recours à la technique du prêt à remboursement *in fine* du capital ne répond pas uniquement au souci d'améliorer le différentiel favorable entre le rendement encaissé sur l'investissement et le coût du crédit (incidence fiscale déduite).

Cette technique offre l'avantage de diversifier le patrimoine entre actifs immobiliers et financiers. Cette diversification est un facteur important de sécurité au plan de la gestion globale du patrimoine. Si le fait de refuser la constitution d'actifs financier permet d'obtenir un meilleur TRI, cela va à l'encontre de l'exigence de diversification pour le patrimoine.

Les avantages procurés par le prêt à remboursement *in fine* du capital peuvent se résumer comme suit :

– optimiser pleinement sur la durée le différentiel entre taux créditeur et taux débiteur. Ceci contrairement au prêt remboursable par annuités constantes dont l'effet s'estompe au fur et à mesure du remboursement du capital et de la baisse du niveau des intérêts déductibles;

– alléger les efforts de trésorerie;

– diversifier entre actifs immobiliers et financiers grâce à la constitution d'un capital financier pour garantir le remboursement du crédit au terme;

– améliorer la sécurité de la famille dans la mesure où l'assurance décès, liée au prêt, garanti un montant au niveau le plus élevé pendant toute la durée alors que dans un prêt amortissable en capital le montant de la couverture de l'assurance décès baisse d'année en année.

L'effet vertueux du prêt « *in fine* » est plus important en période de taux élevés.

Par exemple : avec l'incidence fiscale, un taux débiteur de 10 % devient 5 %, face à une rémunération de l'épargne à 9 %. Dans les périodes de taux faibles le différentiel est moins important.

C • Donner du temps au temps

Un dernier avantage plaide en faveur de l'endettement à remboursement *in fine* du capital : le temps.

Ce type de prêt finance des opérations de longue durée (12 à 20 ans, voire plus). Outre que cela permet au différentiel favorable de s'accumuler plus longtemps, on dispose de beaucoup de temps pour gérer les actifs financiers. Dans ce domaine le temps est un allié :

– si les actifs financiers actuellement disponibles se trouvent dépréciés (mauvaise conjoncture boursière) cela évite de les céder pour devoir alimenter la trésorerie nécessitée par une opération financée par un crédit amortissable classique ;
– dans d'autres cas, le temps dont on dispose grâce à ce type d'opération permet de prendre un peu plus de risque ce qui est, en principe, de nature à améliorer la valorisation ;
– avec le temps, la rentabilité de l'investissement en question s'améliore (grâce à l'effet de la valorisation des loyers par exemple). Ainsi on peut envisager, dans une seconde phase, le remboursement final du capital selon un mode de crédit par amortissement classique. Le poids des échéances sera mieux supporté grâce à des loyers d'un montant devenu plus important. Ceci évitera par exemple de puiser sur un contrat d'assurance-vie tout ou partie des capitaux utiles au remboursement du crédit « *in fine* ». Ainsi on pourrait concevoir un financement par prêt mixte : une première période de 12 ans « *in fine* » suivi d'une seconde période de prêt amortissable sur 12 ans. Une autre formule pourrait être judicieuse : le prêt immobilier amortissable sur 30 ans. Pendant les premières années, ce prêt aurait les mêmes incidences qu'un prêt à remboursement *in fine*.

Simulations à titre d'exemple

Cet exemple permet de comparer un investissement en immobilier de rapport de 1 000 k€ avec un rendement brut de 7 % financé selon trois modes différents :
– totalement par un apport personnel de 1 000 k€ (option 1) ;
– totalement par un crédit de 1 000 k€ au taux de 5,40 % avec un placement de l'apport personnel dans un produit de capitalisation au taux net de 5 %.

- le crédit est amortissable sur 15 ans (option 2) ;
- ou bien le crédit est à remboursement *in fine* du capital au terme de 15 ans (option 3).

La pression fiscale commune aux trois situations est de l'ordre de 50 %. Pour la clarté de la démonstration ni les loyers ni la valeur du patrimoine immobilier ont été réévalués.

Comparaison de l'enrichissement selon les trois options :
L'enrichissement (C) résulte de la différence entre la valeur de patrimoine nette acquise au terme de l'opération (B) et le coût net entraîné par l'acquisition de ce patrimoine (A).

	Option 1 Sans crédit	Avec crédit	
		Option 2 amortissable	Option 3 *In fine*
Montant de l'investissement	(1 000)	(1 000)	(1 000)
Versement sur épargne	0	(1 000)	(1 000)
Emprunt obtenu	0	1 000	1 000
Loyer bruts perçus pendant 15 ans	1 050	1 050	1 050
Charges de prêt (intérêts)	0	(483)	(820)
Coût ou gain fiscal	(517)	(242)	(47)
A – Charges de trésorerie	**(467)**	**(675)**	**(817)**
Valeur de l'immobilier au terme	1 000	1 000	1 000
Encours du crédit à rembourser	0	(1 000)	(1 000)
Valeur de l'épargne au terme	0	2 050	2 050
B – Valeur du patrimoine au terme	**1 000**	**2 050**	**2 050**
C – Enrichissement	**533**	**1 375**	**1 233**
TRI annuel	**3,76 %**	**5,13 %**	**5,87 %**

Commentaires sur les Taux de Rendement Interne (TRI) :
On remarque que la solution qui offre l'enrichissement maximum en valeur absolue (option 2) extériorise un TRI inférieur à la solution numéro 3. Cela s'explique par le fait que l'option 3 consomme plus de trésorerie en valeur absolue mais les flux s'étagent plus favorablement que pour la solution 2. C'est donc l'option 3 qui est réellement la plus performante.
Le chapitre suivant apporte d'autres précisions sur le TRI qui est un indicateur précieux pour comparer différentes options entre elles.
Commentaires sur l'effet fiscal :
Pour les simulations ci-dessus, les calculs tiennent compte d'une imposition s'inscrivant totalement dans la Tranche Marginale Fiscale d'environ 50 %.

Dans le cas où l'impact fiscal serait moindre les résultats seraient les suivants :

	Sans crédit	**Avec crédit**	
		amortissable	***In fine***
Enrichissement	678	1 585	1 270
TRI annuel	4,76 %	5,53 %	6,07 %

Si la pression fiscale est moins lourde, l'écart de rendement entre l'option 1 et les options 2 et 3 se contracte. Néanmoins, l'effet de levier offert par l'endettement continue d'apporter un meilleur enrichissement.

Chapitre 5

La planification financière

La planification financière de projets est un des éléments permettant de juger du bien-fondé d'un choix stratégique. Sans négliger des considérations extra-financières, le choix s'exercera en fonction des résultats comparatifs entre deux voire trois simulations différentes.

1. But de la planification

Expliciter les conséquences des suggestions au plan fiscal et juridique est insuffisant. Il est nécessaire d'en faire apparaître les conséquences financières.

Apporter du conseil en stratégie patrimoniale consiste à démontrer au client la pertinence d'une solution par rapport à une autre. Cela revient à dire :

– si vous ne faites rien (si vous ne changez pas la situation actuelle) voilà ce qui va se passer; si vous suivez nos conseils voici les conséquences et les bénéfices espérés;

– chiffrons les conséquences des différents projets :

• évaluons et comparons les résultats d'un même projet selon deux modalités différentes;

• projetons dans l'avenir les conséquences financières des projets d'allocation d'actifs.

2. L'actualisation des flux

A • Le taux de rendement Interne

Analyser un projet au plan financier c'est souvent comparer des flux de trésorerie positifs et négatifs dans le temps. Ces flux n'étant pas égaux en rythme et/ou en montants, il est indispensable d'actualiser ces flux pour déterminer facilement et sans risque d'erreur quel est le projet le plus intéressant financièrement.

Par exemple : de ces deux solutions quelle est la plus attractive ?

– Placer 1 000 pour retirer 1 030 au bout de 6 mois.
– Placer 1 000 pour retirer 1 060 au bout de 12 mois.

Apparemment les deux opérations sont égales : versement identique au même moment et intérêt identique au prorata du temps placé. Le taux apparent (taux nominal) est identique : 6 %.

En fait, si on raisonne en rendement actuariel, l'opération numéro 1 (TRI : 6,09 %) est plus intéressante que l'opération numéro 2 (TRI : 6 %).

La raison en est la suivante : dans l'opération numéro 1 les 1 030 retirés au bout de 6 mois peuvent, en théorie, être replacés à 6 % pendant 6 mois supplémentaires. L'intérêt supplémentaire sera de 30,90. En conséquence l'intérêt au terme de 12 mois sera de 60,90 (soit un taux de 6,09 %), chiffre plus important que dans la solution numéro 2 (60).

Pour comparer deux solutions financières différentes, il est indispensable de recalculer les résultats en égalisant les flux et la durée de chaque opération.

Dans l'exemple ci-dessus, les dates de sortie ne sont pas identiques. Un calcul supplémentaire est fait pour rétablir une échéance identique aux deux opérations.

En fait, ce raisonnement reste théorique : dans la réalité, rien ne garantit que les intérêts perçus au terme de 6 mois puissent être replacés au taux de 6 %.

C'est la raison pour laquelle il est possible de calculer un TRI en prenant un taux d'actualisation des flux différent du taux de valorisation de l'opération principale. Cette dernière option est à préférer quand on travaille sur un projet à rendement élevé et/ou sur une très longue durée.

Par exemple : quel est le TRI de l'opération suivante :

Versement initial 300 – revenu perçus à chaque fin d'année : 50 – valeur au terme de 10 ans : 1 000.

Le TRI de cette opération est de 24 %. Il est permis de douter qu'on puisse replacer les revenus annuels à un taux aussi élevé dans l'avenir.

Aussi est-il plus raisonnable d'affecter un taux de valorisation différent sur les flux positifs (par exemple 5 %). En tenant compte de cette correction, le TRI global de cette opération ressort alors à 18,43 %.

Ce raisonnement est valable également en cas d'existence de flux négatifs.

Dans le cas d'un TRI important sur une longue période, il est raisonnable de modifier le taux qui s'applique sur les flux positifs et négatifs à l'exception du flux initial. Cela permettra de mieux cerner la réalité de la performance de l'investissement.

Une calculette telle que la HP17 (Hewlett Packard) ou un tableur (Excel de Microsoft) permettent d'effectuer de tels calculs.

B • L'égalisation de la trésorerie

La notion de TRI est difficilement compréhensible par un client peu familier avec l'arithmétique financière.

Il est possible de présenter la comparaison de façon plus compréhensible en égalisant les flux de trésorerie sans avoir recours à la notion du TRI.

Par exemple : la comparaison porte sur deux simulations dont les flux de trésorerie sont synchrones mais inégaux en montant :

- simulation A : n = (1 000) puis n1 à n9 = 100 puis n10 = 1 500;
- simulation B : n = (1 000) puis n1 à n9 = 50 puis n10 = 1 700.

On remarque que les flux intermédiaires de B sont inférieurs aux flux de A. Le résultat final de B paraît plus intéressant mais on ne peut rien en conclure avant d'égaliser les flux de trésorerie intermédiaires. Pour compenser cette différence et rendre les résultats finaux comparables, il suffit de retirer du résultat final les différences constatées entre n1 et n9 en tenant compte d'un taux d'actualisation (par exemple 6 %).

Rubriques	Placement A	Placement B
Versement initial (flux négatif)	(1 000)	(1 000)
Total des flux positifs	2 400	2 150
Enrichissement non actualisé	1 400	1 150
Actualisation du différentiel de trésorerie (produit de 50 annuel pendant 9 ans à 6 %)	124	
Enrichissement actualisé	1 524	1 150
TRI	12,75 %	9,50 %

Pour le client, il est parfois plus compréhensible de juger deux options à trésorerie égale, c'est-à-dire sans changer son train de vie d'une solution à l'autre.

Exemple : Monsieur Giraud doit choisir entre deux solutions :

– selon une première option, la situation de M. Giraud est la suivante : il détient un bien immobilier locatif non endetté qui lui rapporte 70 k€ brut, soit, après ponction fiscale, 35 k€ net ;

– selon une autre option, il lui est conseillé de vendre son bien à une SCI en contractant un endettement au moyen d'un crédit bancaire à remboursement *in fine* du capital au terme de 15 ans. En conséquence, M. Giraud perçoit le produit de la cession (1 000 k€) mais ne perçoit qu'un revenu de 9 k€ net après incidence de la fiscalité et paiement des intérêts générés par le crédit.

Commentaires : on conçoit qu'il sera indispensable de comparer les deux solutions en tenant compte du fait que, par rapport à la première situation, il manque 26 k€ à M. Giraud, chaque année pour assurer son train de vie.

Afin d'établir une comparaison « à trésorerie égale » compréhensible facilement par M. Giraud, on peut proposer le tableau suivant :

Rubriques	Situation n° 1	Situation n° 2
Revenus nets pendant 15 ans	525	135
Rachat sur contrat d'assurance-vie (26 k€ par an)	0	390
Valeur résiduelle de l'assurance-vie	0	1 455
Remboursement du prêt au terme de 15 ans		(1 070)
Valeur du contrat après les rachats utiles pour assurer des revenus annuels complémentaires (26 k€ par an) et le remboursement du prêt (1 070 k€).		385
Enrichissement	525	910

Conclusion : on peut affirmer à M. Giraud que la solution n° 2 est susceptible de lui procurer un avantage financier significatif tout en lui assurant, par rapport à la situation n° 1, le même niveau de ressources chaque année.

3. Les projets à planifier

L'investissement immobilier locatif

L'immobilier de rapport est un domaine de prédilection de l'ingénierie patrimoniale. L'investissement dans ce type d'actif est, par nature, très structurant car il engage pendant de nombreuses années. Les choix initiaux étant déterminant, une planification financière est particulièrement justifiée. Cela permet de mesurer les incidences des choix sur l'économie du système pendant la durée de l'investissement ainsi qu'au moment de la sortie au terme de l'investissement.

Pour ce qui concerne la planification des projets d'investissement immobilier, un chapitre lui est consacré dans ce livre (voir Ingénierie immobilière).

Les plans de capitalisation et décapitalisation

Un grand nombre de projets patrimoniaux prévoit la constitution d'actifs bancaires et/ou financier en une ou plusieurs fois sur lesquels éventuellement des retraits sont prévus, soit dans l'immédiat soit dans l'avenir.

A • Un tableau de simulation de la capitalisation

Les capitaux déjà constitués (ou à constituer) sont placés au sein de différentes enveloppes juridiques et fiscales ayant leur propres règles. Le taux d'évolution de chaque nature d'actif est différent. Il est nécessaire d'établir une planification sous forme d'un tableau détaillant ligne par ligne la ventilation des capitaux par enveloppe, nature de placement et l'évolution en valeur de cette épargne au fil du temps.

Par exemple, ce tableau pourrait être structuré de la façon suivante :

Nature des enveloppes	**Nature des risques**	**Année de maturité**	**Hypo de rendement %**	**Montants initiaux k€**	**Encours valorisés en k€**			
					N+1	**N+2**	**N+3**	**N+4**
Livret bancaire	Codevi	N						
Dépôt à terme	Compte à terme n° 1	N+1						
Portefeuille titres	Actifs monétaires							
	Actifs obligataires							
	Actions							
PEA	Actions							
	Produit garanti							
Assurance-vie	Fonds en Euros							
	Fonds équilibre							
	Fonds dynamique							
Etc.								

Année par année chaque encours est valorisé. Éventuellement, les montants de ces encours sont amputés des retraits dus aux besoins de trésorerie.

Il est intéressant d'établir un tableau corrélatif pour indiquer les ressources procurées par cette décapitalisation :

Nature des enveloppes	**Nature des risques**	**Année de maturité**		**Montants initiaux k€**	**Montant des retraits en k€**			
					N+1	**N+2**	**N+3**	**N+4**
Montant total des décapitalisations								

B • La décapitalisation

Il est utile de préciser ce qu'on entend par « décapitalisation ».

Les actifs placés peuvent être la source de revenus utiles pour assurer tout ou partie du train de vie du client. On ne peut parler de « décapitalisation » si on limite sa consommation aux revenus issus de placements sur des supports de distribution (par exemple : comptes sur livrets bancaires, lignes directes d'actions ou d'obligations, SICAV de distribution).

Par exemple : au sein d'un portefeuille de valeurs mobilières, sans statut fiscal particulier, l'épargnant a souscrit des obligations qui génèrent un revenu chaque année. L'épargnant limite ses retraits de trésorerie au montant des intérêts servis par les obligations.

Parfois les revenus ne suffiront pas, il sera nécessaire de puiser également sur la partie de capital. Dans ce cas, il y aura « décapitalisation », c'est-à-dire amputation d'une partie du capital au fil du temps.

Pour ce qui concerne certaines enveloppes juridiques et fiscales de capitalisation, les revenus ne sont jamais distribués. En conséquence les retraits portent à la fois sur du capital et des revenus. On peut dire qu'il y a décapitalisation alors que la masse des retraits n'a pas obligatoirement pour effet de minorer le capital d'origine.

C• Le tableau de bord patrimonial

Selon le cas, un tableau de simulation plus global peut judicieusement se substituer à un simple tableau de capitalisation/décapitalisation des seuls actifs financiers.

La complexité des règles de la fiscalité des revenus et des retraits sur les actifs justifie pleinement un tableau de planification globale de ces opérations sur plusieurs années.

En outre, la mise en place de sources de revenus plus ou moins fiscalisées peut avoir une influence sur la fiscalité globale du client.

Par exemple : créer des revenus peu fiscalisés (retraits en capital et non en revenus au sens fiscal) peut permettre de minorer l'ISF dans le cadre d'une stratégie de plafonnement de cet impôt.

Les tableaux de capitalisation et de décapitalisation doivent se présenter en trois parties :
– un tableau de l'évolution des encours d'actifs qui tient compte d'éventuelles ponctions pour assurer les ressources du train de vie :

Nature des actifs	Valorisation des actifs			
	N	N+1	N+2	N+...
Total des actifs				

– un tableau de flux positifs et négatifs :

Nature des revenus	Montant annuels bruts			
	N	N+1	N+2	N+...
Total des revenus				

– un tableau des charges fiscales :

Incidences fiscales des revenus et éventuellement incidence de l'ISF	Montant annuels			
	N	N+1	N+2	N+...
Total des charges fiscales				
Total des revenus nets				

La comparaison entre différentes structures

Les investisseurs se posent souvent la question du choix de la bonne structure pour abriter les opérations de placement d'actifs financiers. Il est parfois utile d'effectuer une simulation comparative des effets procurés par ces structures.

Le tableau de simulation pourrait être structuré de la façon suivante :

<table>
<tr><th colspan="4">Comparaison pour un investissement selon 4 structures différentes</th></tr>
<tr><td colspan="4">Hypothèses :
Montant de l'investissement et rendement brut
Nombre d'enfants bénéficiaire en cas de transmission
Durée du placement et taux de rotation du portefeuille.</td></tr>
<tr><td>Portefeuille de valeurs mobilières</td><td>Société soumise à l'IS</td><td>Contrat de capitalisation ou PEA</td><td>Contrat d'assurance-vie</td></tr>
<tr><td colspan="4">Montant des différents impôts selon la structure</td></tr>
<tr><td colspan="4">Résultat net du placement par structure</td></tr>
<tr><td colspan="4">En cas de succession : droits à payer selon les structures</td></tr>
<tr><td colspan="4">Pour mémoire : incidence ISF</td></tr>
</table>

A • Exemple

Monsieur Favre dispose de 1 000 k€ de disponibilités. Il a le choix entre différentes enveloppes de capitalisation pour loger ses actifs et les faire fructifier.

Les règles sur lesquelles reposent la simulation sont les suivantes :

– le taux de rendement brut est de 5 % ;

– la durée du placement est de 8 ans ;

– M. Favre a deux enfants ;

– dans le portefeuille de titres la rotation des titres est de une fois par an.

Au terme de 8 ans la plus value nette du placement est la suivante :

<table>
<tr><th>Portefeuille de valeurs mobilières</th><th>Société soumise à l'IS</th><th>Contrat de capitalisation ou PEA*</th><th>Contrat d'assurance-vie</th></tr>
<tr><td>Impôt de plus-value + prélèvt. sociaux</td><td>Impôts sur les sociétés</td><td colspan="2">En l'absence de rachat aucune imposition</td></tr>
<tr><td>337</td><td>296</td><td>477</td><td>477</td></tr>
</table>

* Il est rare que le PEA dispose d'une trésorerie de 1 000 k€. Cette enveloppe fiscale est indiquée pour les besoins de notre comparaison.

En cas de décès de M. Favre le coût de la transmission aux deux enfants sera de :

Portefeuille de valeurs mobilières	Société soumise à l'IS	Contrat de capitalisation ou PEA	Contrat d'assurance-vie
Hypothèse du taux marginal des droits de succession : 25 %			Taxe sur assurance-vie de 20 % au-delà d'une franchise de 152 k€ × 2
(334)	(324)	(357)	(234)

Pour ce qui concerne le contrat de capitalisation ou le PEA, les héritiers devront payer les taxes sociales au moment du remboursement :

Portefeuille de valeurs mobilières	Société soumise à l'IS	Contrat de capitalisation ou PEA	Contrat d'assurance-vie
0	0	(47)	0

Le capital net échu aux héritiers sera donc de :

Portefeuille de valeurs mobilières	Société soumise à l'IS	Contrat de capitalisation ou PEA	Contrat d'assurance-vie
1 003	972	1 073	1 243

B • Analyse des résultats

On remarque que le contrat d'assurance-vie est la structure la plus performante pour faire fructifier des actifs détenus en pleine propriété.

Pour ce qui concerne des actifs détenus en démembrement de propriété, le contrat de capitalisation est une formule appropriée. Dans ce cas, les actifs étant déjà transmis, l'incidence du coût des droits de succession est nulle.

On remarque que la structure soumise au régime fiscal de l'impôt sur les sociétés s'avère la moins judicieuse pour gérer des actifs financiers. Ce type de structure est mieux adaptée pour loger une activité industrielle ou commerciale ou des biens immobiliers de rapport.

Chapitre 6

La culture du risque

Le crédit bancaire est un outil de première importance pour organiser, optimiser et développer le patrimoine.

Le conseiller patrimonial ne doit pas seulement maîtriser l'aspect technique du crédit, il doit également acquérir une culture du risque qui va lui permettre d'apporter une vraie valeur ajoutée à son client en lui évitant d'engager un projet irrecevable par les organismes de crédit.

On remarque que le sens du risque de crédit a tendance à se perdre. Il est compréhensible que les conseillers patrimoniaux n'ayant pas travaillé dans une banque manquent de cette culture. Mais ceux qui possèdent une expérience bancaire pâtissent également de cette lacune. Cela s'explique par le fait que les circuits bancaires de décision sur les crédits ont été profondément modifiés. Jusqu'aux années 80, les crédits étaient octroyés dans le cadre d'un circuit de décision largement décentralisé. Jusqu'à cette époque, un grand nombre de cadres bancaires étaient quotidiennement confrontés à des décisions d'accord de crédits. Ils étaient contraints d'acquérir une culture du risque solide. Depuis, les opérations de financement sont devenues de plus en plus complexes au plan juridique et fiscal. Le contexte économique, dans lequel évoluent les emprunteurs, est plus difficile à maîtriser. La prise de risque est devenue un métier de spécialistes. Les conseillers n'ont plus de pouvoir en ce domaine, en conséquence ils se trouvent éloignés de cette culture et c'est dommage.

Sans prétendre être exhaustif à ce sujet, il est bon de développer un chapitre sur les bases à connaître dans le domaine du risque de crédit.

1. Les différents crédits

Différents crédits sont octroyés par les établissement bancaires et financiers, en voici l'essentiel :

Le découvert en compte

Le découvert bancaire est une formule très souple. Ce crédit est utilisé par mise en position débitrice du solde du compte-courant bancaire personnel de l'emprunteur. Ce solde peut fluctuer, voire revenir momentanément en position créditrice. Le débiteur ne paie les intérêts qu'au prorata de l'utilisation en montant et en durée. Parfois une commission d'engagement est demandée, elle s'applique, pendant toute la durée prévue, sur le montant total du crédit autorisé (taux de l'ordre de 0,50 % l'an). Le plus souvent le taux du crédit est un taux variable dont la référence est le taux du marché monétaire à un mois ou trois mois.
Le solde débiteur du compte doit passer par des périodes créditrices. Ce type de concours est prévu pour une période de quelques mois. En effet les lois françaises de protection de l'emprunteur interdisent d'octroyer de tels crédits pour de longues durées sans qu'il y ait des phases de remboursement totale du découvert.
Exemple d'utilisation du découvert : le découvert devant être totalement remboursé dans un délai inférieur à 12 mois, c'est une solution adaptée pour un relais de trésorerie dans l'attente d'une très prochaine rentrée de fonds certaine quant à son montant et à son échéance.

L'avance en compte

Cette formule ressemble au découvert en compte. Il s'agit d'une autorisation de mettre un compte en position débitrice. À la différence du simple découvert, on utilise un compte bis sur lequel l'emprunteur ne peut agir lui-même. L'organisme de crédit mets les fonds à sa disposition, sur demande de l'emprunteur, par virement au débit du compte d'avance et au crédit du compte principal du client. La formule est moins souple mais permet de mettre en place un crédit sur des durées de plusieurs années. Les conditions de taux et de commission d'engagement sont identiques au découvert en compte. Toutefois il est possible de travailler également en taux fixe, ou en taux variable « capé » ou non.

C'est une formule adaptée si on souhaite bénéficier d'une souplesse dans l'utilisation d'un crédit :

– paiement des intérêts seuls sans subir la contrainte de l'amortissement du capital selon des échéances fixes ;
– utilisation du crédit en plusieurs fois au gré de l'emprunteur ;
– remboursements partiels, voire ré-utilisation du crédit.

Exemple d'utilisation de l'avance en compte : ce type de crédit s'applique dans le cas où l'emprunteur attend une rentrée de fonds à échéance(s) lointaine(s) et/ou dont la date ne peut être déterminée avec précision.

Voici quelques exemples d'utilisations adaptées à ce type de financement :

– exercer des options d'actions issues de stocks-options ;
– obtenir des ressources non fiscalisées pour assurer le train de vie dans une stratégie d'optimisation d'ISF par son plafonnement ;
– acquérir un bien patrimonial dans l'attente d'une rentrée de fonds. Par exemple : la cession d'un autre actif patrimonial qui ne pourra être cédé que dans une échéance lointaine.

La caution bancaire

La banque prend l'engagement, pour une durée déterminée, de payer en faveur une personne (ou d'une entité), un montant déterminé à l'avance, en lieu et place de son client.

Il n'y a pas de décaissement en trésorerie de la part de la banque au moment de la mise en place de la caution. En conséquence la banque est rémunérée par une commission de caution (de l'ordre de 0,50 % à 1 % l'an au prorata des montants garantis) Très souvent ce type d'engagement est dit « à première demande ». Cela signifie que la banque, quand elle est actionnée en tant que caution, doit immédiatement payer sans avoir à connaître ni discuter le bien fondé de cette demande. Quand la caution est actionnée, la caution se transforme en avance de trésorerie assortie d'une rémunération initialement prévue dans le contrat de caution.

Bien qu'il n'y ait pas de décaissement initial, la banque sollicitée analysera ce type de concours comme une avance en compte. Elle exigera les mêmes garanties dès la mise en place de la caution.

Exemple d'utilisation du cautionnement bancaire : pour le demandeur, la caution bancaire permet d'éviter de décaisser de la trésorerie. En effet si ce dernier ne pouvait offrir la garantie d'une caution bancaire, il devrait offrir une autre garantie, souvent représentée par un dépôt de trésorerie.

Voici des exemples d'utilisation du cautionnement bancaire :

– remplacement du dépôt de garantie dans le cadre d'un compromis d'achat immobilier;

– garantie du paiement de loyers vis-à-vis d'un bailleur;

– cautions vis-à-vis de l'administration fiscale :

  • impôts contestés,

  • droits de donation différés et fractionnés,

  • représentation fiscale pour un non résident;

– garantie du paiement de la garantie de passif dans le cadre d'une cession d'entreprise;

– garantie en faveur d'un enfant (ou d'un tiers) qui emprunte;

– garantie du montant d'un certain nombre d'échéances de prêt dans le cadre d'un prêt souscrit auprès d'une autre banque. Cette opération correspond souvent aux objectifs suivants :

  • éviter de décaisser un apport personnel dans une opération d'investissement financée à crédit,

  • garantir une banque locale dans une opération d'investissement immobilier à crédit dans un pays étranger.

Le prêt à échéance

Il s'agit d'un concours financier comportant 3 éléments fixés à l'avance :

– un montant de prêt, décaissé en une ou plusieurs fois;

– une période de franchise du remboursement :

  • franchise totale : ni capital ni intérêts (cas assez rare),

  • franchise partielle : seuls les intérêts sont payés;

– une période d'amortissement :

  • par annuités constantes : L'échéance comprend une part de remboursement du capital et une part d'intérêts. Le montant de l'échéance globale est constant toute la durée du prêt. Chaque échéance contient plus d'intérêts au début et plus de capital à la fin,

• par annuités décroissantes : le montant de capital remboursé est identique à chaque échéance, les intérêts sont prélevés en sus. En conséquence, le montant des échéances va décroissant.

• *in fine :* le montant emprunté est remboursé en une seule fois au terme du prêt. Seul les intérêts sont payés régulièrement.

Le taux de ce prêt peut être fixe, sa base sera le taux du marché correspondant à la durée d'emprunt. Mais le prêt peut être affecté d'un taux variable le plus souvent basé sur le taux du marché monétaire à 1, 3, 6 ou 12 mois. À la demande de l'emprunteur, il est possible de « cristalliser » ou de « swaper » ce taux pour le transformer en taux fixe. On peut choisir également un prêt assorti d'un taux variable « capé », c'est-à-dire dont les fluctuations ne peuvent dépasser des bornes pré-définies à la hausse comme à la baisse.

Exemple d'utilisation du prêt à échéance : ce type de prêt s'adapte parfaitement pour les financements d'actifs patrimoniaux sur une longue durée. L'idéal est de financer les investissements de rapport dont les revenus pourront être minorés fiscalement grâce aux possibles déductions des intérêts du prêt.

Par exemple : les opérations d'investissement immobilier locatif.

2. Les garanties

Quand les crédits sont souscrits par des emprunteurs personnes physiques, ceux-ci engagent leur responsabilité (solidairement en cas de pluralité d'emprunteurs) sur l'ensemble de leurs biens et de leurs revenus.

Si le prêt est accordé à une société de personnes (SCI par exemple), les associés sont responsables de la totalité des dettes de la société sans solidarité mais seulement en proportion de leurs apports respectifs.

Dans le cas de société de capitaux, la responsabilité des associés est limitée au montant de leurs apports au capital.

Habituellement, les prêteurs souhaitent mieux sécuriser leurs concours en exigeant des engagements et des garanties allant au-delà de ce qui est naturellement prévu par le droit commun.

Les garanties les plus courantes sont présentées ci-dessous.

A • Le cautionnement personnel

Si c'est une société qui emprunte, l'établissement de crédit demandera, le plus souvent, la caution personnelle du ou des associés. Dans le cas d'une société de personne, la caution demandée en supplément permet d'établir une solidarité entre les associés.
Sauf exception, les cautions exigées par les banques sont des cautions solidaires (la banque peut actionner l'une quelconque des cautions pour la totalité de la créance) sans bénéfice de discussion (à première demande sans avoir à justifier du bien-fondé de la demande) ni de division (la créance est exigible pour la totalité de son montant).
Le cautionnement est considéré comme une « sûreté personnelle ». Sauf si cette caution est appuyée d'une hypothèque (cautionnement hypothécaire). Il s'agit alors d'une sûreté réelle.

B • La caution par une société de caution mutuelle

Certains prêts peuvent être garantis par un établissement spécialisé : une société de caution mutuelle. Il s'agit d'un établissement financier qui mutualise les risques. La SCM se porte garant de la bonne fin du crédit vis-à-vis de l'établissement prêteur. L'intervention de la SCM évite aux emprunteurs de devoir accorder des garanties réelles (hypothèques par exemple). Le coût de cette garantie se décompose en deux parties : une commission de caution plus un déposit de garantie susceptible d'être restitué en tout ou partie au terme du prêt. Ainsi, pour l'emprunteur, une partie du coût de la garantie est récupérable au terme du crédit contrairement au coût d'une garantie hypothécaire.
Plus rarement, l'emprunteur peut offrir à l'établissement prêteur la caution d'une banque tierce. Ainsi l'opération de crédit est décomposée en deux parties : la trésorerie est portée par une banque et le risque par une autre.

C • Le nantissement

Cette garantie s'appuie sur un bien mobilier (contrat d'assurance-vie, portefeuille de valeurs mobilières, dépôt bancaire, objet d'art, créance par exemple) pour garantir la bonne fin d'un emprunt.
Les frais de prise de garantie sont faibles.

Le prêteur souhaitera une marge de sécurité entre la valeur de la chose nantie et le montant du crédit accordé. Cette marge varie selon la volatilité de l'actif en question.

Par exemple, pour un crédit de 100 la valeur du support pris en nantissement ne devra pas être inférieur à :

– support en sicav monétaires : 100 ;
– dépôt bancaire : 100 ;
– support obligataire : 110 à 120 ;
– support action diversifié et coté sur un grand marché boursier : 130 à 150 ;
– support actions cotées peu diversifié ou de faible liquidité : 200 à 400 ;
– support actions non cotées : jusqu'à 1 000 (voire plus) ;
– pour une créance ou un objet d'art, chaque cas étant particulier, il n'est pas possible d'établir de chiffre.

En outre le prêteur introduira dans le contrat de prêt une « clause d'arrosage » qui stipule qu'en cas de dépréciation marquée de la valeur du bien nanti l'emprunteur devra apporter une valeur de garantie en supplément afin de respecter les ratios ci-dessus.

Le nantissement est considéré comme « une sûreté réelle ».

D • L'hypothèque

C'est une garantie prise sur un bien de nature immobilière et publiée à la conservation des hypothèques. Dans le cas où le préteur intervient au moment de l'acquisition du bien à financer, l'hypothèque peut être remplacée par une inscription du privilège du prêteur (IPPD). Les effets de cette garantie sont identiques à l'hypothèque mais les frais de prise de garantie sont moindres.

Les différentes hypothèques ou IPPD sont inscrites dans l'ordre de leur arrivée à la conservation des hypothèques. En cas de sinistre c'est le prêteur bénéficiant d'une hypothèque de premier rang qui sera dédommagé en priorité grâce au prix de la cession du bien. On comprend pourquoi les banques souhaitent obtenir une hypothèque sur des biens libres de toute autre inscription (hypothèque de premier rang).

L'hypothèque est considérée comme « une sûreté réelle ».

La promesse d'hypothèque est un document signé par l'emprunteur qui s'engage sur l'honneur, vis-à-vis d'un établissement de crédit X, à ne pas accorder d'hypothèque sur un bien immobilier précis en faveur de tiers. Ce même emprunteur s'engage, sur simple demande de l'établissement X, à accorder une hypothèque conventionnelle formalisée sur le bien immobilier en question. En fait, cela permet de ne pas formaliser une hypothèque dans l'immédiat (économie de frais) tout en conservant la possibilité de la constituer à tout moment, notamment en cas de difficulté pour le remboursement des échéances du prêt.

Cette solution est loin d'offrir une bonne sécurité pour le prêteur :

– aucune disposition légale n'empêche le promettant de passer outre son engagement de ne pas hypothéquer en faveur d'un tiers ;

– un créancier pourrait obtenir une autre hypothèque qui primerait l'hypothèque promise et régularisée *a posteriori*.

C'est la raison pour laquelle une promesse d'hypothèque n'est pas considérée comme une sûreté réelle mais comme un simple engagement moral de la part de l'emprunteur ou de sa caution.

E • La délégation des loyers

L'établissement qui accorde le crédit peut souhaiter appréhender directement les revenus procurés par l'investissement objet du financement. Dans ce but la banque de crédit exigera une délégation formalisée en sa faveur.

F • L'assurance décès invalidité

La mise en place d'une telle assurance n'est pas une garantie au sens strict mais plutôt une sûreté complémentaire au crédit. Au plan de l'analyse du risque, l'assurance est souvent indispensable quand les remboursements du crédit sont liés directement à l'activité de l'emprunteur de son vivant (financement d'immobilier d'usage). C'est une sûreté qui peut s'avérer moins indispensable dans le cadre d'un prêt finançant un investissement locatif si les loyers proviennent de locataires n'ayant pas de liens avec l'investisseur. Dans ce dernier cas, l'assurance-décès est plutôt un outil d'optimisation de la situation patrimoniale pour répondre à un besoin de protection financière de la famille.

3. L'analyse du risque

Certains conseillers patrimoniaux ne sont pas à l'aise dans ce domaine parce qu'il maîtrisent mal les règles que se donnent les établissements bancaires ou financiers dans l'accord des crédits.

Ce chapitre aborde les principales règles d'octroi des crédits à vocation patrimoniale. Les crédits de fonctionnement ou d'investissements des entreprises commerciales et industrielles sont exclus. De même ne sont pas évoqués les crédits de financement des biens de consommation ou d'équipement domestique.

6 questions - 6 bonnes réponses

Pour comprendre pourquoi un établissement prêteur va accorder ou refuser un crédit il faut savoir bien répondre à six questions de base :
- Qui est l'emprunteur ?
- Quel est l'objet du financement demandé ?
- Comment l'emprunt va-t-il se rembourser ?
- L'opération n'est-elle pas disproportionnée par rapport à la surface de l'emprunteur ?
- Y a-t-il de bonnes garanties en cas de problèmes ?
- À quelles conditions le prêt est-il accordé ?

A • Qui est l'emprunteur ?

L'investisseur peut agir soit directement en tant que personne physique, soit par le biais de structures juridiques et fiscales particulières : société civile, EURL, SARL, SA, SNC.

La banque prêteuse souhaitera toujours déterminer avec précision qui est véritablement l'ayant droit économique qui emprunte. Ainsi il est recommandé de présenter avec beaucoup de précision la géographie du capital des différentes structures qui s'interposent en aval des emprunteurs personnes physiques. Les organigrammes dont l'architecture est trop complexe entraînent un préjugé défavorable.

En outre les bilans et comptes d'exploitation des structures doivent être lisibles et facilement compréhensibles. Il est préférable de présenter également des comptes consolidés validés par un expert-comptable. Tous les documents comptables doivent être certifiés conformes par écrit par le mandataire social. Le conseiller patrimonial a une action de conseil dans l'organisation et la simplification des structures détenant les actifs patrimoniaux et professionnels.

La qualité personnelle de l'emprunteur final (personne physique) sera appréciée selon différents critères : consistance et importance du patrimoine actuel – honorabilité – professionnalisme – ancienneté et qualité de la relation avec l'établissement prêteur ou d'autres établissement – capacité à avoir assumé de façon satisfaisante les remboursements de crédits antérieurs.

Le prêteur veillera particulièrement à ce que l'emprunteur soit à jour de ses obligations fiscales.

Par exemple : le fait pour un client fortuné de ne pas être en mesure de produire une déclaration ISF sera un mauvais point dans une analyse d'octroi de crédit.

B • Quel est l'objet du financement ?

La banque sera très attentive à l'objet de la demande de financement. Elle doit vérifier que l'opération est juridiquement et fiscalement correcte, s'assurer de la qualité du bien et/ou de l'opportunité de l'opération objet du financement.

Seul le domaine des crédits à usage patrimonial nous préoccupe :

- immobilier d'usage ou locatif;
- levée d'options d'achat d'actions;
- restructuration du patrimoine;
- développement du patrimoine;
- transmission du patrimoine;
- optimisation fiscale des revenus et du capital;
- paiements des droits de donations ou de succession;
- crédit relais dans l'attente de la perception du produit de cession d'un actif patrimonial;
- rachat d'actionnaires minoritaires dans l'attente de la cession d'une société.

Le schéma juridique et fiscal sous-tendant l'opération doit être validé. Il ne doit pas risquer de tomber sous le coup d'une procédure d'abus de droit, ni être contraire aux règles déontologiques de la profession bancaire. Par exemple, un crédit qui aurait pour effet de rendre la banque complice d'une fraude fiscale

L'opération doit s'inscrire dans un projet patrimonial cohérent. L'économie du système mis en place doit être équilibrée selon des hypothèses prudentes.

L'origine des fonds propres doit être déterminé dans la transparence la plus totale. Les établissements financiers sont soumis à des obligations strictes dans le cadre de la lutte contre le blanchiment de l'argent.

C • Comment l'emprunt va-t-il être remboursé ?

C'est une erreur de penser que la banque accorde un crédit essentiellement en fonction de la solidité et de la consistance de la garantie offerte.

En fait le prêteur est, avant tout, attentif aux flux procurés par le système mis en place à l'occasion du crédit. L'opération doit générer un cash-flow suffisant pour permettre le remboursement normal des échéances du crédit. Si le cash-flow prévisionnel est insuffisant, il faut prouver l'existence de revenus complémentaires extrinsèque à l'opération à financer.

Dans un projet de financement, il est indispensable de raisonner en intégrant des hypothèses plutôt prudentes.

Par exemple : en tenant compte, dans les calculs, d'un certain taux d'inoccupation quand on monte le financement d'un investissement immobilier locatif ou en prenant une marge de sécurité importante quand le crédit est garanti par des titres dont la valeur est susceptible de subir une volatilité.

Afin de juger du risque, l'établissement prêteur utilise souvent les ratios suivants :

– Capacité de remboursement : $\dfrac{\text{Charges de remboursement} \times 100}{\text{Ressources}}$

– Capacité d'endettement : $\dfrac{\text{Montant de l'endettement} \times 100}{\text{Actifs patrimoniaux}}$

La banque peut parfois s'exonérer de respecter strictement ces normes. Mais le plus souvent, si les ratios ne sont pas atteints, elle demandera des garanties personnelles ou réelles complémentaires auprès de tiers.

Cependant certaines opérations ne suivent pas ce raisonnement.

Par exemple, les opérations de crédits destinées à optimiser l'ISF. Il s'agit alors de trouver des ressources pour assurer le train de vie sans avoir à créer de revenus fiscaux. La logique de remboursement de ces crédits ne correspond pas aux schémas habituels. Dans ce cas, il est probable que la banque exigera des garanties relativement élevées.

D • Quel est le risque ?

Pour mesurer le risque, l'étude va relier des éléments tels que : la qualité de l'emprunteur, la nature de l'opération à financer, le niveau des cash-flow intrinsèques et extrinsèques, à un autre élément qui touche à la notion de proportion entre le montant du projet et le niveau et la consistance de la fortune globale de l'emprunteur (y compris parfois le patrimoine des tiers garants, les parents par exemple).

Certains crédits sont accordés parfois en fonction de l'importance du seul patrimoine (voir le paragraphe précédent). Ces crédits, disproportionnés par rapport aux revenus de l'emprunteur, sont censés être remboursés par la cession d'actifs.

En cas d'un contentieux porté devant les tribunaux, les juges apprécient sévèrement l'attitude de l'établissement prêteur et peuvent émettre un jugement en sa défaveur, au motif que les capacités de remboursement de l'emprunteur, recensées à la date d'octroi du crédit, était très insuffisantes par rapport au montant de la dette en cause. Quand bien même la valeur des actifs garantissant la dette était amplement suffisante.

La banque aura tendance à écarter un projet, pourtant attractif, s'il nécessite un engagement d'un montant disproportionné par rapport au patrimoine déjà détenu par le demandeur. Cette attitude (souvent mal comprise par le client) est justifiée par le fait que l'effet vertueux d'un bon investissement n'est que probable. Dans le cas où les résultats de l'opération s'avéreraient décevants, l'emprunteur doit disposer d'une solide marge de manœuvre, assise sur des actifs et des revenus indépendants de l'opération en cause.

Contrairement à ce que pensent les emprunteurs, il n'existe pas de crédits sans aucun risque, même s'ils sont adossés à de solides garanties.

Le risque peut provenir d'un vice juridique dans le montage du crédit lui-même ou dans l'opération financée. D'autre part, les clients peuvent parfois rechercher tout moyen pour échapper à leurs responsabilités au moment où la situation se dégrade.

En tout état de cause, la banque considère qu'il n'y a pas une seule mais trois natures de risques dans l'octroi d'un crédit :

– le risque de non-remboursement total ou partiel ;
– le risque d'immobilisation : le crédit n'est pas remboursé à sa date d'échéance, la banque doit patienter, parfois très longtemps, avant de recouvrer les capitaux prêtés. Souvent elle doit également accorder des abandons d'intérêts ;
– le risque juridique : la banque peut être appelée en responsabilité, perdre le montant du crédit et payer éventuellement des dommages et intérêts.

Un exemple illustrera ce dernier point : une banque accorde un crédit immobilier en France à un client dont une grande partie des revenus est basée sur la monnaie dollar des USA. Dans l'intérêt du client, la banque accepte d'octroyer le prêt en dollars (taux plus attrayant que pour l'euro). L'évolution des changes s'avère défavorable, les charges de remboursement du prêt par rapport à l'euro s'alourdissent. Entre-temps, le client a changé de situation professionnelle, ses ressources sont désormais basées sur l'euro. Le client s'estime victime d'une situation très défavorable. L'affaire est portée devant les tribunaux. La banque est condamnée pour défaut de conseil. Elle subit une perte financière très importante.

Un cas particulier : le crédit d'un montant important

Pour un établissement bancaire, les crédits d'un montant individuel courant, de par leur multitude, représentent un risque mutualisé. La banque juge que le nombre important de crédits attribués et la relative modestie de leur montant unitaire ont pour conséquence de minorer fortement l'incidence des sinistres sur la rentabilité et l'équilibre global de l'activité crédits.

Ce raisonnement ne vaut pas pour ce qui concerne un encours par emprunteur considéré comme important (de plusieurs millions à plusieurs dizaine de millions d'euros). L'établissement prêteur sera alors très attentif à couvrir ce crédit par d'importantes garanties pour tendre vers le risque 0. En outre, afin de limiter les risques juridiques de ses engagements, la banque fera souscrire à l'emprunteur des conventions juridiques supplémentaires (appelées « convenant »). En principe, les crédits importants, sont accordés à des clients très fortunés qui s'adressent, pour la plupart, à des Banques de Gestion Privée (Private Banking). Ce type d'établissement a pour vocation essentielle de gérer des actifs financiers, activité considérée comme peu vorace en fonds propres et exempte de risque. Souvent par obligation (le crédit est un outil patrimonial très important), ce type d'établissement est contraint d'accorder des crédits, mais il est hors de question de subir un quelconque mécompte susceptible de remettre en cause le modèle économique de la Banque de Gestion Privée. D'ailleurs certaines Banques Privées, et non des moindres, ne pratiquent pas le crédit mais sous-traitent cette activité auprès d'une banque commerciale.

Une solution consisterait à exiger une marge plus importante pour la rémunération du crédit. C'est la solution adoptée pour les crédits en faveur des PME. Les clients privés acceptent difficilement de payer de telles marges, ils préfèrent améliorer le niveau des garanties offertes.

Tout cela explique pourquoi le risque s'apprécie différemment selon le montant du crédit demandé.

E • Quelles garanties ?

La banque considère rarement les garanties comme une fin en soi. Cependant, dans l'étude du risque, la banque juge les garanties comme importantes puisqu'elles sont destinées à lui permettre de recouvrer les sommes prêtées si le mécanisme de remboursement du crédit, prévue initialement, s'avérait déficient.

On distingue deux sortes de garanties :

– **les garanties personnelles** (caution solidaire) ;

– **les garanties réelles** (délégation des revenus, nantissement, hypothèque).

En particulier pour les crédits de moyen et long terme, les établissements financiers exigent des garanties réelles. Ceci même pour des emprunteurs dont l'honorabilité ne fait aucun doute et/ou dont la surface financière est très importante. Les aventures judiciaires subies par certaines personnalités au-dessus de tout soupçon rappellent que prêter représente toujours un risque.

F • Quelles conditions ?

L'établissement financier qui assure le financement souhaitera faire un profit sur son prêt. En-dehors de la marge nette encaissée, représentant le profit de la banque, le prêteur inclura plusieurs éléments dans le taux :

– le prix de la matière première utilisée, c'est-à-dire le prix de l'argent entre banques selon la durée. Ainsi le prix de cette matière première sera différent si ce taux est un taux variable (adossé à un taux de marché du court terme) ou bien si ce taux est fixe. Le taux de référence sera le taux entre banque de la période considérée ;

– le coût d'une éventuelle opération de marché dans le cas où le prêt est à taux variable associé à un « cap » ou si, c'est un taux variable, « swapé » en taux fixe.... ;

– il faudra tenir compte du taux de sinistre des prêts non remboursés. Pour les crédits de montant courant, ce risque est en principe mutualisé, il est infime pour ce qui concerne les prêts immobiliers (sinistres rares) et peut aller jusqu'à 0,30 % voire plus pour des crédits de trésorerie. Pour les en-cours de crédit de montant unitaire important par emprunteur le risque est traité plutôt par le niveau accru des garanties que par une majoration du taux ;

– le coût administratif du prêt ;

– pour finir, il y a lieu d'ajouter l'incidence du ratio de solvabilité bancaire (ratio MacDonald et dispositif du comité de BALE II en vigueur en 2007). Le principe en est le suivant : afin de sécuriser le système bancaire mondial, chaque crédit donne lieu à la mobilisation de fonds propres pour répondre aux normes de solvabilités. Ce système s'impose au plan mondial. Le coût de cette sécurité correspond au coût des fonds propres engagés et dépend de deux éléments :

• la part de fonds propres nécessaire pour accorder 100 de crédit. Cette part varie elle-même selon trois critères :

- la qualité de l'organisation du contrôle des risques mise en place par l'établissement concerné,
- l'historique des sinistres subits par la banque,
- la nature de la garantie liée au crédit en question ;

• l'incidence du coût des fonds propres ainsi mobilisés : ce coût varie selon la politique de chaque établissement. Certaines banques souhaitent voir leurs fonds propres rémunérés entre 15 et 40 % d'autres établissements se contentent d'une rémunération inférieure à 8 %. Ces objectifs de rentabilité peuvent être différenciés par ligne métier (banque commerciale, banque de gestion privée, banque d'investissement...).

Obtenir un accord de crédit

Les éléments énoncés ci-dessus permettent de mettre toutes les chances de son côté pour obtenir un accord de crédit avec un taux compétitif.

Il faut être conscients que le contexte juridique et fiscal est devenu complexe et changeant, le système mis en place pour sécuriser le système bancaire mondial pénalisera les établissement qui faibliront dans la maîtrise de leurs risques, le niveau de la charge du risque (provisions et mécomptes) est étudié de près par les analystes boursiers, les situations des clients évoluent très rapidement et pas toujours dans le bon sens !

Cela explique pourquoi les banques abordent les dossiers avec beaucoup de circonspection, s'entourent de garanties réelles solides et souhaitent bien connaître le profil et les objectifs des emprunteurs.

Le fait que le dossier de crédit soit accompagné d'une étude patrimoniale globale ne peut qu'aider à l'obtention du crédit.

Les dossiers de crédit d'un montant significatif suivent un même circuit :

– réception de la demande par un conseiller clientèle ;

– présentation du dossier à un premier échelon hiérarchique qui valide ou non le dossier ;

– le dossier validé est présenté au comité de crédit. Selon l'importance du montant du crédit, il peut y avoir deux échelons de comité de crédit ;

– si le dossier est accepté, il est notifié selon des modalités écrites très précises ;

– si l'emprunteur agrée les conditions, le dossier est mis en place dans le strict respect des modalités imposées par le comité qui a donné l'accord.

Tous les établissement préteurs, dans le monde, sont soumis aux mêmes règles pour la maîtrise du risque de crédit. La principale contrainte, évoquée plus haut, est de respecter les ratios de solvabilité selon les règles internationales. Les banques doivent être très attentives à contenir leur taux de sinistres (crédits impayés). En cas d'échec, elles verraient leurs obligations en terme de ratio de solvabilité s'alourdir fortement. Ce qui aurait pour effet de peser fortement sur la rentabilité future de leurs opérations ou pire de les contraindre à sortir du marché, leurs conditions n'étant plus compétitives.

Autant les banques peuvent bénéficier d'un effet de mutualisation des risques pour les « petits » crédits de trésorerie et les prêts hypothécaires, autant elles doivent veiller à ne pas subir de sinistre sur les crédits patrimoniaux plus importants car l'effet de dilution ne joue plus.

Dans la recherche de maîtrise des risques, chaque banque a mis en place une organisation de surveillance et de prévention des risques dont les grandes lignes sont les suivantes :

– les personnes en contact avec la clientèle ont un faible niveau de délégation personnelle pour accorder des crédits.

Et c'est tant mieux. Dans le passé, trop de bon professionnels ont chuté à cause de leur responsabilité dans l'octroi de crédits dont le remboursement s'est trouvé compromis ;

– les instances décisionnaires sont concentrées à un niveau relativement éloigné du terrain commercial ;

– ces instances sont souvent spécialisées par type de crédit ou par type d'emprunteurs ce qui offre une maîtrise du risque supplémentaire grâce à l'expertise sectorielle accumulée au fil des ans ;

– les hommes du risque bénéficient très en amont de systèmes de veille. Ces observatoires permettent de déclencher une alarme pour tel secteur, tel type d'emprunteur ou d'opération.

Par exemple : une alerte est donnée pour le secteur des locaux industriels ; suite à la dégradation de la conjoncture, il est à craindre que les entreprises locataires ne puissent assumer le paiement de leurs loyers. Ceci aura pour effet de durcir la position de la banque vis-à-vis des demandes de crédit de financement pour ce secteur.

Les composantes d'un dossier de crédit :

À titre d'exemple, voici le détail du contenu d'un dossier de crédit pour le financement d'une opération immobilière.

Pièces composant le dossier de demande d'octroi du crédit :

– concernant chacun des ayants droits économiques personnes physiques (emprunteurs directs, associés de la société emprunteuse et garants du crédit) :

- pièces d'identité – livret de mariage – contrat de mariage,
- avertissement fiscaux des trois dernières années et justificatif du paiement,
- déclaration ISF et justification du paiement,
- justificatifs de revenus (feuille de paie, déclaration fiscale...),
- état du patrimoine : nature des biens, nature des droits détenus sur ces biens (pleine propriété ou non), évaluation, mode de détention, endettement,
- certificat de non interdiction bancaire et de non-inscription au FICP (accès à ces informations réservé à la banque) ;

– concernant éventuellement la structure qui a vocation à devenir propriétaire du bien :

- statuts à jour de la société,

  - certificat d'inscription au registre du commerce,
  - bilans et comptes de résultat si la société est de création ancienne ;

– **concernant l'opération à financer :**

  - copie du compromis d'achat,
  - devis de travaux éventuellement,
  - état hypothécaire récent ;

– **concernant le dossier de présentation au comité de crédit :**

  - montant du crédit sollicité,
  - modalités du crédit :

  - durée, mode de remboursement, taux du crédit,
  - garanties personnelles et réelles (montant, garants...),
  - modalités des assurances,

  - états des encours des engagements déjà existants avec les emprunteurs (montant, modalités, garanties),
  - commentaires sur l'opération projetée.

Chapitre 7

L'ingénierie patrimoniale immobilière

C'est un lieu commun de dire que le patrimoine des français est composé en grande partie de biens immobiliers. À côté d'une part importante d'immobilier d'usage (résidence principale et secondaire), les épargnants développent de plus en plus de l'immobilier de rapport afin de prévoir des ressources complémentaires au moment de leur retraite ou de diversifier leurs actifs. L'immobilier est un excellent moyen de constituer un patrimoine, mais peu de propriétaires immobiliers ont compris que ce type d'actifs devait faire l'objet d'une gestion dynamique pour en obtenir le meilleur rendement.

L'ingénierie patrimoniale immobilière est l'art de développer et optimiser le patrimoine immobilier.

1. L'immobilier d'usage

D'emblée on pourrait penser qu'il y a peu de sujets à aborder quand il s'agit d'immobilier d'usage, c'est-à-dire de biens immobiliers qui sont utilisés pour l'usage personnel de leur propriétaire et/ou qui ne procurent pas de revenus. Il s'agit des résidences principales et/ou secondaires, des lots immobiliers laissés gratuitement à l'usage des membres de la famille ou d'amis et de terrains non loués.

A • La SCI pour acquérir l'immobilier

Au moment de la décision d'acquisition d'un bien immobilier d'usage, une question se pose : est-il judicieux d'interposer une structure ?

Pour répondre, il est utile de comparer les conséquences d'un investissement en direct ou à travers une SCI :

– **option 1** : Monsieur X qui a deux enfants achète directement un bien immobilier d'usage de 100 grâce à un apport personnel de 50 et un crédit bancaire de 50.

Dans l'hypothèse où X souhaite transmettre ce bien à ses enfants, les droits de donation porteront sur une assiette de 100. L'encours de crédit n'aura pas pour effet de réduire cette assiette. Si X souhaite transmettre une partie du bien seulement, X et ses enfants seront en indivision. C'est une situation source de conflit ; en tout état de cause X ne pourra pas vendre le bien sans l'accord de ses enfants. Enfin si X transmet le bien de nombreuses années après son acquisition, la valorisation du bien accroîtra l'assiette taxable aux droits de donation ;

– **option 2** : Pour le même investissement, M. X acquiert le bien à travers une SCI. Cette formule offre plusieurs sources d'optimisation patrimoniale :

• l'apport personnel peut être inscrit en compte courant plutôt qu'au capital. Ainsi l'actif net de la SCI est faible (capital faible), en conséquence les droits de donation seront calculés sur une valeur de part faible voire nulle,

• effectuer la donation des parts dans les toutes premières années permet de figer la valeur du bien, toute la plus value future sera la propriété des enfants sans coût de transmission supplémentaire. En effet le compte courant de X, qui n'est pas encore transmis, n'est pas indexé sur la valorisation du bien immobilier,

• en conséquence X bénéficie de temps pour transmettre ce compte courant qui ne se valorisera jamais. Il pourra utiliser les avantages légaux relatifs aux donations à chaque période décennale,

• X peut prévoir dans les statuts de la SCI d'être gérant statutaire à vie. C'est le moyen de contrôler totalement la SCI,

• si les statuts le prévoient, X pourra céder le bien sans l'accord de ses enfants. C'est une liberté supplémentaire dans le cas où X souhaiterait arbitrer pour un autre bien immobilier.

D'autres situations patrimoniales justifient le recours à la SCI :

– l'achat d'immobilier par deux concubins afin de préserver les intérêts patrimoniaux et la sécurité de chacun d'entre eux ;

– l'achat d'immobilier par un non-résident fiscal français afin d'optimiser sa situation fiscale au regard de l'ISF.

B • Un crédit bancaire pour financer

Parfois le manque de fonds propres oblige à recourir au crédit bancaire.

Dans le cas contraire, le choix entre un financement par apport personnel ou par crédit bancaire doit être analysé.

Si la législation fiscale du moment ne permet pas la déductibilité des intérêts bancaires et/ou si le taux de crédit est sensiblement égal ou supérieur au taux de rémunération d'une épargne placée sur un support sans risque, le paiement par fonds propres semble s'imposer.

Toutefois, d'autres aspects patrimoniaux pourraient plaider pour un financement par crédit bancaire :

– la mise en place d'un crédit évite de recourir à l'apport personnel si celui-ci est actuellement placé sur un support présentant une moins-value mais susceptible d'évolution favorable dans l'avenir ;

– un endettement peut optimiser une situation patrimoniale au plan de la transmission.

Par exemple : Monsieur Y a 71 ans, veuf sans enfant, un neveu, il souhaite acquérir sa résidence principale. Par ailleurs, il détient un contrat d'assurance-vie présentant des avantages successoraux (exonération totale des sommes transmise). Il sera peut-être judicieux de conserver intact le contrat d'assurance-vie et de financer le bien immobilier au moyen d'un crédit. Au décès de Y, le prêt est un passif déductible de l'ensemble de la succession. Les capitaux en assurance-vie sont transmis hors droits de succession. Si le différentiel entre le taux créditeur et débiteur est faible, il sera judicieux de financer cette opération par un crédit à remboursement *in fine* du capital. Ce schéma n'est qu'un exemple, il ne vaut que si les économies espérées (droits de succession) dépassent les coûts supportés (différentiel négatif entre les taux du crédit et de l'épargne).

Par ailleurs, au moment de l'acquisition, il faut se poser la question de l'usage présent et futur du bien. Si une opportunité de transformer en bien locatif apparaissait, on pourrait regretter de ne pas avoir acquis ce bien au moyen d'un crédit bancaire. Dans ce domaine, il est parfois difficile fiscalement, voire impossible, de modifier le schéma de financement d'origine. Ceci justifie un travail très approfondi sur la découverte des objectifs du client à court terme, mais aussi à moyen terme.

C • Utiliser le patrimoine immobilier d'usage

Certains événements survenant dans la vie patrimoniale du client créent une occasion d'utiliser le patrimoine d'usage comme levier pour optimiser ou développer l'ensemble de la situation patrimoniale.

Un particulier est susceptible de posséder une ou plusieurs résidences secondaires depuis de nombreuses années dont l'encours d'endettement est nul. Il s'agit donc d'un patrimoine libre de dette et qui pourrait être vendu avec peu ou pas de plus-values imposables. En générant des liquidités non fiscalisées, une telle cession pourrait faciliter une autre opération.

Par exemple : Monsieur A possède une résidence de famille à la montagne depuis plus de 20 ans d'une valeur de 100. Il souhaite transmettre ce bien à ses enfants et petits-enfants. Par ailleurs Monsieur A détient des SICAV monétaires, pour un montant de 100, dont la plus-value imposable représente 85 % du total. Il souhaite céder ces SICAV. Une solution peu judicieuse est de vendre les SICAV monétaires (imposition de la plus-value) et donner aux enfants et petits-enfants la résidence secondaire (paiement de droits de donation). Il sera plus judicieux de donner les SICAV monétaires (droits de donation très inférieurs à un impôt de plus-value) et vendre la résidence secondaire (exonérée de plus-value imposable) aux enfants qui financeront avec le produit de la cession des SICAV données. Ainsi Monsieur A bénéficie du produit de la cession de la résidence secondaire elle-même transmise aux descendants.

Le bilan ci-dessous établit les avantages financiers offerts par la seconde solution :

	Cession des SICAV et donation de la résidence secondaire	**Donation des SICAV et cession de la résidence secondaire**
Plus value sur cession des SICAV au taux de 27 %	(23)	–
Plus-value sur la cession du bien immobilier	–	0
Droit de donation sur immobilier (taux moyen 20 %)	(20)	–
Droit de donation sur SICAV (taux moyen 20 %)	–	(20)
Droit de mutation sur cession du bien immobilier	–	(7)
Coût total	**(43)**	**(27)**

Dans cet exemple, on remarque que la résidence secondaire est un élément qui a permis d'optimiser une autre opération. Ceci est l'illustration d'une des vertus de l'approche globale qui permet de connaître et d'utiliser l'ensemble des éléments composant le patrimoine.

D • Des opportunités de restructuration

Par ailleurs, des biens immobiliers d'usage, acquis selon la logique du moment, ne correspondent pas toujours à la stratégie patrimoniale actuelle. Face à cette situation, le conseiller dispose donc d'un important réservoir d'actifs qui pourrait générer des liquidités afin de faciliter ou d'accélérer la structuration et le développement du patrimoine.

2. L'immobilier locatif

L'immobilier de rapport est un actif fortement exposé à la fiscalité des droits sur cession, à l'impôt sur les revenus et sur le capital et aux droits de transmission. Pour cette classe d'actifs, la recherche d'optimisation est un enjeu important. Cela suscite de nombreux sujets d'ingénierie patrimoniale. Voici les points sur lesquels il est utile de travailler.

A • Le choix de la nature du bien

L'investisseur a le choix entre plusieurs natures d'investissements locatifs :
- à usage d'habitation, nu ou meublé ;
- à usage commercial et industriel, nu ou équipé.

Parfois la nature de l'investissement induit le type de fiscalité qui s'applique aux revenus.

Par exemple : la location nue peut être soumise à la fiscalité de l'IR mais si on utilise une structure interposée on peut soumettre les revenus à l'IS. Si la location est meublée ou équipée, le régime fiscal sera obligatoirement de type BIC ou IS.

B • Le choix du mode de détention

L'immobilier peut être détenu directement par une personne physique ou bien à travers des structures sociétés.

En outre, comme tout actif, sa propriété peut être démembrée entre usufruit et nue propriété.

Choisir de détenir le bien en pleine propriété ou en démembrement, directement ou à travers une structure va avoir également des conséquences sur la fiscalité des revenus, de la transmission et/ou des plus-values à la revente.

Par exemple : loger un bien immobilier locatif dans une société anonyme soumettra obligatoirement les revenus au régime de l'IS. S'il s'agit d'une SCI, l'investisseur aura le choix entre la fiscalité de l'IR ou, sur option, la fiscalité de l'IS.

C • Le choix de la fiscalité

En dehors des régimes de revenus fonciers particuliers (Méhaignerie, Perissol, Robien, Borloo), l'investisseur aura parfois le choix de la fiscalité ou celle-ci s'imposera du fait de la nature même de l'activité ou de la structure d'accueil choisie.

Pour les investissements locatifs d'un montant élevé (de 1,5 à plusieurs millions d'euros), le régime de l'IS peut être particulièrement judicieux surtout si la rentabilité des loyers est importante (supérieure de 300 points de base au taux du crédit).

En démembrant temporairement le bien immobilier, il est possible d'optimiser fiscalement l'investissement. Le schéma est le suivant :

– acquérir, *via* une SCI transparente fiscalement, le bien immobilier locatif en le finançant au moyen d'un crédit ;

– les associés sont des personnes physiques ;

– les associés apportent l'usufruit temporaire (15 ans par exemple) des parts de la SCI à une structure soumise à l'IS ;

– pendant toute la durée de l'investissement, l'opération bénéficiera de la fiscalité IS et de l'effet de levier du crédit ;

– au terme de la durée de l'usufruit, ce dernier rejoindra la nue-propriété sans frais supplémentaire ;

– ainsi les associés personnes physiques deviendront pleins propriétaires ;

– ayant détenu l'immobilier pendant 15 ans, les associés pourront céder l'immobilier sans imposition sur la plus-value ;

– en conséquence, ils bénéficieront des avantages de la détention à l'IR au moment de l'éventuelle cession.

En conclusion, ce schéma offre bien l'avantage cumulé de l'IS et de l'IR.

D • Le choix des modalités d'endettement

Il faudra répondre aux questions suivantes :

– Quelle est la part optimum de fonds propres et d'endettement pour financer l'investissement ?

– Quelles sont les modalités de remboursement du crédit ?

- amortissement du capital échelonné sur la durée ;
- amortissement en une seule fois au terme (prêt *in fine*) ;
- crédit bail immobilier.

– Quelle est la durée du crédit ?

De par son effet de levier, le crédit est un élément primordial dans l'optimisation de l'investissement. Selon sa nature et ses modalités de remboursement, le crédit peut avoir une influence très importante sur l'économie du système mis en place. C'est la raison pour laquelle il faut étudier ses effets pendant la durée de l'investissement et à son terme en cas de cession ou de transmission.

Deux exemples préciserons ces propos :

– si une SCI (translucide fiscalement) finance son investissement au moyen d'un crédit-bail, les loyers encaissés seront soumis au BNC et non aux revenus fonciers. En effet le véritable propriétaire de l'immeuble est la société de crédit-bail immobilier et non la SCI. L'opération entre dans le cadre de la sous-location ;

– dans une structure soumise à l'IS, le fait de financer par un crédit amortissable ou par un crédit dit « *in fine* » est de nature à modifier le résultat inscrit en report à nouveau au passif du bilan ainsi que le montant des comptes-courants des associés. En cas de cession, le dénouement fiscal des opérations est influencé par la structure du bilan final qui variera selon les modalités du financement choisi.

3. La sortie de l'investissement

La sortie d'investissement correspond à la transmission/cession aux descendants ou la cession à un tiers. Les simulations financières doivent englober les conséquences de la sortie d'investissement en fonction des hypothèses retenues par le client. Le mode de sortie de l'investissement dépend de la stratégie adoptée. Souhaite-t-on transmettre au sein du groupe familial ou céder à un tiers ? Dés l'acquisition du bien, il serait bon de prévoir l'objectif patrimonial final, ce qui n'est pas toujours aisé. La stratégie patrimoniale globale touchant à l'immobilier devrait permettre d'éviter que la majeure partie des biens immobiliers soit soumise au final aux droits de succession. Si la transmission du patrimoine n'est pas préparée, il est à craindre que les héritiers soient contraints de vendre le bien immobilier pour payer des droits de succession importants.

A • La donation

Il est possible de prévoir des donations portant sur la pleine propriété ou sur la seule nue-propriété. L'usufruit sera conservé par les parents et reviendra sans droit supplémentaire aux enfants au moment du décès des parents.

Depuis le 1er janvier 2005, dans le cas d'une donation d'un actif patrimonial grevé d'un passif, il est possible (sous certaines conditions) de déduire le montant du passif de la base imposable aux droits de donation. Par exemple, il est possible d'effectuer la donation d'un actif immobilier d'une valeur de 1 000, acquis au moyen d'un crédit bancaire dont l'encours actuel est de 500 tout en étant imposable sur une base de 500. On peut en déduire que le recours à une SCI n'est plus utile dans de nombreux cas. Toutefois, l'intérêt de la SCI demeure pour éviter une indivision entre les bénéficiaires de la donation.

B • La cession pour transmettre

Toujours dans une optique de transmission, les biens immobiliers de rapport peuvent faire l'objet d'une stratégie de cession aux descendants plutôt que d'une donation. L'intérêt d'une telle opération ne doit pas être ruiné par une éventuelle plus-value taxable générée par la cession. L'acquisition sera financée par un crédit remboursé en tout ou partie par les revenus générés par le bien immobilier. Le schéma de cette stratégie est le suivant :

– céder le bien à une SCI ;
– les associés de la SCI sont :
  • les enfants en pleine propriété et/ou en nue propriété,
  • les parents en pleine propriété et/ou en usufruit.

La logique de transmission veut que les enfants soient largement majoritaires au sein de la SCI. Les parts peuvent être transmises au fil du temps en échelonnant les donations.

Interposer une SCI entre les enfants et le lot immobilier permettra d'éviter une indivision, source potentielle de conflits. En effet un contrat de société est mieux apte à régir avec harmonie les relations d'intérêts entre les enfants. En outre les parents peuvent contrôler la SCI en tant que gérants. Les statuts peuvent prévoir par avance un second gérant en cas de disparition ou défaillance du gérant originel. Il est possible d'être nommé gérant statutaire à vie avec les pouvoirs les plus étendus. Les parents auront le contrôle de la société et la disposition des biens lui appartenant.

Céder plutôt que donner permet dans certains cas d'optimiser fiscalement les revenus du bien en question tout en assurant sa transmission de façon judicieuse. Cela est illustré par le cas de Monsieur Grandin à la fin de ce chapitre.

C • La cession à un tiers

La cession à un tiers correspond à une stratégie de restructuration et d'optimisation du patrimoine. Il faudra évaluer les conséquences fiscales et financières de la vente (imposition de plus-value).

Si le bien est détenu par une société, l'acheteur préférera acquérir l'immobilier et non la structure de détention. Cela pour plusieurs raisons :

– les droits de mutation à payer sont identiques dans tous les cas (acquisition de l'immobilier directement ou de la structure qui détient l'immobilier). Il n'y a pas d'intérêt à choisir une solution plutôt qu'une autre. Antérieurement, l'acquisition d'une société immobilière permettait de minorer le coût des droits de mutation par rapport à une transaction sur l'immobilier lui-même ;

– acquérir une structure présente un risque pour l'acquéreur qui prend la responsabilité d'éventuels litiges ou mécomptes. Le risque fiscal est

plus marqué pour une société soumise à l'IS que pour une structure fiscalement translucide ;
– au moment de la cession, le bilan de la structure peut présenter des dettes bancaires ou des comptes-courants importants. L'acheteur aura peut être des difficultés pour re-financer ces postes ;
– si le bien est détenu par une structure fiscalement opaque, l'acquéreur n'aura peut-être pas convenance à se trouver contraint d'investir sous ce régime fiscal sans autre alternative ;
– si les biens sont déjà fortement amortis, le futur l'acquéreur ne bénéficiera pas pleinement de l'optimisation fiscale procurée par les amortissements.

D • Les conséquences des cessions

La mutation à titre onéreux d'un bien immobilier est susceptible de déclencher le mécanisme de l'imposition de la plus-value. Selon que la cession se situe dans le cadre de la fiscalité de la plus-value immobilière du particulier ou dans la fiscalité de l'IS, le mode de calcul de la plus-value taxable ainsi que son mode d'imposition différera.
Dans le cadre d'une cession immobilière effectuée par une personne physique, le processus de calcul de plus-value et de son imposition sera tributaire des éléments suivants :
– le prix de cession net – le prix de revient et/ou de reconstruction/extension – les coûts d'acquisition et de travaux non passés en charges d'exploitation ;
– l'objet de la cession :
  • bien détenu en direct par une personne physique ou une société translucide fiscalement,
  • les parts de la société détenant l'immobilier considérée comme « à prépondérance immobilière ». À noter que depuis le 1er janvier 2005, la cession par une personne physique de parts ou d'actions de société à prépondérance immobilière soumise au régime fiscal de l'IS génère une imposition sur la plus-value sans qu'il soit tenu compte d'un abattement pour la durée de détention des parts (en fait, pour ce qui concerne ce type de société soumise à l'IS, la notion de prépondérence immobilière disparaît) ;
– la durée de détention du bien ou des parts de la société détenant le bien.

Si la transaction porte sur les parts d'une société immobilière, la nature et la valeur de chacun des postes de l'actif et du passif sont déterminantes pour évaluer les conséquences fiscales et financières de la cession. La question est traitée de façon approfondie dans quelques livres spécialisés (voir la liste des livres techniques au chapitre des outils).

Si la société soumise à l'IS vend le bien immobilier inscrit à son bilan, le processus de calcul de la plus-value et de son imposition sera tributaire du prix de cession net et de la valeur nette comptable.

L'éventuelle plus-value immobilière est toujours considérée comme une plus-value à court terme imposée au taux plein de l'IS.

Par ailleurs, une société soumise à l'IS dont l'immobilier est partiellement ou tout à fait amorti peut régénérer des amortissements futurs en réévaluant cet immobilier à sa valeur actuelle. La plus-value de réévaluation ainsi dégagée est taxée immédiatement à 16,50 %. La réévaluation doit porter sur tous les immeubles détenus par la société. Il n'est pas possible de limiter le périmètre de réévaluation en excluant certains immeubles.

L'opération ne générant pas de cash, cette solution peut être intéressante pour une société ayant une trésorerie suffisante pour payer l'impôt de 16,50 %. L'opération de réévaluation ayant été effectuée, la société peut amortir et ainsi bénéficier d'un retour d'impôt de 33,33 % sur chaque amortissement qui viendra en déduction des excédents fiscaux liés à l'activité. Dans l'hypothèse où l'immobilier peut être amorti sur 30 ans, l'impôt payé au taux de 16,50 % est remboursé au terme de 15 ans. Cette solution ne paraît pas d'un intérêt évident puisque le coût fiscal de la réévaluation ne sera remboursé qu'à compter de la 16e année.

Il faut noter que ce régime dérogatoire interdit la cession de l'immeuble réévalué avant 5 ans. Dans l'hypothèse où la cession aurait lieu à ce terme, l'opération de réévaluation peut s'avérer intéressante.

Exemple : une société foncière détient des immeubles d'une valeur actuelle de 100 000 k€. La valeur d'actif net au bilan est de 10 000 k€ (valeur de foncier non amortissable). La plus-value imposable est donc de 90 000 k€. En l'absence de réévaluation, l'imposition en cas de cession serait de 30 000 k€.

On peut décider de réévaluer l'actif immobilier. Ceci génèrera un impôt de 14 850 k€ (la société doit trouver la trésorerie pour payer). Pendant cinq ans, il sera possible d'amortir les biens immobiliers. Au terme de cinq ans, la société pourra céder les biens. Par rapport à la situation de départ, le gain fiscal sera de l'ordre de 15 000 k€.

4. Synthèse

Tous les éléments évoqués ci-dessus concourent à la rentabilité globale de l'investissement. L'optimisation dépend donc des bons choix à chaque étape du processus d'investissement jusque et y compris sa sortie :
– le choix de la nature du bien car il va déterminer la rentabilité actuarielle brute de l'opération et la nature fiscale des revenus et plus-values ;
– le mode de détention parce qu'il est de nature à influencer la nature fiscale des revenus, le niveau de l'ISF et le coût fiscal de sa transmission ou de sa cession ;
– la fiscalité qui va déterminer l'importance des ponctions fiscales sur les revenus et la plus-value ;
– les modalités d'endettement parce qu'elles vont induire la rentabilité globale de l'opération ;
– le mode de sortie de l'investissement car la pression fiscale peut varier de façon importante selon la stratégie adoptée (vente de l'immobilier ou vente des parts de la société détentrice du bien immobilier).
Les règles de base de la rentabilité de l'investissement immobilier sont les suivantes :
– acquérir un bien offrant la meilleure rentabilité (revenus/plus-values nettes d'impôts) ;
– en finançant avec des ressources qui coûtent le moins cher possible (taux le plus bas, intérêts déductibles offrant le meilleur retour d'impôt) ;
– le différentiel optimum généré par ce couple doit se reproduire le plus longtemps possible sur l'en-cours le plus élevé.
L'attention de l'investisseur immobilier est souvent captée par la recherche de la meilleure rentabilité brute. Les aspects fiscaux et les effets de crédit sont trop souvent négligés. Le savoir-faire du conseiller patrimonial peut apporter une valeur ajoutée dans un domaine primordial pour le patrimoine des investisseurs.
Un enjeu important : pour un investissement immobilier, sur une durée de 20 ans, l'enrichissement final peut aller du simple au triple selon la fiscalité, le mode de détention et son financement.
Que dire si l'investissement dure 30 ou 50 ans comme il est souvent constaté pour ce type d'opération.
On rencontre dans le patrimoine des clients d'importants biens immobiliers locatifs dont l'encours de crédit est éteint. Ces actifs représentent

des masses de capitaux mono productifs alors qu'ils pourraient être bi ou tri-productifs. En d'autres termes, 100 d'actifs immobiliers libres de dette pourraient faire 200 voire 300 d'actifs grâce à la création d'une dette bancaire.

Le patrimoine immobilier locatif est un champ important de l'ingénierie patrimoniale et financière. En combinant habilement le financement, le choix de la fiscalité et des structures de détention et le mode de sortie, il est possible de faire gagner beaucoup d'argent aux clients, de les fidéliser pour longtemps et ainsi de générer des profits pérennes.

Deux cas pratiques illustrent cette méthode :

Cas nº 1 : La problématique de M. Grandin

M. Grandin, 62 ans est veuf et a deux enfants. Il détient en direct depuis 30 ans un patrimoine immobilier de 2 000 k€ avec un rendement locatif brut de 10 % (loyers bruts 200 k€ – charges 20 k€). Les crédits ayant financé cette acquisition à l'origine sont totalement remboursés.

M. Grandin souhaite optimiser sa fiscalité et transmettre ses biens à ses enfants.

Pour délivrer un conseil pertinent, des simulations sont à effectuer selon différents scénarios sur une durée commune à définir.

A • Les voies à explorer

– Ne rien changer à la situation : option 0.

– Effectuer une donation-partage de la nue-propriété du bien immobilier : **option 1**.

– Céder le bien immobilier à une SCI et effectuer une donation-partage des parts à ses enfants. La SCI acquiert le bien et paie les frais de mutation (2 000+140) au moyen d'un crédit bancaire. Une partie du produit de la cession est également donnée aux enfants qui placent au sein d'un contrat d'assurance-vie afin de constituer une provision pour rembourser eux-mêmes le crédit *in fine* à son terme. Ceci évitera la constitution d'un compte-courant au nom du père taxable en cas de succession. Le crédit est un prêt à remboursement *in fine* du capital au terme de 15 ans. À son remboursement par les enfants, au moyen des fonds déposés et valorisés au sein du contrat d'assurance, le crédit sera remplacé par un compte-courant appartenant aux enfants

- la SCI est soumise à la fiscalité de l'IR : **option 2** ;
- la SCI opte pour la fiscalité de l'IS : **option 3**.

Dans l'option 2, les excédents de trésorerie sont consommés par M. Grandin. En conséquence, au terme du crédit, la SCI ne dispose d'aucune trésorerie pour rembourser le prêt. Il est nécessaire de puiser la totalité du montant à rembourser (2 140) sur le contrat d'assurance-vie des enfants.

Dans l'option 3, les excédents de trésorerie sont conservés au sein de la société et valorisés à 3 % brut. Au terme du crédit, ces excédents contribuent au remboursement (740). En conséquence, le montant à prélever sur le contrat d'assurance-vie est moins élevé (1 400).

Pour être strictement comparables entre elles, les différentes simulations sont calculées à trésoreries égales. C'est la raison pour laquelle, pour les options 2 et 3, M. Grandin dispose d'un niveau de trésorerie identique aux options numéro 0 et 1 (revenus nets cumulés sur 15 ans de 1 350).

Pour ce qui concerne l'option 2, le revenu est constitué d'une partie de la trésorerie générée par la SCI après impôts et charges de remboursement d'intérêts du prêt *in fine*, le complément est issu de retraits sur le contrat d'assurance-vie de M. Grandin.

Pour ce qui concerne l'option 3, les excédents de trésorerie étant conservés au sein de la société fiscalement opaque, la totalité des revenus (1 350) est puisée sur le contrat d'assurance-vie.

B • Hypothèses

Pour les besoins de la démonstration, l'analyse adopte les hypothèses suivantes :

– M. Grandin décède à l'âge de 77 ans (c'est-à-dire dans 15ans) en laissant deux enfants pour héritiers ;

– à cette époque la valeur vénale de l'immobilier sera de 2 600 k€ (progression annuelle moyenne de 1,75 %) ;

– le niveau des revenus locatifs ne varie pas dans le temps ;

– l'incidence des droits de succession est de 35 % ;

– les droits de donation sont calculés selon le barème en vigueur actuellement ;

– le poids de l'impôt sur les revenus immobiliers atteint un taux de pression de 50 % (soit un revenu annuel net d'impôt et de charge de 90 k€, soit sur 15 ans un total cumulé de 1 350) ;

– la taxe sur la transmission des capitaux au sein d'un contrat d'assurance-vie atteint 20 % après une franchise de 150 k€ par bénéficiaire ;
– le placement de l'épargne au sein d'un contrat d'assurance-vie bénéficie d'un rendement annuel de 5 % net ;
– le placement de la trésorerie, au sein de la SCI ayant opté pour l'IS, est rémunéré au taux de 3 % l'an brut avant impôt sur les sociétés ;
– le crédit est accordé au taux de 6 % l'an ;
– les droits de mutations sur immobilier sont de 7 % ;
– la vente de l'immobilier ne génère pas de plus-value imposable.

C • Résultats selon les options

Les simulations financières permettent de chiffrer le résultat pour chacun des différents scénarios.

1) Option n° 0

Ne rien changer signifie payer l'impôt sur les revenus et percevoir les revenus nets pendant 15 ans. Au terme, la transmission du bien immobilier subira des droits de succession.
– Revenus immobiliers nets d'impôts et de charges perçus : 1 350 k€
– Plus-value transmise : 600 k€
– Droits de succession à payer sur la valeur de l'immobilier : (910) k€
– D'où un enrichissement net après transmission de : **1 040 k€**

2) Option n° 1

M. Grandin effectue aujourd'hui la donation partage de la nue-propriété du bien.
– Coût des droits de donation sur 6/10e de la pleine propriété :(200) k€
– Revenus immobiliers nets d'impôts et de charges perçus : 1 350 k€
– Plus-value transmise (sans droits supplémentaires) : 600 k€
– D'où un enrichissement net après transmission de : **1 750 k€**

3) Option n° 2

M. Grandin vend son bien à une SCI **soumise à l'IR**. Il donne les parts en nue-propriété à ses enfants. Le produit de la cession est placé en assurance-vie (1 030 au nom des enfants après donation par le père et 970 au nom du père).

- Impôt de plus-value sur la cession de l'immobilier : (0) k€
- Droits de donation sur part de la SCI 0) k€
- Revenus immobilier nets perçus : 390 k€
- Revenus complémentaires issus du contrat d'assurance-vie : 960 k€
- Valeur nette du contrat d'assurance-vie au terme :
  - contrat des enfants : 0 k€
  - contrat du père (après les retraits annuels) : 635 k€
- Taxe de transmission du contrat d'assurance-vie : (7) k€
- Plus-value transmise (sans droits supplémentaires) : 600 k€
- Droit de donation d'une partie du prix de cession : (92) k€
- Droits de succession sur le compte-courant de la SCI : (0) k€
- D'où un enrichissement net après transmission de : **2486 k€**

4) Option n° 3

M. Grandin vend son bien à une SCI **soumise à l'IS**. Il donne les parts en nue-propriété à ses enfants. Le produit de la cession est placé en assurance-vie (670 au nom des enfants après donation par le père et 1330 au nom du père).

- Impôt de plus-value sur la cession de l'immobilier : (0) k€
- Droits de donation sur part de la SCI (0) k€
- Revenus immobilier nets d'impôts et de charges perçus : 0 k€
- Revenus complémentaires issus du contrat d'assurance-vie : 1350 k€
- Valeur nette du contrat d'assurance-vie au terme :
  - contrat des enfants : 0 k€
  - contrat du père (après les retraits annuels) : 820 k€
- Taxe de transmission du contrat d'assurance vie : (104) k€
- Droit de donation d'une partie du prix de cession : (56) k€
- Droits de succession sur les comptes courants de la SCI : (0) k€
- Plus-value transmise (sans droits supplémentaires) : 600 k€
- D'où un enrichissement net après transmission de : **2610 k€**

Les résultats parlent d'eux-mêmes. Pour réussir à simuler et chiffrer les conséquences des différentes options, il est indispensable de disposer d'outils mentionnés au chapitre « outils ».

Cas n° 2 : La problématique de M. Hubert

M. Hubert est âgé de 50 ans. Il est marié en communauté. Le couple a trois enfants.

Depuis 20 ans, M. Hubert a développé un patrimoine immobilier locatif en province composé de chambres d'étudiants offrant une rentabilité de 13 %. Actuellement, le client possède 20 lots immobiliers et souhaite doubler ce chiffre en 15 ans. M. Hubert n'a actuellement pas besoin de revenus locatifs pour assurer son propre train de vie.

A • Analyse de la situation immobilière

Bien que les studios soient loués meublés, les revenus locatifs sont soumis au régime des revenus fonciers.

L'endettement actuel est proche de 0.

Jusqu'à ce jour, les travaux passés en charges déductibles permettent de ne pas subir d'imposition.

Une cession éventuelle de l'immobilier génèrerait une faible assiette de plus-value imposable.

Les chiffres clés sont les suivants :

– Valeur vénale de l'immobilier :	2 000 k€
– Rendement locatifs obtenu :	13 %
– Pression fiscale :	50 %
– Impôts de plus-value en cas de cession :	100 k€
– Droits de mutation :	7 %
– Taux des crédits bancaires :	6 %

B • Le diagnostic

M. Hubert développe son patrimoine immobilier essentiellement grâce au levier du rendement puisqu'il obtient des taux de loyer importants. Toutefois il n'utilise pas assez les leviers du crédit et de la fiscalité.

C • Le choix entre deux stratégies

1) Stratégie 1 :

– Maintenir son régime fiscal actuel.
– Conserver le patrimoine immobilier sans modification.
– Acquérir de nouveaux lots à crédit.

2) Stratégie 2 :

Afin d'optimiser le patrimoine immobilier déjà acquis et développer le patrimoine existant il serait judicieux de mettre en place la stratégie suivante :
– effectuer la cession des biens immobiliers à une société holding soumise à l'IS ;
– la holding achète l'immobilier au moyen de financements bancaires ;
– le produit net des cessions est placé en assurance vie. Le contrat permet d'adosser les crédits de cette opération et garantir de nouveaux crédits pour acquérir de nouveaux lots immobiliers.

D • Comparaison entre les deux stratégies

1) Stratégie 1 :

– Afin de doubler son patrimoine immobilier, M. Hubert va utiliser la trésorerie procurée par ses revenus locatifs nets d'impôts.
– Faute de posséder des actifs financiers, il est contraint d'utiliser des crédits bancaires amortissables dont les charges de remboursement seront assurées par les loyers sur l'immobilier anciennement et nouvellement acquis.
– Au terme des 15 ans son patrimoine sera le suivant :

- valeur de l'immobilier (non réévalué) : 4 000 k€
- en-cours de crédits : 0 k€
- placement des excédents de trésorerie valorisé à 5 % net : 2 158 k€
- **Total de l'enrichissement : 6 158 k€**

Commentaires : dans ce cas, M. Hubert n'utilise que partiellement les leviers du crédit et de la fiscalité puisque seulement 50 % de son immobilier est endetté et qu'il continue à être soumis au régime des revenus fonciers.

2) Stratégie 2 :

– Afin de doubler son patrimoine immobilier, M. Hubert va utiliser tous les effets de levier :

- céder l'immobilier déjà acquis à une nouvelles structure soumise à l'impôt sur les sociétés ;
- acquérir de nouveaux lots immobiliers ;
- financer au moyen de crédit à remboursement *in fine*.

– Au terme de 15 ans son patrimoine sera le suivant :

- valeur de l'immobilier (non réévalué) : 4 000 k€
- en-cours de crédits : 0 k€
- placement de l'épargne valorisée à 5 % net : 3 345 k€
- **Total de l'enrichissement : 7 345 k€**

Commentaires : le résultat offert par les effets de levier sont très significatifs. Ces calculs prennent en compte les frottements fiscaux dus à la cession de l'immobilier déjà détenu :

- droits de mutation : 140 k€
- impôt de plus-value : 100 k€

Chapitre 8

Les actifs patrimoniaux

Après avoir effectué l'analyse et le diagnostic patrimonial, outre les propositions de restructuration juridique et fiscale, le conseiller patrimonial émet des suggestions relatives à la restructuration des différents éléments du patrimoine. Ceci pour répondre à une question essentielle :

La structure de mon patrimoine correspond-elle vraiment à ma situation et à mes objectifs ?

Pour apporter les bonnes réponses à cette question, il est utile de posséder une vision pertinente sur les différents sous-jacents sur lesquels s'investissent les capitaux des clients investisseurs.

Les grandes classes d'actifs sont les suivantes :

Supports de TAUX	Dépôts rémunérés à court ou moyen terme.	Livrets et Produits réglementés. Dépôts à terme SICAV monétaires.
	Obligations à moyen et long terme.	Obligations et dérivés d'obligations.
Supports ACTIONS	Cotées ou non cotées.	Actions en direct. Dérivés actions OPCVM. Private equity.
Supports IMMOBILIERS	En direct ou SCPI ou actions cotées ou non cotées.	Habitation, Bureaux, commerces, Industriels, entrepôts, Foncier agricole, forêt, vignes.
Les œuvres d'art	Meubles, tableaux, bijoux anciens ou œuvres uniques.	

1. Les supports de taux

Pour appréhender l'intérêt et le risque de cette catégorie de supports, il est nécessaire de connaître le mécanisme qui détermine le niveau des taux.

La formation des taux

Avec ou sans garantie en capital, ils sont tous basés sur le niveau des taux pratiqué en fonction d'une durée déterminée sur le marché des capitaux de la devise concernée (EURO, LIVRES STERLING, YENS, DOLLAR). La détermination des taux ne s'effectue pas de la même façon selon qu'il s'agit d'un taux court (moins de 24 mois) ou d'un taux long (au-delà).

A • Les taux courts

Les taux courts se forment sur un Marché Monétaire de gré à gré entre banques commerciales qui ont des liquidités à placer ou à emprunter de 24 h à 24 mois. La Banque Centrale intervient également sur ce Marché. L'action de la Banque Centrale est déterminante dans le mécanisme qui fixe le niveau des taux. Il s'agit donc de taux « politiques » déterminés de façon volontaire par la Banque Centrale de chaque pays (la FED aux USA, la Banque du JAPON pour le YEN ou la Banque d'Angleterre pour la LIVRE STERLING) ou groupe de pays (la BCE à Frankfort pour ce qui concerne l'EURO).

Sur leur zone d'influence, chacune des Banques Centrales régulent les liquidités nécessaires aux acteurs bancaires et financiers. En élevant ou en abaissant le taux de ses interventions et en injectant ou en ponctionnant des liquidités sur ce marché, la Banque Centrale influence en temps réel les taux de marché sur les périodes correspondantes.

La mission d'une Banque Centrale est de trois ordres :

– **maintenir le pouvoir d'achat de la monnaie** : selon la théorie monétariste, une trop grande quantité de monnaie en circulation entraîne un risque de dépréciation de cette monnaie (inflation). Les crédits sont une source de création monétaire. En cas de risque de tension inflationniste, la Banque Centrale aura tendance à augmenter le niveau des taux ou assécher les liquidités pour renchérir le crédit et limiter ainsi sa diffusion.

Il faut noter que la politique monétaire ne s'appuie plus uniquement sur le critère de l'importance de la croissance de la masse monétaire (le fameux M3) pour juger de l'opportunité de ses interventions. D'autres indicateurs économiques sont désormais utilisés (rythme de la croissance économique, taux de chômage, déficit budgétaire, indicateurs économiques avancés...) ;

– **favoriser une croissance saine de l'économie** : l'augmentation des taux est l'un des facteurs qui pourrait freiner la croissance. La Banque Centrale, si la conjoncture monétaire le permet, aura tendance à favoriser le développement économique en cherchant à maîtriser le niveau des taux.

– **maintenir la valeur de la monnaie face aux autres devises** : une monnaie conservant son pouvoir d'achat dans le temps et dotée d'un taux de rémunération élevé a tendance à attirer les capitaux. Ce qui est de nature, en principe, à valoriser cette devise par rapport aux autres.

Bien entendu, les rouages ne tournent pas aussi facilement. Il existe des interactions et des contre-réactions qui rendent complexes la mise en œuvre des politiques monétaires. La BCE a un défi supplémentaire à relever dans la mesure où elle doit conduire une politique monétaire unique pour des pays dont les conjonctures économiques peuvent ne pas être synchrones entre elles.

B • Les taux longs

Les taux longs sont déterminés librement par le Marché entre prêteurs et emprunteurs à long terme.

Le souci d'un prêteur à long terme (le client qui place ses capitaux sur des obligations d'une durée de 10 ans, par exemple) est de protéger son capital de la dévalorisation monétaire et obtenir une rémunération supérieure au taux de dépréciation de la monnaie. Historiquement, la marge supplémentaire espérée est de l'ordre de 2 % à 2,50 %.

S'il existe peu de risque de tension inflationniste, l'investisseur se contentera d'un taux faible. Dans le cas contraire, les taux sur le marché long terme auront tendance à s'élever.

Second souci de l'investisseur : recouvrer ses capitaux au terme du placement. La qualité et la solidité de l'emprunteur auront également une influence sur le niveau des taux.

Un autre phénomène de Marché peut avoir une influence sur le niveau des taux longs. Il s'agit du mouvement auquel obéissent les investisseurs et dénommé : « la fuite vers la sécurité ». Si les investisseurs jugent que le marché des actions est trop risqué par rapport aux gains espérés, ils auront tendance à délaisser les supports actions et repositionner leurs capitaux sur les supports obligataires, réputés moins risqués. À grande échelle, un tel mouvement induira une augmentation de la valeur des obligations et, par voie de conséquence, entraînera une baisse de leur taux de rendement. Pour cette raison, il est possible de rencontrer le cas de figure suivant : le taux des obligations monte, alors que les tensions inflationnistes présentes et futures sont faibles.

Puisque le niveau des taux long est essentiellement dicté par les pronostiques relatifs au risque de dépréciation de la monnaie, la politique de taux court menée par la Banque Centrale aura indirectement une influence sur le niveau des taux longs, voici comment : si la politique de taux court menée par la Banque Centrale est crédible (maîtrise des masses monétaires, réel pouvoir et volonté de juguler l'inflation), le niveau des taux longs aura tendance à s'abaisser. Dans le cas contraire, les taux longs se tendront à la hausse.

En toute logique, il devrait exister une hiérarchie entre les taux de différentes durées. Face à un danger inflationniste, en principe, un prêteur à court terme prend moins de risque qu'un prêteur à long terme. Cette hiérarchie des taux selon leur durée est appelée « courbe des taux ». Une courbe logique pourrait se présenter comme suit :

Courbe 1 : la politique de la Banque Centrale est jugée crédible par les acteurs du marché des capitaux à long terme – le risque inflationniste est jugé négligeable – la courbe des taux est relativement plate.

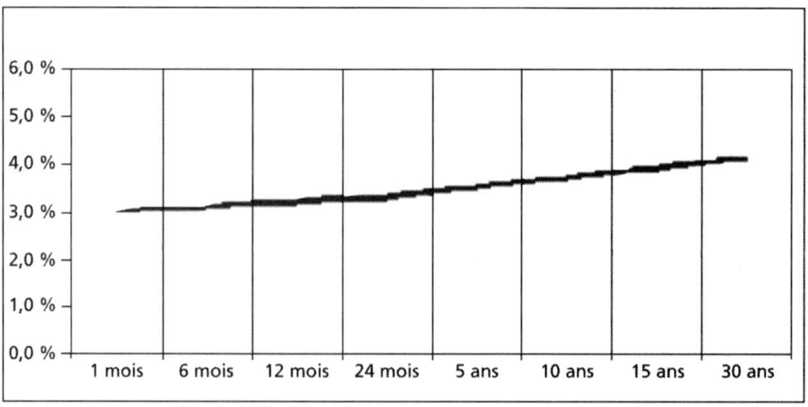

Mais la pente de la courbe peut s'accentuer.

Courbe 2 : bien que la Banque Centrale ait augmenté les taux à court terme (passés de 3 % à 5 %), sa politique n'est pas jugée crédible. La pente de la courbe des taux s'accentue. Ceci peux dénoter une inquiétude des prêteurs à long terme qui redoutent une dépréciation monétaire forte.

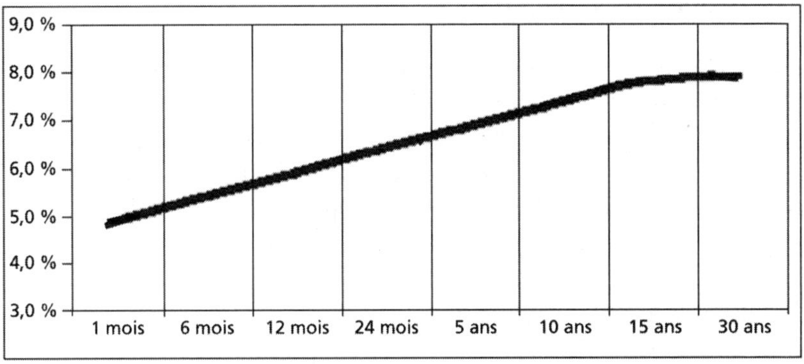

La hiérarchie entre niveau des taux courts et des taux longs peut être bouleversée.

Courbe 3 : la hiérarchie logique qui veut que le niveau des taux courts soit plus bas que celui des taux longs n'est pas toujours respectée. Les tensions inflationnistes peuvent exister à court terme et s'estomper à moyen ou long terme. Une volonté politique de lutte contre la « surchauffe économique » peut pousser la Banque Centrale à augmenter fortement les taux à court terme alors que les tendances inflationnistes ne sont pas alarmantes.

Autre hypothèse : la pente de la courbe des taux est si forte qu'à l'instar d'un avion elle décroche et pique du nez (le nez étant les taux les plus longs). Ce décrochage ayant lieu au moment où la Banque Centrale adopte une politique de taux courts élevés si restrictive que les perspectives économiques à moyen et long terme s'en trouve obérées.

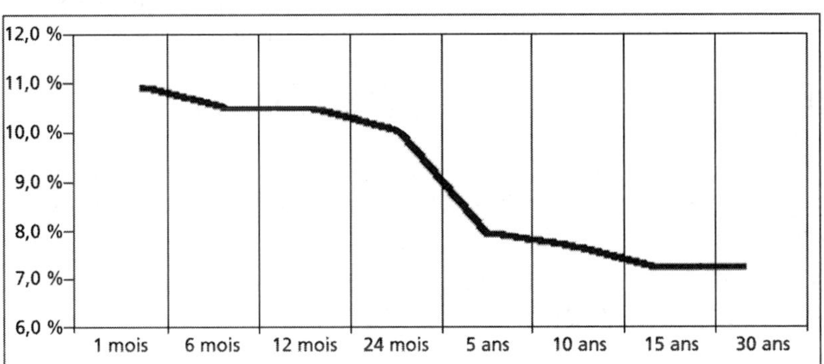

Les supports de taux

A • Les dépôts bancaires

Ces placements ne présentent pas de risque de perte du capital placé. Les principaux supports sont les suivants :

– les dépôts sur livrets ou sur contrats de type CODEVI ou PEL ;
– les bons de caisse et comptes bancaires à terme de 1 à 5 ans ;
– les portages d'obligations privées émise par des banques pour le placement de fonds de quelques jours à plusieurs mois ou années.

B • Les billets de trésorerie

Souvent d'une durée de quelques jours à quelques semaines et d'un montant nominal très important, ces billets, quand ils sont émis par des sociétés, peuvent être l'opportunité d'obtenir une rémunération supérieure au marché monétaire entre banques. En contrepartie le risque sur la solvabilité de l'emprunteur est plus élevé.

C • Les OPCVM monétaires

Il s'agit de SICAV investis dans des billets de trésorerie ou intervenant directement sur le marché monétaire.

Selon les options de gestion annoncées par le gérant, la SICAV peut être une « pure » monétaire qui se contente de se caler sur le taux du marché monétaire ou bien une « monétaire dopée » qui cherche à sur-performer le marché monétaire. Dans le deuxième cas, le gérant sera obligé de prendre des risques de signature ou de durée afin de faire mieux que le marché. La performance espérée n'est pas toujours réalisée.

D • Les obligations et les OPCVM obligataires

L'obligation est un droit de créance sur la société. En principe, le prêteur est remboursé avant les actionnaires en cas de difficultés majeures de l'entreprise.

Le placement sur des obligations à moyen et long terme peut présenter un certain nombre de risques :

1) Le risque de Taux

Le prêteur agit en « bon père de famille », il souhaite protéger son épargne de la dépréciation monétaire et obtenir un taux réel positif (en euros à pouvoir d'achat constant).

Il a le choix entre un taux fixe et un taux variable. En adoptant un taux variable, il bénéficiera des hausses de taux sur le marché mais pâtira des baisses. Mais, dans ce cas en principe, l'évolution des taux du marché n'aura pas d'influence sur la valorisation de la cotation de l'obligation.

En optant pour un taux fixe, il prend un risque qui peut se réaliser si le Marché des taux longs évolue à la hausse.

Par exemple : X achète une obligation de 100 à son émission. Cette obligation rapporte 5 chaque année (taux fixe 5 %). Deux ans plus tard, le Marché des taux longs a augmenté, il est possible de souscrire à son émission une obligation de 100 qui rapporte 7 (taux actuel du Marché 7 %). Le cours de l'obligation ancienne va mécaniquement se déprécier. En effet, pourquoi un acheteur sur le marché secondaire paierait-il 100 une obligation qui rapporte 5, alors que sur le marché primaire il peut souscrire pour le même prix une obligation qui rapporte 7 ?

À l'inverse, en cas de baisse des taux sur le marché, l'opération est favorable à l'investisseur. Mais à la sortie de son placement, les taux de marché ayant baissé, il replacera son capital sur des obligations à taux plus faible.

Si l'obligation a un terme de remboursement rapproché (quelques mois), le risque de baisse de la valeur de son obligation n'est pas important puisque le manque à gagner, entre le taux fixe de son obligation et le taux supérieur offert par le marché, va s'appliquer pendant une durée courte. Au terme du placement, il recouvrera rapidement son capital et pourra se replacer aux nouvelles conditions du marché.

Si le remboursement de l'obligation à taux fixe est éloigné (plusieurs années), le manque à gagner risque de se perpétuer sur une durée plus longue, donc la décote du cours de bourse est plus important.

Par exemple : un investisseur a acquis il y a quelques années une obligation de 100 qui rapporte un coupon annuel de 5 (rendement fixe de 5 %). Aujourd'hui existent sur le marché des émissions des obligations qui rapportent du 8 %. Combien vaut l'obligation de notre investisseur ?

En toute logique, il faut calculer un rapport de 8 % avec un coupon de 5. Ce qui donne une valeur de capital de 62,50. En effet pour obtenir un rendement de 8 % avec un titre qui rapporte 5 chaque année, un prêteur devra payer 62,50 au lieu de 100.

Ce raisonnement serait valable si la durée de l'obligation était perpétuelle. Mais ce n'est pas le cas, nos calculs doivent tenir compte de la valeur de remboursement de l'obligation (100 dans notre exemple) et du temps qui reste à parcourir pour atteindre ce terme.

On comprendra que le raisonnement est basé sur l'importance du manque à gagner, cumulé sur la durée, entre le taux de l'obligation et le taux qu'il est actuellement possible d'obtenir sur le marché. Plus ce manque à gagner aura une durée longue (échéance de remboursement lointaine), plus la valeur de l'obligation sera dépréciée.

Par exemple : s'il reste à courir 5 ans (maturité) avant le remboursement, la valeur de l'obligation s'établira aux alentours de 88. S'il reste 10 ans à courir, la valeur de l'obligation sera de l'ordre de 80. Bien entendu si le taux du marché baisse, la valeur de l'obligation d'origine s'apprécie selon les mêmes principes.

Afin de juger rapidement du risque lié à chaque obligation et pour comparer ces risques, un ratio a été établi. Il s'agit de la « sensibilité » des obligations. Le principe en est le suivant : la sensibilité d'une obligation est le pourcentage de perte (ou de gain) en capital qu'est susceptible de subir une obligation à taux fixe dans l'hypothèse où le taux du marché évolue de 1 % (ou 100 points de base) à la hausse (ou à la baisse).

Par exemple : pour une obligation de sensibilité 5, si le taux du marché augmente de 1 %, la valeur de l'obligation perdra 5 %. Si le taux du marché baisse de 1 %, la valeur de l'obligation s'appréciera de 5 %. Il s'agit d'un principe théorique. Dans la réalité, l'évolution prévue peut légèrement varier.

2) Le risque de contrepartie (ou de signature)

La qualité de la signature de l'emprunteur a également une influence sur sa valeur d'échange ou de remboursement :

– sur le niveau de taux au moment de l'émission de l'obligation ou du billet de trésorerie ;

– au cours de la vie de l'obligation sur l'évolution de la valeur si le support est une obligation à moyen ou long terme ;

– au moment du remboursement, il existe un risque de mécompte total ou partiel.

La solvabilité de tous les emprunteurs faisant appel publiquement à l'épargne est évaluée et cotée en permanence par des organismes spécialisés (FITCH – MOODY'S – STANDARD & POOR). Les conditions de taux accordées à chaque emprunteur dépend de la qualité de sa solvabilité. Ainsi, le taux d'un emprunt, garanti par l'état français ou nord américain, sera le taux d'emprunt le plus bas du marché. Ensuite, dans cette hiérarchie, viendront les emprunts des organismes ou des sociétés jugées les plus solides. Les emprunteurs les moins bien notés devront accepter de rémunérer leurs emprunts à des taux plus élevés (emprunt dit « Junk Bond »).

Au cours de la vie de l'emprunt, une société jugée solide à l'origine peut ensuite voir sa notation se dégrader. Ceci va avoir une influence sur la valeur boursière de l'obligation. Si la valeur baisse alors que le taux de l'emprunt est fixe, cela va entraîner une élévation de son rendement.

Ces raisons expliquent pourquoi, par rapport aux conditions normales du marché, certains emprunts de sociétés peuvent offrir des rendements élevés soit à l'émission soit en cours de vie de l'emprunt.

Par exemple : jusque dans les débuts des années 1990, le CRÉDIT FONCIER DE FRANCE était considéré comme une société excessivement solide qui pouvait émettre des emprunts à des taux très proches des emprunts d'état. La situation de cette entreprise s'étant rapidement et fortement dégradée, les taux de rendement de certains de ses emprunts cotés sont montés jusqu'à plus de 20 % alors que le marché de l'argent à long terme ne dépassait pas alors 7 %. C'est la décote de la valeur en bourse des obligations pendant cette crise qui explique ce phénomène.

Plus près de nous, certaines très grandes sociétés (VIVENDI, ALCATEL par exemple) habituées à emprunter à des conditions très basses ont dû accepter des taux élevés pour l'émission de leurs nouveaux emprunts. La débâcle des sociétés du secteur de la technologie et de la communication des années 2000 explique ces vicissitudes.

3) Le risque de change

Les produits de taux sont libellés dans telle ou telle devise. D'ailleurs les conditions de taux dépendent de la devise de l'emprunt. Si l'emprunteur souscrit un emprunt dans une devise qui n'est pas sa devise de référence, il prend un risque de change.

À la lecture des éléments ci-dessus, on conçoit que la gestion des actifs investis en obligations de moyen et long terme n'est pas moins délicate que celle des actions de sociétés. En résumé, voici les principaux éléments susceptibles d'influer sur la valeur des placements en supports de taux :

– le taux du Marché de l'argent à court terme, reflétant souvent les tendances inflationnistes et ayant une influence sur la formation des taux sur tout le spectre des durées ;

– le taux du Marché à Long terme qui influence la tenue de la cotation boursière des obligations moyen et long terme déjà émises ;
– la « fuite vers la sécurité », issue du désintérêt des investisseurs pour le marché des actions qui les incite à se diriger vers le marché des obligations jugées moins risquées ;
– la « fuite vers la qualité » entraînée par les investisseurs qui délaissent certains émetteurs d'obligations en faveur d'autres jugés plus solvables ;
– l'évolution de la valeur des monnaies entre elles si l'emprunteur souscrit une obligation dans une devise qui n'est pas sa monnaie de référence.

2. Les supports actions

Les actions cotées

Investir en direct ou à travers des supports dont les sous-jacents sont des actions de sociétés cotées en Bourse des Valeurs est un pari fait sur la bonne santé des entreprises et des marchés boursiers.

C'est un lieu commun d'affirmer que ce sont les entreprises industrielles et commerciales qui apportent le plus de valeur ajoutée et il est donc légitime de penser que c'est ce type d'investissement qui est le plus apte à valoriser son épargne.

Ces affirmations méritent d'être examinées de plus près :
– tout d'abord, le succès d'une entreprise est aléatoire. Trois entreprises nouvellement créées sur cinq n'atteignent pas leur troisième anniversaire. Les « success story » cachent des échecs dont on parle moins ;
– les grandes et anciennes entreprises ne sont pas exclues de ce risque. Récemment, l'histoire économique et boursière a été le témoin de la chute d'entreprises géantes et vénérables ;
– en outre, la croissance significative des entreprises s'affirme souvent sur le long, voire le très long terme.

Tout a été écrit sur ce type d'investissement et ce livre n'est pas un traité spécialisé à l'usage de l'investisseur boursier. Toutefois, il est bon de donner des repères et des axes de réflexions sur lesquels un conseiller en organisation patrimoniale pourra méditer avant d'engager ses clients à investir dans cette voie.

Investir en actions de société cotée en bourse des valeurs, c'est prendre un risque d'entreprise et un risque de marché dans l'espoir d'un rendement qui doit être proportionné à la mesure du risque encouru.

A • Le risque d'entreprise

Devenir directement (ou indirectement *via* des OPCVM) actionnaire d'une société cotée c'est lier son sort à la bonne santé de l'entreprise. C'est un risque d'entreprise et non d'entrepreneur puisque l'actionnaire d'une société cotée (minoritaire en principe) détient peu de moyen pour influencer les décisions stratégiques prises pour l'entreprise.

N'étant pas au conseil d'administration, l'investisseur boursier jugera de la situation de l'entreprise et de ses perspectives grâce aux informations qu'on voudra bien lui délivrer.

Les dirigeants des entreprises cotées ont bien compris que le soin apporté à l'information est indispensable pour attirer le maximum d'investisseurs sur les titres de leur société. Résultats trimestriels, *road show* national voire mondial, réunions d'analystes financiers, grand messe pour présenter les comptes de l'exercice font le miel de toutes les sociétés de communication financières et des vendeurs d'opérations d'événementiel.

Un nouveau langage basé sur une sémantique subtile et sophistiquée est apparu.

La bourse, négligée par les politiques dans le passé, fait l'objet de toutes leur attention aujourd'hui puisque l'État même est partie prenante en tant que « privatiseur » de sociétés.

On aura compris que la base de l'investissement repose sur la confiance de l'actionnaire vis-à-vis des informations qu'il reçoit.

Si on devait dessiner le portrait robot de la société idéalement attrayante pour un investisseur, ce profil serait le suivant : une société dont la structure bilantielle est solide (importants fonds propres, pas de « bombes à retardement » dans les comptes), qui a des parts de marché importantes (si son marché est mature) ou qui détient de solides atouts au sein d'un marché en expansion. Sa rentabilité est élevée (il s'agit de sa vraie rentabilité : la rentabilité d'exploitation et la rentabilité nette après charges financières et hors profits exceptionnels ou non récurrents). Il est possible de comprendre et de juger son business modèle et sa stratégie, Son équipe de management est stable et de qualité. Toutes les prévisions chiffrées émises par la société dans le passé se sont avérées exactes. Cette société a les moyens d'appliquer une politique de distribution de dividendes favorable à l'actionnaire. Le taux de création de richesse et de retour sur fonds propres est à un niveau raisonnablement élevé.

Il est rare, voire impossible, de trouver une société présentant autant d'atouts. Ce portrait robot a pour seul but d'illustrer les points qui font l'attrait véritable d'une société aux yeux des investisseurs et qui, au-delà des vicissitudes, valoriseront les fonds investis.

Bien entendu, il est parfois opportun d'investir dans des sociétés dont le profil s'éloigne de cet idéal. Il faut le faire avec lucidité en ayant conscience que plus on s'éloigne du modèle, plus on investit dans du risque pur et même parfois dans du rêve ! En outre, le marché boursier n'attire pas que des « pères de famille », des spéculateurs préfèreront moins de certitude dans l'espoir de plus de profits.

L'important est de bien savoir ce qui fait la vraie valeur d'une société et la croissance de son cours de bourse sur le long terme.

B • Le risque de marché

Une action de la plus belle société cotée n'a de valeur que si elle peut être vendue. Il faut un acheteur face au vendeur. Énoncer cette évidence, c'est pointer le « risque de marché ». S'il n'y a pas de marché, ou si le marché est perturbé, la plus forte des entreprises verra la valeur de ses actions se dégrader fortement.

Les marchés boursiers obéissent à une logique qui n'est pas toujours évidente car les fluctuations ont tendance à être amplifiées au gré des événements avec des mouvements correctifs en sens inverse. Le marché peut se gripper pour plusieurs raisons dont les principales sont les suivantes :

– incertitudes et manque de visibilité sur l'économie et la croissance en général ou sur un secteur en particulier. Parfois de graves problèmes sur une valeur d'un secteur perturberont, parfois sans raison réelle, le cours d'autres valeurs de ce même secteur ;

– incertitudes ou crises géo-politiques ;

– événements traumatisants/pannes informatiques ;

– perte de confiance vis-à-vis des instances d'analyse, de contrôle et de régulation ;

– arbitrages massifs en faveur des actifs moins risqués (notion de prime de risque et de fuite vers la sécurité).

C • Le risque systémique

Un risque encore plus grave peut survenir. Il s'agit du « risque systémique ». Pour comprendre la cause d'un tel risque, il faut savoir que toutes les opérations de marchés sont des échanges donc la réalisation immédiate ou future dépend du parfait dénouement des opérations. Par exemple un vendeur à terme doit pouvoir compter absolument sur le futur paiement de la part de son acheteur. S'il y avait défaillance, le vendeur ne pourrait peut-être pas lui-même faire face à un engagement qu'il aurait contracté par ailleurs. D'où, peut-être, une cascade de défaillances préjudiciables pour le Marché. Cela vaut pour l'argent mais aussi pour la livraison de titres.

Le bon dénouement des contreparties est supporté et garanti par les établissements bancaires ou financiers privés. La garantie en dernier ressort des Banques Centrales n'existe, en principe, quasiment pas.

Dans le cas où un (ou plusieurs) établissement serait dans l'impossibilité d'assurer ses engagements, il pourrait survenir un enchaînement de défaillances qui empêcherait le marché de fonctionner normalement.

Le risque systémique n'est pas un risque théorique. Il y a quelques années, un établissement très important, gérant des fonds spéculatifs, n'a pas pu faire face à ses engagements. Plusieurs banques ont été obligées de se porter financièrement à son secours afin d'éviter un effet néfaste de dominos dont l'impact aurait été mondial. Nul doute que, si un problème très important survenait, les Banques Centrales interviendraient.

Un exemple en a été donné aux lendemains du 11 septembre 2001. Ces jours-là, les bourses mondiales reprenaient leurs cotations. La catastrophe a été évitée parce que les Banques Centrales, en totale concertation, ont injecté dans le système monétaire des milliards de dollars. Faute de cette intervention, le risque systémique pouvait balayer un nombre important d'opérateurs boursiers ainsi que leurs garants bancaires.

Il est à noter que les systèmes informatiques, durement touchés, ont continué à remplir leur rôle de façon remarquable. Pour l'avenir, ce risque ne paraît plus mériter d'être inclus au chapitre des risques systémiques.

Au cours des années 2007, 2008 et 2009, le risque systémique n'a jamais été aussi près de faire voler en éclat le système bancaire et financier mondial. Nous ne reviendrons pas sur les causes de la crise. L'intervention massive plus ou moins concertée des États et des banques centrales a permis d'éviter le pire.

De mauvais esprits pourraient conclure que les financiers peuvent faire n'importe quoi, il y aura toujours un garant en dernier ressort. C'est la raison pour laquelle les politiques souhaitent appliquer des règles susceptibles d'éviter de tels dérapages.

D • La prime de risque

L'arbitrage d'un actif risqué vers un actif moins risqué est un phénomène à prendre en grande considération. Il fait appel à la notion de « prime de risque », c'est-à-dire la différence de rendement espérée entre un placement avec ou sans risque.

En permanence, un investisseur a le choix entre un placement sans risque (une obligation émise par une signature de première qualité) et un placement risqué (une action cotée). Pour l'inciter à aller vers le risque, il faut que le risque soit mieux rémunéré que la sécurité.

En principe, pourquoi un investisseur irait-il acheter une action avec un espoir de rendement annuel de 6 % s'il pouvait obtenir 8 % en souscrivant une obligation émise par l'État français ? Ce phénomène est déjà apparu en faveur des placements monétaires qui offraient à certains moments un rendement nominal sans risque très élevé.

Si l'écart de rendement entre un placement sans risque et un placement en actions s'amenuise (baisse de la prime de risque), le danger existe que les investisseurs délaissent le marché des actions pour se ruer vers les produits de taux de qualité (« *fly to sécurity – fly to quality* »). Ce mouvement d'achat a pour effet de faire monter la valeur des obligations, donc de faire baisser leur rendement, donc d'augmenter la prime de risque et de rendre à leur tour les actions plus attrayantes. Ces effets de balance entre attrait du risque ou de la sécurité sont à prendre en considération pour qui veut comprendre les phénomènes boursiers.

E • L'inflation des valeurs

Quand la prime de risque augmente, les investisseurs tendent à diriger leur capitaux vers les actions. Cette situation est saine et naturelle si la demande d'actions est justifiée par des éléments économiques et financiers objectivement positifs (environnement monétaire et économique favorable, bonnes perspectives de croissance, objectifs de bénéfices et de dividendes élevés, réalistes et pérennes).

Mais l'afflux important de capitaux en faveur des actions, motivé uniquement par le « rush sur le risque » pour bénéficier d'une prime de risque élevée, peut entraîner une véritable inflation du cours des actions. Ceci peut s'expliquer par deux raisons interactives entre elles : la rareté des actions de qualité (ou réputées telles) et l'afflux de liquidités prêtes à s'investir en bourse quand la prime de risque se tend.

Parfois, ce phénomène de rareté s'accroît par l'adoption d'une stratégie générale des entreprises cotées qui privilégie l'utilisation de capitaux d'emprunt par préférence aux fonds propres. Les objectifs de rémunération élevée des fonds propres (12 à 20 %) incitent à minorer leur niveau d'utilisation et à recourir aux capitaux d'emprunt dont le coût est plus faible (autour de 5 % par exemple). Des sociétés lancent des programmes de rachat d'actions aux fins d'annulation, afin d'obtenir un effet relutif, propice à atteindre des taux de retour sur capitaux propres importants (ROE ou Return On Equity).

L'effet rareté, facteur d'inflation boursière, peut être aggravé encore par une chasse aux actions de certaines sociétés, réputées bénéficier d'excellentes perspectives (mine d'or fabuleuse, brevet révolutionnaire, système susceptible de créer une croissance exponentielle...). L'histoire boursière est jalonnée de ces courses aux chimères.

Si la hausse de la valeur des actions est essentiellement due à de tels phénomènes, on se trouve face à ce que certains ont appelé « l'exubérance irrationnelle des marchés » et d'autres « bulle financière ».

Ainsi au plan du « risque de marché » les fluctuations sont fortement influencées par le flux et le reflux de capitaux entre les produits de taux et les actions.

Par exemple : vers la fin des années 90, les taux se sont rapidement détendus pour tomber à des niveaux très bas. Les investisseurs ont arbitré leurs placements monétaires et obligataires en faveur des actions, ce qui a contribué à la forte augmentation des cours boursiers.

Les actions non cotées

Dans le passé, l'investissement en actions non cotées était le fait de fonds spécialisés (sociétés de capital risque, filiales de banques et d'établissements spécialisées) ou de quelques particuliers fortunés bien introduits dans le milieu des affaires. Depuis quelques années, le gouvernement a souhaité aider le développement des entreprises. C'est une des raisons pour lesquelles cette activité s'est démocratisée. Les fonds spécialisés se sont ouverts au public, parfois dans le cadre de législation fiscale favorable (FCPI). La presse s'est fait l'écho de l'activité de certains entrepreneurs qui ont réinvesti le produit de cession de leur propre entreprise dans d'autres « jeunes pousses ». Le public est attiré par l'espoir de fort retour sur investissement.

C'est un placement qui a la réputation d'être « dé-corellé » du marché boursier. En période de marasme boursier, l'annonce paraît attrayante. En fait il s'agit d'un placement fortement risqué. La diversification doit être de mise et il serait imprudent de croire que ce support pourrait se substituer aux actions cotées pour des montants importants.

De plus, la notion de dé-corellation du marché boursier est partiellement fausse dans la mesure où, d'une part, les ratios de valorisation des entreprises non cotées est en partie reliée à ceux des entreprises cotées et, d'autre part, de nombreux scénarios de sorties d'investissements en actions d'entreprises non cotées prévoient un appel public à l'épargne sous forme d'introduction en bourse.

Ce placement est réservé à des clients fortunés. Selon l'importance du patrimoine global, la part investie dans ce type d'actifs ne devrait pas dépasser 5 à 15 % du patrimoine financier global.

3. Les biens immobiliers

En principe le conseiller patrimonial ne peut émettre un avis vraiment pertinent sur le choix d'un investissement immobilier. Il est préférable de requérir les conseils d'un professionnel de l'immobilier.

Ce type d'investissement n'est pas dénué de risque pour les raisons suivantes :

- poids de l'affectivité dans les choix d'investissement ;
- lourdeur du coût des mutations ;
- influence des cycles économiques ;
- risque locatif pour les biens de rapport ;
- fiscalité et charges importantes.

Cependant l'immobilier (locatif ou d'usage) est un élément très important pour diversifier et développer son patrimoine. Il faut inciter les clients à investir, leur suggérer de faire appel à des spécialistes immobiliers et agir uniquement dans le cadre de l'ingénierie patrimoniale et financière.

4. Les œuvres d'art

Dans les années 1980, des particuliers ont massivement investi sur le marché de l'art. Non par amour des belles choses mais plutôt pour minorer leur ISF. L'évolution défavorable de la cote de l'Art quelques années plus tard donne à penser qu'il eut été moins onéreux de payer l'ISF !

L'investissement en objets d'art est une affaire d'expert ou d'amateur éclairé. Les personnes très fortunées investissent avec un conseiller spécialisé pour guide. Si ce n'est pas le cas, il est souhaitable de posséder une solide culture artistique, alors les acquisitions procurent un plaisir souvent plus esthétique que financier.

Ce type d'investissement n'entre pas dans le cadre de cet ouvrage, il n'y a donc pas lieu de développer.

5. Les choix de l'investisseur

Sur le long terme, l'épargnant a pour objectif de faire fructifier son capital en optimisant le couple risque/performance nette.

À cette fin, il est communément admis qu'il faut diversifier ses placements entre les différentes classes d'actifs. Cette voie peut faire baisser le niveau du risque mais tend à dégrader la performance.

En effet, si on divise en 4 parties égales un patrimoine en ventilant chacune des parts sur les SICAV monétaires, les obligations, les actions et l'immobilier. certains actifs bénéficieront de plus-values, pendant que d'autres subiront une stagnation voire une baisse.

Tout l'art de l'investisseur (et de son conseiller patrimonial) est de diversifier tout en privilégiant une classe d'actif particulière (ou deux) en fonction de la conjoncture du moment.

Par exemple : si l'environnement économique est favorable aux actions, il serait bon que la structure du patrimoine corresponde au profil suivant :

– 10 % en produit de Taux – 50 % en actions – 40 % en immobilier.

Si la conjoncture devient favorable aux produits de taux, le patrimoine devrait être configuré de la manière suivante :

– 50 % en produit de taux – 20 % en actions – 30 % en immobilier.

Les pourcentages suggérés ne sont que des exemples pour illustrer le raisonnement.

À l'intérieur de chaque grande catégorie d'actifs, il est nécessaire d'affiner la stratégie d'investissement en optant pour des types de sous-jacents adaptés.

Par exemple : à l'intérieur de l'immobilier, il sera peut être judicieux de privilégier l'immobilier d'habitation par préférence aux locaux commerciaux. Pour ce qui concerne les produits de taux, il faudra ajuster la sensibilité des obligations en fonction des anticipations sur l'évolution des taux.

Selon l'importance des actifs, l'investissement sera plus ou moins affiné et diversifié. Il n'est pas opportun de diversifier en créant des lots d'un montant trop faible. Bien évidemment, la stratégie d'investissement doit également prendre en compte d'autres contraintes (objectifs du client, situation fiscale, dévolution successorale...).

Voici un tableau qui pourrait être utile à une réflexion dans ce domaine :

État de la conjoncture		**Classes d'Actif à privilégier**
croissance	**inflation**	
Forte	Forte	Actions et immobilier
Faible	Forte	Actions et immobilier
Forte	Faible	Performances souvent identiques
Faible	Faible	Obligations et monétaire

Ce tableau est extrait du livre :

L'investissement de l'épargne à long terme, Jean-François DE LAULANIE, éditions Economica, (ISBN 2-7178-4491-0), avec l'aimable autorisation de l'auteur.

Chapitre 9

La culture Titre et Bourse

Les conseillers patrimoniaux ont tendance à s'éloigner de la culture Titre et Bourse pour plusieurs raisons :

– l'investissement en valeurs boursières s'effectue de plus en plus à travers des produits financiers de la classe des OPCVM (ou des Unités de Compte au sein des contrats de capitalisation et d'assurance-vie). Cela a pour conséquence de créer un écran opaque vis-à-vis des sous-jacents inclus dans ces « capsules » : les actions ou les obligations ;

– les métiers de l'analyse et de la gestion se sont spécialisés et compartimentés. Dans ce domaine, les conseillers en organisation et en stratégie patrimoniale ne sont plus concernés, ils ont laissé la place aux spécialistes ;

– par son évolution technique, la Bourse, qui était un lieu symbolisé par des hommes accoudés à la « corbeille » au temps des actions matérialisées, est devenue un ensemble virtuel où les échanges se font *via* des programmes informatiques ;

– l'apparition de titres ou de produits nouveaux, avec des règles de fabrication et de fonctionnement complexes, ont conduit le généraliste à négliger la technique pour ne s'intéresser qu'aux seuls arguments commerciaux pour vendre ces supports.

Si la plupart des conseillers patrimoniaux s'intéressent régulièrement à l'actualité boursière, certains manquent de culture Titres et Bourse. Bien qu'ils n'aient pas vocation à être des spécialistes, les conseillers patrimoniaux doivent cependant détenir les connaissances de base pour comprendre les événements et les mécanismes boursiers et apporter ainsi un conseil pertinent dans la structuration des actifs financiers de leurs clients.

À l'instar de la fiscalité, les champs de la connaissance Titres et Bourse peuvent être ordonnés afin de permettre de se repérer et d'acquérir une culture synthétique.

1. Les titres supports de l'investissement

Les obligations : un droit de créance

Les obligations sont des titres représentatifs d'un emprunt émis par une société ou par l'état auprès des épargnants.

Il s'agit donc d'un contrat de prêt, représenté par des titres obligataires, assorti de modalités inscrites dans le contrat d'émission :

– montant de l'emprunt – valeur faciale (nominal) de chaque titre – valeur d'émission – prix de remboursement ;
– taux de l'emprunt - rendement actuariel ;
– date de jouissance des intérêts ;
– modalités de remboursement ;
– dispositions spécifiques modifiant la nature de l'obligation :
  • obligation convertible en actions de la société ;
  • obligation à coupon zéro ;
  • titres participatifs ;
  • TSDI (obligation dont l'échéance de remboursement est indéterminée) ;
  • obligations à bon de souscription d'actions ou convertibles en action.

Les actions : une part dans le capital

En principe les investisseurs en actions risquent de perdre les sommes qu'ils ont investies. Certaines opérations spéculatives sur actions peuvent présenter un risque encore plus important.

Les dividendes versés dans le passé ne préjugent pas des distributions futures.

Le risque obligation comparé au risque action

Le risque action paraît comparable à celui des porteurs d'obligations. La différence porte sur trois points :
– la valeur boursière de l'un et l'autre titre varie selon des facteurs différents ;
– l'obligation a une date d'échéance en principe (sauf pour les TSDI) ;
– les modalités de distribution du revenu d'une obligation sont fixées par avance ;
– en cas de liquidation de la société, les obligations sont remboursées par priorité aux actions.

2. Les marchés

Des marchés d'échanges sont organisés afin d'assurer une bonne liquidité des titres. Les connaissances générales à acquérir sur le sujet sont les suivantes :
– les principaux marchés dans le monde ;
– leur importance, leur organisation et leur réglementation ;
– les principaux indices, leur mode de calcul et leur évolution historique.

3. Les transactions

Schématiquement, une transaction sur le marché boursier met en jeu un acheteur et un vendeur. Chacun des acteurs fait exécuter son ordre par un intermédiaire de marché qui est rémunéré au moyen d'une commission de courtage ou par un écart sur le cours d'achat ou de vente (*bid/ask*).

Les transactions sur les marchés répondent à deux objectifs :

– assurer la liquidité d'actifs qui, par nature sont peu liquides :

• les vendeurs souhaitent recouvrer des liquidités pour acheter de nouveaux titres ou assumer d'autres dépenses,

• les acheteurs souhaitent placer des capitaux.

Pour répondre à ces objectifs les opérateurs vont échanger sur le marché des opérations fermes au comptant;

– acquérir de la sécurité ou prendre du risque :

• certains opérateurs souhaitent échapper au risque;

• des spéculateurs souhaitent prendre du risque en pariant sur la hausse, la stagnation ou la chute des cours.

Ces opérations utilisent les techniques du marché ferme à terme et du marché conditionnel

Les opérations fermes

Toutes les opérations de Marché sont basées sur un contrat entre un acheteur et un vendeur. Ce contrat matérialise un échange qui peut porter sur des titres, des devises, des taux, mais aussi recouvrir des opérations plus sophistiquées.

Les opérations fermes, c'est-à-dire sans possibilité de rétractation, sont classées en trois catégories :

A • L'opération au comptant

Il s'agit de l'opération la plus simple. Un acheteur et un vendeur conviennent un contrat d'échange de titres dont l'effet est immédiat : livraison des titres et paiement sans délai ni possibilité de se rétracter.

C'est le mode de transaction qui convient à l'opérateur qui agit en « bon père de famille ».

B • L'opération à règlement différé

Identique dans son principe à une opération au comptant, la différence réside dans le fait que le dénouement de l'opération aura lieu à une échéance convenue plus lointaine. Comme pour une opération au comptant, une rétractation n'est pas possible. À l'échéance, chacune des parties devra s'exécuter : le vendeur devra livrer les titres, l'acheteur devra payer.

Par rapport à une opération comptant, ce type de contrat n'a de sens que si les parties souhaitent ne pas payer (acheteur) ou ne pas livrer les titres (vendeur) à l'échéance. On entre déjà dans le domaine des opérations à caractère spéculatif : le délai de paiement ou de livraison des titres peut être mis à profit pour exécuter une opération en sens inverse et encaisser une différence bénéficiaire sans bourse déliée.

Par exemple : X croît à la hausse d'une action. Il achète des titres avec paiement à la fin du mois. Au cours du mois, sa prévision se réalise, le cours augmente. Il vend les titres avec livraison à la même échéance. X encaisse une différence positive à l'occasion du dénouement concomitant des deux opérations.

C • Les opérations en report

Si l'un ou l'autre des intervenants souhaite surseoir à son engagement (payer ou livrer les titres à l'échéance prévue), il est possible de trouver un prêteur (de fonds ou de titres) qui se substituera momentanément à lui.

Exemple : X vend à Y des actions. Paiement et livraison sont prévus fin de mois. À l'échéance du contrat, X livre les titres mais Y ne souhaite pas payer son achat. Le contrat sera débouclé mais Y empruntera la trésorerie et laissera les titres, dont il vient d'entrer en possession, en gage à son prêteur. On dit que Y est un « acheteur à découvert ». Cette situation peut se prolonger en principe indéfiniment. Toutes les fins de mois, Y décidera s'il paie ses titres ou s'il demande à nouveau un crédit (opération de report). Logiquement Y attendra un cours favorable et vendra les titres afin de rembourser son crédit ce qui clôturera définitivement l'opération. Mais Y pourrait également, s'il en a convenance, rembourser son crédit et conserver les titres.

– **Analyse de l'opération**

Quel intérêt présente pour Y le fait de ne pas payer à l'échéance prévue les titres achetés ?

Y est en position d'acheteur, il croit à la hausse des actions qu'il a achetée sans possibilité de se dédire.

Au moment du contrat, sa stratégie peut être la suivante : acheter puis revendre à cours supérieur avant la fin du mois (ou dans les prochains mois) sans effectuer de décaissement.

En tout état de cause, quand bien même Y dispose des fonds pour payer, si son espoir de hausse se réalise, il a intérêt à bénéficier de l'effet de levier que lui procure le crédit de paiement. Les calculs qui suivent le prouve :

– **Calcul des effets générés par le levier du crédit**
Hypothèse : pour un cours d'origine de 100, le cours des actions atteint 115 dans 60 jours. Les flux négatifs sont entre parenthèses.
Option 1 : Y bloque un déposit de 20 % et paie au moment du dénouement du contrat au terme des 30 jours.
Soit les flux suivants : J : (20)/à J+30 jours : (80)/à J+60 jours : 115
Le taux de rendement (TRI) est de 12,25 %
Option 2 : Y bloque un déposit en espèces de 20 % et demande le report du paiement jusqu'au moment où il revend les actions au terme des 60jours. Le coût de ce report est de 1.
Soit les flux suivants : j : (20)/à j+30 jours : (0)/à J+60 jours : 115 – (80+1) = 34.
Le taux de rendement (TRI) est de 30,38 %.
– **Autre aspect de l'opération : l'appel de marge**
Suite de l'analyse de l'option 2 : le fait de demander un crédit (reporter la position) entraîne une conséquence qu'il est important de souligner.
Au moment de chacune des opérations de report (en principe toutes les fins de mois) un cours de bourse du jour sera constaté. Si ce cours est supérieur au cours du report précédent, Y encaissera la différence (ce crédit de trésorerie est de nature à doper encore mieux le TRI de l'opération). Dans le cas contraire, Y devra payer la différence. Dans ce cas on dit qu'il y a « appel de marge ».
Par exemple : si les prévisions de Y s'avèrent exactes, le cours des actions au terme du premier mois a augmenté. Les actions cotent 110. Y percevra 10. Si les actions cotaient ce jour-là 80, il y aura « appel de marge » et Y devra payer immédiatement 20. Cette charge de trésorerie supplémentaire s'ajoute à la charge du déposit initial avec une incidence sur le TRI.
Si Y ne peut faire face à cet appel de marge, sa position est liquidée immédiatement par la vente forcée des titres. Cet incident supprime tout espoir de profiter ultérieurement d'une hausse et transforme une perte virtuelle en perte réelle.

D • Les risques des opérations à découvert

La prudence veut que l'acheteur possède l'argent pour payer son achat, et que le vendeur détienne les titres qu'il vend.

La logique spéculative peut en décider autrement. Le vendeur de titres à découvert croit à la baisse du titre. Il espère racheter ses actions moins chères qu'il ne les a vendues et concrétiser une opération gagnante. Si ses prévisions ne se réalisent pas, les conséquences peuvent s'avérer plus graves que pour l'acheteur de titres à découvert.

La vente de titres qu'on ne possède pas (vente à découvert) est une opération beaucoup plus dangereuse que l'achat de titres sans disposer des liquidités (achat à découvert). Ceci pour les raisons suivantes :

– risques de l'achat à découvert :

• afin de maintenir la position, le coût du crédit peut être très élevé. Mais l'argent est une ressource fongible ce qui tend à limiter ce risque,

• la perte potentielle maximum est limitée à la totalité du montant du prix d'achat des actions si le cours tombe à 0 ;

– risques de la vente à découvert :

• afin de maintenir la position, on risque de devoir emprunter les actions à un taux dont on ne peut entrevoir le sommet. Les préteurs d'actions peuvent exiger des conditions de prêt très onéreuses, la matière en question (titres) n'étant pas fongible et inépuisable comme l'argent,

• la perte potentielle est illimitée : en cas de hausse des actions, le cours de rachat pour permettre de livrer les titres peut atteindre des niveaux sans aucun plafond.

Les opérations conditionnelles

Contrairement aux opérations énoncées plus haut qui se dénouent obligatoirement de la façon prévue initialement par le contrat, les opérations conditionnelles peuvent être dénouées ou abandonnées au gré de la volonté de l'un des intervenants.

Par exemple : Monsieur Z promet d'acheter une certaine quantité de titres dans 3 mois à un prix et dans un délai fixés à l'avance. Afin de conserver la possibilité de ne pas acheter s'il le juge opportun, Z va payer cette liberté d'agir en payant une « option d'achat ». Z va donc acheter la possibilité d'acheter dans trois mois n actions au cours de n euros. Ce droit est appelé « option ». Z prend une « option d'achat » sur une certaine quantité de titres.

C'est celui qui paie l'option qui conserve à sa guise la possibilité de ne pas respecter sa promesse du contrat initial. En face, le vendeur doit obéir à la décision de l'acheteur d'option.

Pour l'acheteur, c'est un moyen d'effectuer des opérations spéculatives en limitant les risques. Ces opérations peuvent s'effectuer dans l'espoir d'une hausse, d'une baisse ou de la stagnation du cours.
En face se trouve le vendeur qui encaisse le prix de l'option mais obéit à la décision de l'acheteur.
De par le monde, il existe des marchés réglementés ouverts au public tel le MONEP en France. Mais il existe également des marchés fermés, animés par de grandes banques ou établissements financiers spécialisés où les opérations sont calibrées sur mesure.
Les techniques utilisées sur les Marchés optionnels sont devenues très sophistiquées. Certaines opérations mettent en œuvre des cascades d'options compliquées par des opérations périphériques telles que des « swaps » qui peuvent s'effectuer sur des sous-jacents de différentes natures. Ces opérations concernent les actions, les taux, les devises, le pétrole, etc., mais aussi des sous-jacents plus exotiques tels que les options climatiques basées sur les températures constatées dans une région déterminée.

4. La gestion des valeurs mobilières

La recherche de la performance exige une gestion active des lignes de valeurs mobilières à l'achat et à la vente. Avant de déterminer le mode de gestion, il y a lieu de choisir l'enveloppe juridique et fiscale qui abritera les actifs (voir le chapitre consacré aux différentes structures de capitalisation). Pour ce qui concerne la gestion, plusieurs formules s'offrent au choix de l'investisseur :

A • La gestion personnelle

Le client gère lui-même son portefeuille de valeurs mobilières et décide des achats et des ventes. Sauf pour ce qui concerne une petite part des actifs financiers, ce n'est pas une bonne formule de gestion pour les raisons suivantes :
– les connaissances et les informations nécessaires à cet exercice sont nombreuses et complexes. Elles sont hors de portée d'un non professionnel ;

– un non professionnel ne connaît qu'un nombre limité de secteur, de marchés et de valeurs. Cela va à l'encontre de la règle de diversification qui veut qu'un portefeuille de titres soit constitué d'un grand nombre de lignes différentes ;
– il est parfois difficile de prendre une décision quand il s'agit de son propre argent. Un gérant professionnel arbitrera les titres avec plus de sang-froid.

B • La gestion conseillée

Le client bénéficie des conseils d'un gérant professionnel mais il conserve la main sur la décision finale.
Il s'agit d'une formule adaptée aux personnes qui souhaitent bénéficier des conseils d'un gérant mais aussi conserver la responsabilité des opérations. Ce pourrait être un premier pas avant de confier un mandat de gestion déléguée. Le résultat de ce type de prestations dépend en grande partie du talent du conseiller boursier et des moyens d'information et d'analyse sur lesquels il s'appuie.

C • La gestion collective

Pour l'épargnant ne souhaitant pas s'impliquer dans la gestion, et dans le cas où le niveau des actifs à gérer ne justifie pas une gestion sous mandat sur mesure, il est judicieux d'opter pour une formule de fonds à gestion « profilées » selon un degré de risque pré-déterminé. Les établissements bancaires et financiers commercialisent des supports offrant le choix entre trois et cinq profils de risques différents.
Cette formule présente des avantages :
– économie sur les frais de gestion et de courtage ;
– mutualisation des risques ;
– meilleure diversification ;
– offre multi-gérants pour certains fonds de fonds ;
– accession à des fonds habituellement hors de portée des petits porteurs.
Mais la formule présente également des inconvénients :
– pas de personnalisation du portefeuille ;
– tarification moins transparente ;
– composition du portefeuille impossible à suivre de façon précise.

Outre les fonds profilés (appelés également les « fonds de fonds »), il existe un grand nombre d'OPCVM avec des orientations de gestion selon une devise particulière, un marché, un secteur économique, un style de gestion...

D • La gestion sous mandat

Cette formule, réservée aux actifs d'un montant élevé, consiste à confier à un gérant professionnel la gestion de lignes d'actions et d'obligations en direct. La réglementation exige la signature d'un mandat agréé par la COB. Le gérant doit être agréé.

Le client ne peut interférer dans les décisions du gérant. Si le client est mécontent des résultats, ou s'il considère le gérant comme défaillant, il peut révoquer le mandat de gestion à tout moment.

Beaucoup d'établissements acceptent de prendre en gestion des portefeuilles de montant modeste. Une mise en gestion sous mandat ne devrait pas s'appliquer à des portefeuilles inférieurs à un million d'euros. Le gérant, pour assurer une prestation efficace, doit pouvoir diversifier fortement le portefeuille sur un grand nombre de lignes (entre 80 et 300 lignes selon l'importance du portefeuille). En outre, le gérant doit pouvoir travailler en effectuant des achats ou des ventes partiels de certaines lignes. Diversification et travail sur les lignes sont difficiles à réaliser si le montant global à gérer est trop modeste. Par exemple : si un portefeuille de 1 M€ est éclaté en 100 lignes, chaque ligne à une valeur de 10 000 euros. C'est une limite basse à ne pas franchir si on veut procéder à une gestion active et efficace.

Un montant en gestion d'un million d'euros ne permet pas au gérant de constituer des lignes diversifiées investies sur tous les marchés et tous les secteurs. C'est la raison pour laquelle le gérant aura recours à des OPCVM spécialisés pour certains secteurs économiques ou géographiques.

Dans les portefeuilles d'un montant inférieur, les lignes d'actions en direct se font rares et les gestionnaires ont tendance à privilégier l'investissement en OPCVM. Aussi semble-t-il plus judicieux de souscrire directement des fonds profilés.

E • La gestion pour compte de tiers

Que ce soit dans le cadre d'un mandat de gestion pour un portefeuille de titres individuel ou bien dans un fonds de gestion collective, les décisions de gestion vont obéir à des règles qu'il est important de connaître.

1) Le processus d'investissement

La gestion pour compte de tiers nécessite des moyens très importants pour respecter un processus d'investissement rigoureux qui ne doit rien au hasard. Plusieurs groupes d'expertise participent au processus des décisions d'investissement :

– le Comité de Prévision est composé de stratégistes et d'économistes, ce comité est chargé d'analyser l'environnement macro-économique et les perspectives des différents secteurs de l'économie dans différents pays ou zones économiques.

Les analyses débouchent sur un scénario central assorti d'un taux de probabilité de réalisation accompagné d'un ou plusieurs scénarios annexes ;

– le Comité d'Allocation d'Actifs est composé de spécialistes des actions et des obligations. En prenant en compte les scénarios économiques définis par le Comité de Prévision, ce groupe est chargé de déterminer la structure des portefeuilles selon l'exposition aux risques souhaitée. Le comité décide de la répartition en pourcentage des différentes classes d'actifs (actions, obligations, monétaires) ;

– le Comité des Valeurs regroupe des analystes spécialisés soit en actions soit en obligations. Tout en prenant en compte les avis des précédents comités, cette entité doit sélectionner les valeurs (à acheter ou à vendre) afin d'établir des listes grâce auxquelles les gérants agiront dans le cadre de leur responsabilité de gestion.

La rigueur (pour ne pas dire : la rigidité) d'un tel système est parfois incompatible avec le travail d'un gérant souhaitant adopter un style plus personnel. Dans certaines petites sociétés de gestion de portefeuille, le processus d'investissement est beaucoup plus souple. Il donne une plus grande liberté au gérant responsable du portefeuille.

2) Les différents styles de gestion

Les gérants professionnels peuvent opter pour des styles de gestion différenciés. Les principaux styles de gestion sont les suivants :

– **la gestion bench marquée** : le gérant a pour objectif d'obtenir des résultats meilleurs que l'évolution de l'indice (ou d'un mix d'indices) en relation avec la nature des actifs qu'il détient en gestion. Par exemple si le gérant pilote un portefeuille d'actions exclusivement françaises, l'indice de référence à battre sera le CAC 40 ou le SBF 120;

– **la gestion value** : le gérant recherchera des sociétés présentant des actifs pérennes mais faiblement valorisés avec des perspectives de croissance régulière de leur activité;

– **la gestion growth** : la sélection se fera en faveur d'actions de sociétés offrant d'importantes perspectives de développement de leur activité, associées à des perspectives de bénéfices en forte croissance;

– **la gestion technique** : cette gestion repose principalement sur trois notions :

• le profil de l'historique des cours de l'action ou d'un indice boursier,

• l'évolution des volumes d'actions échangées quotidiennement,

• des comparaisons entre le cours du moment, des informations telles que la moyenne mobiles des cours antérieurs ou la volatilité des cours.

Selon l'analyse de ces éléments, le spécialiste jugera de la pertinence d'un signal d'achat ou de vente de titres;

– **la gestion structurée ou gestion passive** : il s'agit d'un produit de placement obéissant à une règle du jeu fixée à l'avance. Les principales caractéristiques sont les suivantes :

• ou bien le capital est garanti (quoiqu'il arrive, le souscripteur est certain de récupérer au terme du placement un pourcentage du capital investi proche de 100 %), ou bien le capital est protégé (tant que le sous-jacent de référence n'a pas baissé de plus de x %, le souscripteur est protégé contre la baisse; au-delà, il n'est plus protégé),

• la durée est déterminée à l'avance,

• il existe un sous-jacent de référence (évolution d'un indice boursier, d'une seule valeur, d'une matière première, etc.),

• le scénario est précis (effet de seuil, participation à une hausse, gain en cas de baisse, etc.).

Ce type de produit s'adresse aux investisseurs qui souhaitent béné-ficierenpartie de l'évolution boursière tout en se prémunissant contre une baisse;

– **la gestion alternative** : il s'agit de fonds utilisant un grand nombre de techniques financières interdites aux gérants de fonds classiques : achats et ventes à découvert, effet de levier de crédit, straddle, options, analyse technique, arbitrage de valeurs, etc.

Ce type de produits a pour ambition de délivrer des performances régulières, de ne pas suivre les benchmark boursiers tout en minimisant la volatilité.

Chapitre 10

Les outils

Afin de produire un travail de qualité, le conseiller patrimonial doit utiliser différents outils dont l'essentiel est indiqué ci-après :

1) Une méthode de travail

Il est indispensable de bien maîtriser la méthode de travail basée sur la méthodologie d'une véritable approche globale.

C'est le sujet de la première partie de ce livre. À partir de cette base, il est suggéré de créer un outil de découverte et d'analyse à son usage. Plus on aura travaillé à le construire, plus il sera adaptable à toutes les circonstances et à toutes les catégories de clientèle.

Autre conditions pour fabriquer le meilleur outil et bien s'en bien servir : croire en la méthode.

2) Un pilote de communication

Afin de communiquer efficacement avec les clients et les prospects, il faut maîtriser parfaitement le discours commercial. À cette fin, il est nécessaire de travailler sur un pilote de présentation de son activité et de constituer un lexique de termes professionnels.

Pour ce qui concerne le pilote, une base argumentaire se trouve dans la première partie du livre. Il faut rédiger son propre texte et se l'approprier. Ensuite il serait bon d'apprendre par cœur le texte définitif. Ceci présente plusieurs avantages :

– plus on connaît son texte, plus il sera facile d'adapter son discours selon les circonstances et la personnalité de l'interlocuteur. Cela contribuera à rendre les propos les plus naturels possible ;

– le fait de bien connaître son rôle va permettre « d'entrer » en début de dialogue en balayant timidité et hésitation. En outre cela évitera de tomber dans le travers des balbutiements, des redites et d'user de mots inadéquats ou malencontreux.

Tout au long de la communication professionnelle entretenue avec les clients, il est nécessaire d'utiliser des termes qui affirment son professionnalisme. Voici par exemple des termes susceptibles de marquer favorablement l'auditeur :

« une solution pertinente » – « un montant significatif » – « cela pourrait avoir du sens » – « élaborer une stratégie patrimoniale » – « cela présente un enjeu important » – « développer votre patrimoine » – « bénéficier d'un effet de levier » – « optimiser votre situation » – « préserver l'harmonie familiale » – « notre expérience nous donne une légitimité » – « planifier un projet d'investissement » – « apporter une valeur ajoutée » – « frottement fiscal ».

3) Un document pour recueillir toutes les informations

Le mieux est de configurer ce document soi-même et de le confier à un imprimeur. Il s'agit de créer, en trois à quatre pages, un aide-mémoire-questionnaire ordonné de façon logique.

Cet outil offre plusieurs avantages pratiques :

– au début de l'entretien, il sert de base à la présentation de la méthode au client ;

– c'est le fil conducteur de l'entretien de découverte ;

– il fait gagner du temps grâce à des cases à cocher face à certains item (situations matrimoniales pré-imprimées par exemple) ;

– dans la tension de l'entrevue, il permet de ne rien omettre d'important ;

– il facilite la recherche des différents éléments au moment de l'analyse.

C'est un outil qui donne une image plus professionnelle par comparaison à l'utilisation d'un simple bloc note (voir en annexe un modèle à adapter).

4) Des livres pour enrichir le champ des connaissances

Le conseil patrimonial est un sujet en perpétuelle mutation. Pour toujours labourer et ensemencer le champs des connaissances, il est indispensable de lire et de se documenter.

Quantité d'ouvrages sont utiles à la culture du conseiller patrimonial. En voici une sélection :

Les ouvrages spécialisés : en user avec modération

– Pierre FERNOUX, *Gestion fiscale du patrimoine*, Fiduciaire, 2012.
– Gérard CHAIGNEAU, *Mathématiques financières*, 2e éd., Ellipses, 2010.
– Renzo EVANGELISTA, *Le Family Office*, Gualino éditeur, 2010.
– Jean AULAGNIER, *Droit du patrimoine*, SA Lamy, 2011.
– Michel BRILLAT, *La société civile immobilière*, 2e éd., Gualino éditeur, 2009.
– Patrick FUMENIER, *Régime des groupes de sociétés*, Les Editions EFE, 2010.

Deux ouvrages de base : le champ complet des connaissances

Les mémentos PMT : tome 1 (Le patrimoine) et tome 2 (Les professions). Parution annuelle. Édités par la société Patrimoine Management & Technologie : 27, rue Louis Pasteur, 92100 Boulogne – Site internet : www.patrimoine.com.

Les guides au quotidien : rester dans le coup

- *Mémentos pratiques* Francis Lefebvre :
– Fiscal, parution annuelle.
– Patrimoine, 2013 (parution tous les 2 ans).
- *Feuillets rapides* Francis Lefebvre (abonnement).

Les quotidiens et périodiques : la culture quotidienne

– *Les Échos, Les pages Saumon du Figaro, La Tribune.*
– *Le Monde.*
– ACTIFS de l'AGEFI – Gestion de Fortune.

Il est important de parcourir également les hebdomadaires et mensuels grand public pour être au courant de ce que lisent les clients et prospects.

5) Un support technique

Les suggestions contenues dans les études de stratégie patrimoniales entraînent la responsabilité du conseiller patrimonial ou de l'établissement dont il est salarié. Il est indispensable que les études soient validées au plan technique par des juristes et des fiscalistes. En outre, le conseiller a besoin d'une aide pour élaborer son étude.

En conséquence, le conseiller patrimonial doit pouvoir s'appuyer sur une équipe de spécialistes : fiscalité, juridique, droit de la famille, montage des crédits...

6) Des outils de simulation

Le conseiller patrimonial doit effectuer de nombreux calculs financiers, rédiger des études et simuler financièrement des projets.

En plus de la calculette Hewlett Packard HP10 (ou mieux la HP 17B), il est nécessaire de travailler à l'aide de logiciels professionnels de gestion de patrimoine.

Dans ce domaine, il y a peu de choix. Un logiciel bien adapté est BIG EXPERT commercialisé par la société HARVEST. C'est un outil de calculs patrimonial qui couvre beaucoup de besoins dans le domaine du Conseil, en particulier les points suivants :

– l'évaluation du montant de la future retraite pour les diverses professions;

– les calculs concernant les donations et successions, les impôts sur les revenus et l'ISF;

– les simulations pour planifier et analyser l'investissement immobilier locatif selon les différents régimes fiscaux;

– les simulations concernant l'investissement professionnel dans le cadre des régimes BNC et BIC.

Pour les autres besoins, il reste à modéliser soi-même des outils spécifiques à l'aide de tableurs de type Excel.

Il est également intéressant de disposer en permanence de tableaux synthétiques permettant de connaître les grand enjeux patrimoniaux en fonction des situations rencontrées (voir en annexe plusieurs exemples de tableaux).

7) Un panel complet de solutions

À « approche globale » doit correspondre « solutions globales ». Ainsi le conseiller patrimonial doit disposer de la totalité des composantes des solutions susceptibles de répondre aux besoins patrimoniaux de ses clients. Certaines solutions n'entrent pas directement dans la sphère de son activité et de ses compétences, c'est la raison pour laquelle il est indispensable de posséder un carnet d'adresses complet.

Voici un tableau synthétique des composantes d'une solution globale :

Problématiques	Nature de la solution	Intervenant
Assurer les flux financiers entrant et sortant - Rémunérer la trésorerie	Comptes et produits bancaires	Établissement bancaire
Assumer des décalages de trésorerie	Crédits de trésorerie	Établissement bancaire, établissement de crédit spécialisé
Utiliser le levier du crédit pour investir	Crédits d'investissement	
Loger des actifs financiers et en assurer la gestion	Utiliser des structures de capitalisation	Bancassurance, courtier et agent général d'assurance
	Utiliser des supports de gestion	Établissement bancaire, conseil en investissement, société de gestion
Assurer la sécurité financière de la famille	Produits d'assurance et de prévoyance	Bancassurance, courtier et agent général d'assurance
Diversifier ses investissements	Produits immobiliers, vignobles, forêts, terre agricoles, carrières	Agent immobilier, société de conseil et d'asset immobilier, société de séléction d'immobilier, promoteurs, SCPI, experts spécialisés en vignes, forêts, terres agricoles et carrières
	Œuvres d'art	Commissaire priseur, conseiller spécialisé, assureur spécialisé en objet de valeur
Assurer la gestion du patrimoine immobilier	Gestion d'immeubles	Administrateur de biens, société d'assurance IARD
Optimiser la détention du patrimoine.	Créer et gérer des structures	Avocat, notaire, expert comptable
Valider les schémas de stratégie patrimoniale	Conseil juridique, fiscal et comptable	
Développer, transmettre, céder son entreprise	Opérations de haut de bilan des entreprises	Expert comptable, avocat, société de fusions et acquisitions. Société d'investissement dans le Private Equity
Harmoniser et contrôler la gestion d'un patrimoine familial important	Family office	Société pratiquant le « family office » ou conseiller particulier

Conclusion

Au plan bancaire et financier, le traitement de la clientèle par la technique de l'approche globale est loin d'être une pratique courante. Personne ne méconnaît les attentes de la clientèle, mais la véritable prise en compte des situations et des objectifs des clients est plus une promesse qu'une réalité.

Ainsi on donne encore des recettes au lieu de conseils personnalisés. On vend en faisant coïncider de force des produits avec des besoins, sans vraiment tenir compte des situations réelles.

Cette situation est paradoxale à l'heure où les établissements financiers engagent des programmes informatiques ambitieux pour stocker et exploiter quasiment en temps réel d'énormes masses d'informations sur leur clientèle.

Pourtant l'approche globale est une méthode de travail apte à s'appliquer à la quasi totalité des clients des établissements bancaires et financiers quel que soit leur niveau de fortune.

Ceux qui craignent de dépenser trop de temps dans ce type d'approche doivent dissiper leur crainte pour les raisons suivantes :

– le temps passé en approche globale est souvent proportionnel au niveau de fortune du client et aux espoirs de marge bénéficiaire ;

– mieux vaut passer 1 à 2 h avec un client pour faire un point global de sa situation et mettre en œuvre des solutions pérennes plutôt que le rencontrer un grand nombre de fois pendant 15 minutes avec peu d'effet à la clé ;

– en constituant efficacement une base de suivi du client, l'approche globale permet de gommer les inconvénients du *turn over* constaté dans la population des conseillers bancaires ou financiers ;
– en particulier pour les banques, mieux connaître la globalité de la situation et des objectifs de leurs clients est un facteur de sécurité.

Le conseiller patrimonial devrait être un rempart contre la tyrannie du produit et de la recherche du seul résultat à court terme. Il est possible de faire cohabiter qualité et productivité.

Malgré une communication axée sur le qualitatif, aucun établissement d'importance ne se différencie dans ce domaine. Les conseillers savent quoi et à qui vendre mais restent faibles sur des sujets tels que : comment vendre, comment organiser les bases d'une relation client, comment développer et pérenniser dans un climat de confiance. Cela dépasse le cadre des techniques de ventes ou de l'organisation du travail et touche à des notions telles que : méthodes de travail, savoir-faire et savoir être, mise en place d'une vraie relation partenaire. Notions qui, si elles étaient travaillées dans le bon sens, pourraient contribuer à construire une marque originale pour un établissement financier.

Dans un contexte de forte concurrence, face à la montée du consumérisme, l'impact des habitudes traditionnelles de relation au client faiblit. Les atouts technologiques (capacité à exploiter des bases de données relationnelles importantes par exemple) ne sont que des atouts concurrentiels éphémères, les grands établissements étant capables de combler rapidement un éventuel retard dans ce domaine.

Le développement de la distribution multi-canal rend plus nécessaire encore la mise en œuvre d'une méthode innovante pour guider l'action de l'exploitant, continuer à justifier sa mission et offrir des repères aux clients.

De la généralisation de l'approche patrimoniale globale on peut attendre les avantages suivants :
– un meilleur traitement de la clientèle (apporter les bonnes solutions, découvrir plus d'opportunités d'affaires et bénéficier de plus de fidélité et de parrainages) ;
– une réponse satisfaisante aux attentes long terme du client.

Dans un univers complexe, celui-ci cherche à être rassuré en s'appuyant sur des normes et des labels. Par exemple : « si je change de conseiller, je retrouve les mêmes méthodes de travail qui font la griffe de l'établissement. En outre je comprends et j'accepte mieux sa politique commerciale » ;

– un apport positif pour l'image de l'établissement et donc un avantage concurrentiel fort et durable.

Dans le domaine de la banque/finance c'est toute la chaîne de commercialisation qui demande à être revue et normée. Si ce travail n'est pas mené à bien, il est à craindre que des conseillers indépendants assument cette mission en lieu et place des conseillers de clientèle dépendant des établissements bancaires et financiers. Ce phénomène déjà sensible pour ce qui concerne la clientèle haut de gamme pourrait s'étendre à d'autres segments de clientèle.

Imprimé en France - JOUVE, 1, rue du Docteur Sauvé, 53100 MAYENNE
N° 2148539D - Dépôt légal : mars 2014